网络营销

王金良　主　编
袁　丹　副主编

上海交通大学出版社
SHANGHAI JIAO TONG UNIVERSITY PRESS

内容提要

本书以"市场认知—策略分析—方法运用"为主线展开,共分三篇十二章,系统阐述了网络营销的基本理论、策略和方法。第一篇为市场认知,主要包括网络营销概述、网络营销与市场调研、网络消费者行为分析。第二篇为策略分析,主要从产品、价格、渠道、促销等角度分析网络营销策略。第三篇为方法运用,主要分析搜索引擎营销、内容营销、新媒体营销、精准营销等当前主要的网络营销方法及网络营销策划书的撰写。

本书内容全面,配有相应的章节实训,突出实用性和实践性,可以作为应用型本科院校电子商务、市场营销等经济管理类专业的教材,也可以作为网络营销从业人员自学的参考和辅助资料。

图书在版编目(CIP)数据

网络营销/王金良主编. —上海:上海交通大学
出版社,2023.4
ISBN 978-7-313-28357-3

Ⅰ.①网… Ⅱ.①王… Ⅲ.①网络营销—高等学校—
教材 Ⅳ.①F713.365.2

中国国家版本馆 CIP 数据核字(2023)第 036630 号

网络营销
WANGLUO YINGXIAO

主　　编:王金良

出版发行:上海交通大学出版社　　　　　　地　　址:上海市番禺路 951 号
邮政编码:200030　　　　　　　　　　　　电　　话:021-64071208
印　　制:上海新艺印刷有限公司　　　　　经　　销:全国新华书店
开　　本:787mm×1092mm　1/16　　　　印　　张:15.5
字　　数:371 千字
版　　次:2023 年 4 月第 1 版　　　　　　　印　　次:2023 年 4 月第 1 次印刷
书　　号:ISBN 978-7-313-28357-3
定　　价:49.00 元

本书编委会

主　编

王金良

副主编

袁　丹

参编人员

（按姓氏笔画排序）

李淑华　吴　惠　张易郡　陈青梅　贾帆帆

前　言

　　在经济全球化背景下,随着市场的发展和消费模式的变化,营销模式也在不断创新。网络营销正是市场营销在新时期发展与创新的产物。网络营销不仅是一种创新型营销方式,也是一门应用型课程,需要以经济学、电子商务、管理学及营销学等学科知识为基础,同时涉及信息技术相关的知识。对此,本教材结合了广东省一流本科课程、广东省课程思政示范课程"网络营销"的系列教学改革实践,分三篇对网络营销的市场认知、网络营销的策略分析及网络营销的方法应用等相关知识进行介绍,旨在更好地阐述网络营销的相关知识体系。

　　本书采用项目驱动的教学方法组织内容,注重从网络营销的实际工作流程出发,聚焦网络营销的策略和方法应用,涵盖了网络营销概述、网络营销环境与市场调研、网络消费者行为分析、网络营销产品策略、网络营销价格策略、网络营销渠道策略、网络营销促销策略、搜索引擎营销、内容营销、新媒体营销、精准营销、网络营销策划书的撰写等内容。每章包括学习目标、章节内容、任务实训、本章小结和思考题等内容。正文中穿插了"扩展阅读"等学习资源。通过对本书的系统学习,读者不仅可以了解网络营销的基础理论知识,还能掌握网络营销的策划策略以及网络推广应用的相关方法。

　　本书的参考学时为48～72课时,建议基于课程思政理念,采用理论实践一体化的教学模式,各章节的参考课时分配见下表。

章　节	课　程　内　容	课　时
第一章	网络营销概述	2～4
第二章	网络营销环境与市场调研	2～4
第三章	网络消费者行为分析	2～4
第四章	网络营销产品策略	4～6
第五章	网络营销定价策略	4～6
第六章	网络营销渠道策略	4～6
第七章	网络营销促销策略	4～6
第八章	搜索引擎营销	6～8
第九章	内容营销	6～8

（续表）

章 节	课程内容	课 时
第十章	新媒体营销	6～8
第十一章	精准营销	4～6
第十二章	网络营销策划书的撰写	4～6
课时总计		48～72

　　本书由广东科技学院王金良任主编，袁丹任副主编，李淑华、陈青梅、贾帆帆、吴惠参编。编写的具体分工如下：贾帆帆负责编写第一、二章，袁丹负责编写第二、三、四、七、十一章，陈青梅负责编写第五、十章，吴惠负责编写第六章，李淑华负责编写第八、九、十二章。此外，在编写过程中，得到了广东科技学院院系领导的大力支持和帮助，在此对他们深表感谢。

　　由于编者水平和经验有限，加之网络营销行业发展变化较快，网络营销的策略和方法也在不断更新，书中的欠妥和错误之处，恳请广大读者批评指正。

编 者

2022 年 10 月

Contents

目 录

第三篇　网络营销的方法应用

第一篇

网络营销的市场认知

网络营销概述

- 掌握网络营销的概念
- 了解中国网络营销的发展历程
- 掌握网络营销的理论基础
- 掌握网络营销与传统营销的共性与区别

第一节　网络营销的基本概念

一、市场营销的概念

（1）美国市场营销协会（AMA）的定义：市场营销是在创造、沟通、传播和交换产品中，为顾客、客户、合作伙伴以及整个社会带来价值的一系列活动、过程和体系。

（2）菲利普·科特勒的定义：市场营销是一个社会交往的过程和解决问题、谋求利益的过程，在这个过程中个人或群体通过创造产品和价值并与他人交换以获得所需所欲。

从这两个定义中可以知道：第一，市场营销是离不开社交的；第二，营销主体是为了谋求利益、解决问题而开展市场营销的；第三，营销者期望获得自己需要和想要的，在市场中他们只能通过创造产品和价值并与别人交换才能实现自己的目标；第四，营销主体既可以是个体，也可以是群体。

二、网络营销的概念

网络营销是一种新型的营销模式，是以现代营销理论为基础，借助网络、通信和数字媒体技术实现营销目标的商务活动，是科技进步、客户价值变革、市场集中等综合因素促成的，是信息化社会的必然产物。

从营销的角度出发，网络营销可以定义为：网络营销是建立在互联网基础之上，借助互联网来更有效地满足客户的需求和愿望，从而实现营销目标的一种手段。网络营销不是网上销售,不等于网站推广,也不等于电子商务,网络营销是手段而不是目的,它不是孤立存在的,不能脱离一般的营销环境而存在,它是传统营销理论在互联网环境中的应用和发展。

网络营销分三个层面:战略层、策略层和战术层,战术层又分为战术策略和战术执行。具体操作时,自上而下,循序渐进。

(1)战略层。网络营销的战略层是指企业以用户需求为导向,对企业网络营销任务、目标及实现目标的方案、措施做出总体的、长远的谋划,并付诸实施与控制的过程。比如经典的小米案例,"粉丝经济"就是小米网络营销的核心战略。

(2)策略层。网络营销策略层是指企业根据自身在市场中所处的地位而采取的一些网络营销组合,它包括品牌策略、网页策略、产品策略、价格策略、促销策略、渠道策略、服务策略。策略应与战略保持一致,应围绕战略来制定企业整体的网络营销策略。小米论坛就是小米具体的网络营销策略之一,这个策略是围绕"粉丝经济"战略来制定的,它通过小米论坛聚集用户。

(3)战术层。有了策略后,接下来是战术执行,战术层是指围绕策略,选择适合的战术方法,制定具体的执行方案,并加以执行。比如后续会讲到的搜索引擎优化(search engine optimization,SEO)、竞价、邮件群发等,都属于战术方法。建立小米论坛是策略,论坛建好后,如何向论坛引流增加注册用户数,如何活跃论坛的氛围,如何增加用户的黏性等,这些也都属于战术方法。

第二节　网络营销的产生与发展

一、我国互联网的发展

从1969年互联网诞生到20世纪90年代,随着计算机的普及和信息技术的发展,互联网迅速地商业化,以其独特魅力和爆炸式传播速度成为热点。商业利用是互联网前进的发动机,网点的增加以及众多企业的参与使互联网的规模急剧扩大,信息量也成倍增加。在互联网技术飞速发展的大环境下,网络营销应运而生。1993年,第一批网络和浏览器出现在互联网上。1994年,美国著名Wired杂志推出了网站Hotwired(www.hotwired.com);美国电话电报公司(AT&T)等14个客户的横幅广告投放在Hotwired上,成为广告史上的一个里程碑。自此以后,网络广告成为互联网的热点。2011年2月,全球IPv4(互联网协议第四版)地址分配完毕;2012年6月6日,国际互联网协会举行了世界IPv6启动纪念日,这一天,全球IPv6网络正式启动。至此,互联网的发展达到空前的高度。

互联网在中国的发展经历了从起步到腾飞的过程,深入到中国经济发展的各个领域,深刻改变了人们的生活。1994年4月20日,在国务院的支持下,经过科研工作者的艰辛努力,连接数百台主机的中关村地区教育与科研示范网络工程成功建成,实现了与国际互联网的全功能链接。在随后两年多的时间里,中国科技网(CSTNET)、中国公用计算机互联网(CHINANET)、中国教育和科研计算机网(CERNET)、中国金桥信息网(CHINAGBN)相继开工建设,标志着全面铺设中国信息高速公路里程的开始,信息时代的大门在国人面前悄然开启。

从1997年开始,中国互联网步入快速发展阶段。中国互联网络信息中心(CNNIC)的统计显示,中国网民数量每隔半年增长一倍,中国互联网的第一次浪潮到来,一时间,免费邮箱、信息资讯、即时通讯成为最热门的应用。2000年,新浪、网易、搜狐三大门户网站先后登录纳斯达克,中国互联网企业海外上市的热潮骤然涌起。然而,受美国互联网泡沫破灭影响,中国互联网的发展也很快遭到来自大洋彼岸的寒潮袭击,在中国互联网挺过数九寒冬之后,在短信服务、网络游戏、音乐下载等业务的支撑下,中国网民数量在2002年飙升至5810万人,一个新的春天终于到来。在互联网先行者们的不断探索和不懈努力下,从2003年起,中国互联网找到了适合中国国情的盈利发展模式,互联网应用呈现多元化,电子商务、网络游戏、视频网站、社交娱乐等互联网应用形式全面开花。伴随着中国互联网新一轮的高速发展,中国网民数量在2008年6月达到2.53亿人,首次大幅度超过美国,跃居世界首位。2009年,以移动互联网兴起为主要标志,中国互联网步入了一个新的发展时期。2012年,中国移动互联网用户首次超过PC端用户,中国网络购物规模直逼美国,成为全球第二大互联网销售市场。截至2021年6月,中国网民总体规模超过10亿,与此同时,互联网企业变得更加理性开放,传统企业也在与互联网企业的交锋中逐步走向融合共生。

二、我国网络营销的发展历程

互联网兴起伊始,由于网络营销概念和方法的不明确以及互联网技术的高端化,离网络营销的实际应用还相差很远。相对于互联网发达国家,我国网络营销起步较晚,其大概发展可以分为以下几个阶段。

(一) 中国网络营销的第一阶段(1994—1997年)

1994年4月20日,中国国际互联网正式开通,网络营销随着互联网的应用开始受到企业关注。然而,在1997年之前,中国的网络营销并没有清晰的概念和方法,也很少有企业将网络营销作为主要的营销手段。在早期有关网络营销的文章中,经常会有某个企业在网上发布产品供应信息,然后接到大量订单的故事,其夸大互联网的作用,给企业造成"只要上网就有财源滚滚而来"的印象。其实,即使那些故事是真实的,也不过是在互联网信息不丰富时代的传奇,出现在如今互联网中的可能性极低。这些传奇故事是否存在姑且不论,即使的确如此,也无法从中找出可复制的、一般性的规律。

学者们一直无法考证中国企业最早利用互联网开展营销活动的历史资料,只能从部分资料中看到一些细枝末节,如作为网络营销经典神话的"山东农民网上卖大蒜"。根据资料记载,山东陵县西李村党支部书记李敬峰上网的时间是1996年5月,采用的网络营销方法为"注册自己的域名,把西李村的大蒜、菠菜、胡萝卜等产品信息一股脑地搬上因特网,发布到了世界各地"。对这次网络营销成果的记载则为:"1998年7月,青岛外贸通过网址主动与李敬峰取得了联系,两次出口大蒜870吨,销售额270万元。初战告捷,李敬峰春风得意,信心十足。"

如今,在搜索引擎中输入山东、西李村、大蒜等关键词,除了上面介绍的那篇文章,再也找不到其他相关的资料。可以说,1994—1997年的网络营销在很大程度上有传奇色彩,与网络营销的实际应用还有很远的一段距离。何况当时网络尚未真正普及,无论学术界还是企业界,甚至对网络营销的概念都还相当陌生。在这一阶段,网络营销的概念和方法都不明确,甚至有些企业对互联网一无所知。可见,网络营销是否产生效果主要取决于偶然因素。此时,将网络营销应用于企业经营的,大多也只是出于好奇。

(二) 中国网络营销的第二阶段(1997—2000年)

根据中国互联网络信息中心(CNNIC)发布的《中国互联网发展状况统计报告(1997/

10)》,到 1997 年 10 月底,我国上网用户数为 62 万,WWW 站点约 1500 个,虽然上网用户数和网站数不足,但发生在 1997 年前后的部分事件却标志着中国网络营销进入萌芽阶段,如网络广告和电子邮件营销在中国诞生、电子商务出现、网络服务(如域名注册和搜索引擎)涌现等。到 2000 年底,多种形式的网络营销得到应用,网络营销呈现出快速发展的势头,并且有逐步走向实用的趋势。在使用互联网的甜头逐渐为人们所尝后,网络营销如雨后春笋般涌现。

(三) 中国网络营销发展的第三阶段(2000—2003 年)

就在中国互联网公司争相在美国上市的潮流达到空前狂热状态时,互联网经济的泡沫破裂了,2000 年 3 月 13 日,此前一直风光无限的纳斯达克指数一开盘就从 5038 点跌到 4879 点,下跌 4%,虚幻的网络经济泡沫随之破裂。到 2001 年 4 月 4 日,指数已经跌至 1619 点,全球互联网市场陷入低潮。在这段时间里,大多数网络公司在把风投资金烧光之后停止了运营,只有少数企业将危机变为机遇。

(四) 中国网络营销发展的第四阶段(2004—2008 年)

据统计,2000 年美国共有 210 万家互联网公司倒闭,最根本的原因是:筹集到的资金迅速枯竭,后续资金没跟上。一年之后,全球至少有 537 家互联网公司结束营业。然而直到今天我们仍能看到一些在上一波互联网经济泡沫破裂后留下的幸存者,它们有雅虎、eBay、亚马逊以及后来的 MSN、谷歌,大浪淘沙之后,中国同样也留下了历经磨难而顽强生存的互联网企业:新浪、搜狐、网易、腾讯和阿里巴巴等。

(五) 中国网络营销发展的第五阶段(2008 年至今)

随着移动互联网的普及,依托社交媒体进行的营销成为网络营销的热点。社交媒体营销是指依赖或者基于社交媒体用户形成互相连接的人际关系进行的品牌或者商品的营销。社交媒体营销工具一般包括论坛、微博、微信、博客、SNS 社区,图片和视频分享等。通过社交媒体营销,企业和消费者之间的沟通更加实时、双向和直接。

社交媒体营销可以在多个环节产生影响。在用户产生购买行为之前,社交媒体营销可以起到告知作用。企业通过社交媒体传递其企业文化、品牌价值内涵、产品情况等信息,使用户产生感知和共鸣。用户可以通过社交媒体获得对自己有用的信息,从而对企业及产品产生识别和认同。在用户发生购买行为之后,部分用户会主动进行分享和传播,在朋友群中分享企业与产品的信息,产生二次传播效用。

社交媒体经过十多年的发展,其发展过程具有明显特征。互联网的早期以论坛 BBS 的形式为主,中心特征是内容;2003—2005 年,博客发展进入高潮期,中心特征是用户撰写内容;2006—2009 年,随着社交网站以及微博的发展,中心特征变成用户分享交流内容;2010—2012 年,各类社交媒体开始跨界整合,呈现明显的多元化;2018 年至今,社交媒体为人们提供了更多的空间,人成为"节点",通过社交媒体而彼此联结。随着社交媒体的不断发展,用户与企业发布和获取信息的成本大大降低,这为社交媒体营销提供了极大的可能性。

第三节　网络营销的理论基础

网络营销在传统营销的基础上,又结合利用信息技术和互联网技术开展营销活动的特点,发展和创新了一系列网络营销理论:网络直复营销理论、网络数据库营销理论、网络"软营销"理论、长尾理论等。

一、网络直复营销理论

直复营销也称直接营销,根据英国直销协会的定义,直复营销是指为了达到量化的市场营销目标,公司与客户或潜在客户之间进行直接接触,并系统地使用数据信息的沟通过程。美国直复营销协会将直复营销定义为:一种互动的营销系统,其通过运用一种或多种广告媒介在任意地点产生可衡量的反应或交易。

网络营销在很大程度上就是直复营销在网络世界的应用。网络营销具有直复营销的特点:互联网使营销活动能够跨时空地直接向客户宣传和展示商品,可以直接了解客户对商品或服务的意见和建议,而且能够做到一对一的个性化互动。通过双向交流,企业可以真正了解客户的个性化需求并利用柔性化的生产和服务最大限度地满足客户,提高客户满意度和忠诚度。企业也可以从客户的需求中了解市场、细分市场和锁定市场,最大限度地降低营销费用,提高对市场的反应速度。基于互联网的直复营销具有以下特性。

(1)信息双向流动,不受时间和地点的限制。网络直复营销活动强调在任何地点和时间,客户与企业之间可以进行信息的双向交流。企业通过互联网可以 24 小时提供网上信息发布及咨询服务,客户可以根据自己的实际情况,选择合适的时间在互联网上选取感兴趣的商品。互联网的全球性,使企业和客户可以突破地域的限制,实现跨区域交易。

(2)营销数据精确,信息透明度相对较高。网络直复营销可以精确掌握营销数据。通过网络技术和数据库技术,企业和顾客之间所有的交互数据都可以保存,且由于数据的精准性高,企业可以对数据进行有效的分析,了解营销策略成功与否,最终有利于企业制定和调整营销策略。

(3)极大降低企业经营成本。企业通过互联网直接与客户接触,降低了实体店铺的相关成本。由于信息渠道的扁平化,企业可将产品库存压缩到最低,有利于实现零库存生产。

(4)可以提供一对一的服务,满足客户个性化需求。企业通过互联网与每位客户进行沟通,能够及时了解不同客户的需求差异,进而最大限度地满足客户需求。同时,客户也可以通过互联网提出购买需求和使用感受,使企业第一时间了解产品满足客户需求的程度,并从中找出不足,作为企业改进产品和服务质量的参考。

二、网络数据库营销理论

数据库营销指企业通过收集和积累客户信息来建立营销数据库系统,并利用数据库技术和统计分析方法,对客户需求进行分析和预测,对产品进行精确的市场定位并开展目标明确的市场推广活动。

在网络营销中,数据库营销有着更加独特的优越性。网络数据库营销借助专业软件的统计功能,具有数据量大、易于修改、能实现动态数据更新、便于远程维护等优点。网络数据库的动态更新功能不仅节约了大量的时间和资金,也更加精确地实现了营销定位,从而有助于改善营销效果。在网络营销中,客户资料的数据库更新维护相对方便快捷,也可实现客户资料的自我更新。调查表明,为了获得个性化服务或获得有价值的信息,有超过 50% 的客户愿意提供自己的部分个人信息(如可在网站上设置一些表格,要求客户注册为会员时填写)。

此外，客户的信息接收方式和接收时间、购物习惯等都是网络数据库的重要内容。根据客户个人需求提供有针对性的服务是网络数据库营销的基本职能。因此，网络数据库营销是改善客户关系最有效的工具。

三、网络"软营销"理论

"软营销"是相对强势营销而言的，强调企业在进行市场营销活动时，必须尊重消费者的感受和体验，让消费者主动接受企业的营销活动。强势营销是企业站在主动地位，借助各种媒体，通过广告、人员推销等方式对消费者进行信息灌输，而不考虑消费者是否需要这种信息。因此，"软营销"是由消费者主导的营销，而强势营销则是企业主导的营销。

互联网上的信息交流是自由、平等、开放的，虽然企业可以将营销信息推送到消费者眼前，但是否注意、点击、接收这些信息的主动权在消费者手中。网络提供的消费者个性化需求表达和实现的可能，决定了互联网需要"软营销"。网络"软营销"从消费者的体验和需求出发，诱导消费者接受企业的产品或服务。同时，营销过程中要遵循虚拟社区形成的规则，大量的垃圾信息、垃圾邮件、弹出广告等会引起消费者的反感，反而达不到预期的目标。

四、长尾理论

长尾理论的基本原理是：只要有足够的储存和流通渠道，非主流产品（需求不旺或销量不佳的产品）所共同占据的市场份额可以和那些主流产品（热卖品）所占据的市场份额相当，甚至更大。众多小市场可以汇聚成与主流大市场相当的市场能量。

传统经济学中的"二八原则"认为，在任何一组事物中，最重要的只占一小份，约20％，其余约80％尽管数量众多，却是次要的。考虑到成本和效率，过去人们通常只关注重要的人和事，如果用正态分布曲线来描述这些人或事，人们往往只关注曲线的头部，而忽略了曲线的尾部（需要更多的精力和成本才能关注到）。

然而，关键词搜索引擎的出现改变了20％和80％的分界点。在互联网上，无论是主流还是非主流信息，都有相对平等地被关注的机会。网民能够个性化地存在，不同的生活阅历和文化背景产生不同的需求，而需求的差异化意味着以往的集中需求被拉大，需求的正态分布必然呈现低矮和平缓化。需求的差异化和个性化使得以往的主流比任何时候都难以进行定义。对于产品而言，20％的主流产品占据80％的传统市场份额，而在互联网上可能只占到50％，甚至更低。网络营销通过先进的技术，可以轻易地实现无店铺营销，提供近乎零成本的信息存储展示和流通渠道，并可以通过数据分析和挖掘技术，合理设计在互联网的版面上，引导和挖掘客户的需求，满足客户多层次、多变化的需求。

第四节　网络营销与传统营销的关系

一、营销观念的演进

网络营销是随着互联网的产生和发展而逐渐形成的新的营销方式。网络营销不同于传统营销，它不是简单的营销网络化；但它又没有完全抛开传统营销观念，而是在传统营销观念基础上的演化和整合。

营销观念代表了现代企业的经营思想，在西方也称为"营销管理哲学"。从以产品为中心到以市场和客户为中心，从以国内市场为舞台到在全世界范围内生产经营，企业经营思想的演进过程直接体现了生产力的发展及市场供求关系的变化。19 世纪产业革命之后，随着商品经济的日趋发达，物质财富的日渐丰富，西方企业经营思想和经营理念不断地发展。其演化过程大致分为生产观念、产品观念、推销观念、营销观念、社会营销观念、战略营销观念和网络营销观念等七个阶段。其中营销观念的产生，标志着企业经营思想的宗旨由以生产者为中心过渡到以消费者为中心，是企业经营方式的一种革命性的改变。

（1）生产观念。生产观念是指企业的经营活动以生产为中心，生产者竞争的基点建立在扩大规模、降低成本、提高劳动生产率进而形成价格优势的基础上。20 世纪初，资本主义国家在经历了两次技术革命后，生产迅猛发展，市场快速扩张，贸易成倍增长，产品市场供不应求，生产观念适应了当时的市场结构。

（2）产品观念。产品观念是在生产观念的基础上发展起来的又一种生产导向的观念，所不同的是，竞争的重点从价格转向了产品质量，这是由于市场竞争日渐激烈，市场上提供的产品不再单一，消费者拥有了一定的选择权，企业为了抓住客户，就不能仅仅依靠价格低廉，还必须提供高质量的产品。这种观念相对于生产观念来说，无疑是一种进步。但是随着生产力的发展，社会生产和消费的矛盾以及市场供求结构的变化，以生产为导向的观念就变得越来越不适应社会的发展。

（3）推销观念。推销观念是指企业将产品的推销技巧和手段放在首位，集中大量的人力、物力于各种推销措施，"把产品推销出去"成为企业经营思想的宗旨。这种观念是受 20 世纪 20 年代末发生的经济大萧条的影响，企业为在百业凋零的经济危机中求得自身存在而产生和发展的。

（4）营销观念。营销观念是发生在企业经营思想上的一次革命性变革，带来了企业经营思想的多方面转变：从传统的以生产者为中心的生产导向转变为以消费者为中心的市场导向；从"以产定销"转变为"以销定产"；从单纯追求利润最大化转变为将企业的利润建立在满足消费者需要、符合消费者利益的基础上；从产品、质量、推销手段的焦点竞争转移到为消费者创造更高的价值竞争。

（5）社会营销观念。社会营销观念是对营销观念的一种发展，20 世纪 70 年代，工业高速化发展带来一系列问题，如环境污染、人口膨胀等，社会普遍认为，这是由于企业单纯追求利润目标和消费者短期需求，忽视社会的整体利益和长远利益所致。社会营销观念要求企业在制定营销方案时，正确处理消费者需求和消费者长远利益、企业利益和社会长远利益的关系。这体现了一种进步，但是，兼顾社会利益就意味着企业必然增加一部分成本，因此这种观念并没有为大部分企业所接受或实施。

（6）战略营销观念。战略营销观念是第二次世界大战结束以后，特别是 20 世纪七八十年代以来伴随着跨国公司迅猛发展的现象而产生的企业跨国经营的指导思想。跨国公司在全球范围内配置资源，进行生产、贸易、投资、科研开发的一体化经营，实现了减少中间环节、降低交易成本、优化要素组合、综合利用各国比较优势，从而获取最大利润的目的。跨国公司的运作是战略营销观念的最好体现。战略营销观念对市场营销观念的重要突破，是将原有的企业经营以客户需求为中心扩展到更高的层次和更广阔的范围上。

（7）网络营销观念。由于互联网没有地域和时间的限制,企业仅仅了解客户需求是不够的,更需要透彻地了解和分析复杂的外部环境和内部条件,把握现状和发展趋势的各种影响因素,因势利导地制定相关战略。同时,网络营销的目标由企业盈利扩展到为相关利益集团创造最大收益。这里的相关利益集团指与企业经营利益相关的个人和团体,不仅包括客户,还包括雇员、股东、供应商、所在社区、相关行业乃至国家等。网络营销观念最具革命性的进步意义在于突出了客户利益和走向世界。网络营销直接、高效、低成本地实现了个性化服务和全球化两大主要目标。因此,它必将成为未来世界营销的主要形式。

二、营销策略的演进

进入后工业时代,企业营销的新策略不断地被提出来,其营销策略经历了 4P、4C、4R、4V 和 4S 五种形式。

（1）4P 营销策略。美国学者麦卡锡于 1960 年提出了 4P 营销理论,即以产品（Product）、渠道（Place）、促销（Promotion）、价格（Price）为四要素的营销理论。该理论的提出给予了传统营销一个更为简洁的框架,使其更加易于操作。随着市场营销理论的研究发展,陆续出现了 6P、10P 等策略,但它们都是 4P 营销策略的扩展。

（2）4C 营销策略。1990 年,美国学者劳特朋首次提出了 4C 营销理论,即消费者（Consumer）、沟通（Communication）、方便（Convenience）、成本（Cost）,用它取代传统 4P 营销策略,为营销策略研究提供了新的思路。相比而言,4C 营销策略在理念上有了很大的进步与发展。但从另一方面来讲,4C 营销策略太过于围绕客户进行营销,从而抑制了企业的主动性和创造性。

（3）4R 营销策略。20 世纪 90 年代中期,美国学者舒尔茨基于竞争日趋激烈的市场提出了 4R 营销策略,即关联（Relevance）、反应（Reaction）、关系（Relationship）、回报（Reward）。4R 营销策略以竞争为导向,在新的层次上概括了营销框架,不仅积极地适应客户的需求,而且主动创造需求,运用优化和系统的思想,通过关联、反应、关系等形式与客户形成独特的关系,把企业与客户联系在一起,形成竞争优势。通过这种方式,企业提供的价值与客户的回报相辅相成、相互促进,客观上达到双赢的效果。

（4）4V 营销策略。20 世纪 90 年代末,随着新兴技术的不断诞生,营销观念与思想也得到发展。我国学者吴金明等于 2001 年提出 4V 营销策略,即差异化（Variation）、功能（Versatility）、附加价值（Value）、共鸣（Vibration）,该策略强调以不同特色的产品、不同功能的系列产品,并提高其附加价值,来满足客户的需求,提升企业的形象,使客户获得最大限度的满足,使企业效益最大化。这种策略在强调企业核心竞争力的基础上,兼顾了企业、客户的利益,是一种有效的策略。不过 4V 营销策略与上面提到的 4R 营销策略均需要企业有一定的实力基础才能够实现。

（5）4S 营销策略。21 世纪全面进入互联网时代,4S 营销策略应运而生。4S 营销策略即网络社交（Society）、网络服务（Service）、网络速度（Speed）、网络安全（Safety）。没有网络,社交和网络服务就会失去全球产品和服务的虚拟销售市场;没有网络速度,就很难跟上迅速变化的全球数字经济;没有网络安全,基于网络的任何交易环节都可能引发灾难性后果。4S 营销策略为网络强国和数字中国的建设提供了强有力的理论支撑。

任何一个企业,不论是大中型企业还是小型企业,如果想要在互联网环境下生存,就必须在上述五个方面(各有优劣势)形成完整的策略。

三、营销技术的演进

市场营销起源于20世纪初(1900—1930年),这一时期,各主要资本主义国家经过第二次工业革命,生产力迅速提高,城市经济迅猛发展,商品需求量迅速增多,商业活动从生产活动中分离出来,"市场营销"术语正式被提出。这一阶段主要采用上门推销技术,提出了"推销是创造需求"的观点。

进入20世纪中期(1930—1970年),市场营销技术逐步成熟。在广告方面,依托印刷技术和电子技术,这一时期的广告从墙面广告、报纸广告、杂志广告逐渐过渡到广播广告、电视广告,构思、设计和制作广告成为一个新兴行业;在推销技术方面,除了原有的上门推销,展会推销、电话推销也成为极为有效的产品推广方法。此时,市场调研多采用问卷发放的方法,市场预测技术也在这一时期发展起来。

从20世纪90年代起,市场营销进入全新的网络发展时期。这一时期的显著特点是现代信息技术大量进入营销领域:计算机软件广告设计几乎全部取代了手工设计;多媒体技术带来了广告的多样化,网络广告已经超过报纸广告、杂志广告和电视广告的发放量,成为世界上第一大广告媒体。微信群、短视频等新营销手段的应用促进了社会营销和内容营销的发展。电子商务的发展沉淀了大量准确且完整的客户数据,智能手机的应用使得网络市场调研迅速而准确,彻底改变了传统的市场预测手段和方法,它们成为市场预测的主要技术。而增强现实(AR)技术、虚拟现实(VR)技术的实际应用,更使消费者对网络购物有了身临其境的感觉。现代市场营销形成了一个完整的技术体系。

进入21世纪后,网络营销技术的演进大致可以分为四个时代。

(1) 1.0时代:计算机信息技术推广阶段。这一时代,企业推销主要依靠电话、电子邮件,一般是先通过电话和电子邮件沟通,然后进行当面洽谈,确定销售品种和数量。

(2) 2.0时代:电子商务平台时代。21世纪初,世界经济出现衰败萧条,依靠展会和被动等待已经很难获得客户和订单,企业纷纷试水电子商务,它们通过电子商务平台开展营销活动。这一时期,大部分企业仍处于观望状态,只有少部分企业在电子商务平台上开展主动营销。

(3) 3.0时代:人工网络营销时代。随着电子商务平台用户的增多,互联网上销售量的增长速度放缓甚至停止,供应商之间的竞争越来越激烈,很多企业开始寻求其他的网络营销方式,如网络广告营销、微信营销、搜索引擎营销、社交媒体营销等方式,以增加订单来源渠道。企业开始接受"互联网+"的思想,利用一些互联网营销渠道和工具进行主动营销。

(4) 4.0时代:基于大数据和云计算的智能网络时代。网络营销离不开数据,但在海量数据面前,仅靠人工方式已经无法有效获取和利用数据。从企业微观层面上讲,虽然3.0时代的互联网营销渠道和工具众多,但是它们的效果零散且随机,达不到集成化的程度,而企业自身也不具备将其系统化的能力。此时,基于大数据和云计算的智能网络营销开始流行。以企业网站或电子商品平台门户网站为基点和依托,企业开始利用系统化的智能网络营销平台,收集并分析和整合行业数据,借助平台上集合的多渠道网络营销手段,最大限度地实现网络营销集成化效果。

四、网络营销与传统营销的整合

在买方市场下,市场竞争日益激烈。依靠传统的营销手段,企业要想在市场中取得竞争优势越来越难。网络营销的出现改变了原有市场营销理论和实务存在的基础,营销和管理模式也发生了根本的变化。网络营销是企业向消费者提供产品和服务的另一个渠道,为企业提供了一个增强竞争优势、增加盈利的机会。在网络和电子商务环境下,网络营销较之传统市场营销,从理论到方法都有了很大的改变。能否整合好网络营销与传统营销,能否比竞争对手更有效地唤起客户对产品的注意和需要,成为企业开展网络营销成功与否的关键。

(一) 网络营销中顾客概念的整合

传统市场营销学中的客户是指与产品购买和消费直接相关的个人或组织(如产品购买者、中间商、政府机构等)。在网络营销中这种客户仍然是企业最重要的客户。

网络营销所面对的客户与传统营销所面对的客户并无不同。虽然目前的消费者还具有地域性和年龄性的特点,但这都将随着网络建设的进一步完善和网络资费的进一步降低而改变。因此,企业开展网络营销应该实行全方位、战略性的市场细分和目标定位。

网络社会的最大特点就是信息"爆炸"。在互联网上,面对全球数以百万个站点,每一个网上消费者只能根据自己的兴趣浏览其中的少数站点。而应用搜索引擎可以大大节省消费者的时间和精力。因此,应该将搜索引擎当作企业的特殊客户,因为搜索引擎虽不是网上直接消费者,却是网上信息最直接的受众,它的选择结果直接决定了网上消费者接受的范围。以网络为媒体的商品信息,只有在被搜索引擎选中的情况下,才有可能传递给网上的消费者。

(二) 网络营销中产品概念的整合

市场营销学中将产品解释为能够满足某种需求的东西,并认为完整的产品是由核心产品、形式产品和附加产品构成的,即整体的产品概念。网络营销一方面继承了上述整体产品的概念;另一方面它比以往任何时候更加注重和依赖信息对消费者行为的引导,因而将产品的定义扩大了,即被提供到市场上引起注意、需要和消费的物品。

网络营销主张以更加细腻、更加周全的方式为消费者提供更完美的服务和产品。因此,网络营销在扩大产品定义的同时,还进一步细化了整体产品的构成。它用五个层次来描述整体产品的构成:核心产品、一般产品、期望产品、扩大产品和潜在产品。在这里,核心产品与原来的意义相同,扩大产品除与原来的附加产品相同,还包括区别于其他竞争产品的附加利益和服务。一般产品和期望产品由原来的形式产品细化而来,一般产品指同种产品通常具备的形式和特征。期望产品是指符合目标客户一定期望和偏好的某些特征和属性。潜在产品是指客户购买产品后可能享受到的超乎现有期望,具有崭新价值的利益或服务。在购买后的使用过程中,客户会发现这些利益和服务中总会有一些内容对他们形成较大的吸引力,从而有选择地去享受其中的利益或服务。可见,潜在产品是一种完全意义上的服务创新。

(三) 网络营销中营销组合概念的整合

网络营销过程中营销组合概念因产品性质的不同而不同,对于知识产品,企业直接在网上完成其产品的销售过程。在这种情况下,市场营销组合发生了很大的变化(与传统媒体的市场营销相比）。第一，传统营销组合的 4P 中的三个要素——产品、渠道、促销，由于摆脱了对传统物质载体的依赖，已经完全电子化和非物质化了。因此，就知识产品而言，网络营销中的产品、渠道和促销本身纯粹就是电子化的信息，它们之间的分界线已变得相当模糊，以至于三者不可分，若不与作为渠道和促销的电子化信息发生交互作用，就无法访问或得到产品。第二，价格不再以生产成本为基础，而是以客户意识到的产品价值来计算。第三，客户对产品的选择和对价值的估计很大程度上受网上促销的影响，因而网上促销的作用备受重视。第四，由于网上消费者普遍具有高知识、高收入等特点，因此，网上促销的知识、信息含量比传统促销大大提高。

对于有形产品和某些服务，虽然不能以电子化方式传播，但企业在营销时可利用互联网完成信息流和商流。在这种情况下，传统的营销组合没有发生变化，价格则由生产成本和客户的价值感受共同决定（其中包括与竞争对手的比较），促销和渠道中的信息流和商流由可控制的网上信息代替，渠道中的物流则可实现速度、流程和成本最优化。因为网上简便而快速的信息流和商流使中间商在数量上最大限度地减少甚至变为多余。

从影响网络营销发展的限制性因素看，网络营销不可能取代传统营销。至少在很长的一段时间内，传统营销依然是大部分企业生存与发展的基础，但随着网络营销技术与观念的发展，网络营销的重要性会日益提高。企业的任务是如何实现两者之间的良好配合，既充分利用网络互动性特点带来的营销观念与功能的变革，又避免其自身的不足，形成网络营销与传统营销之间的相互支撑，增强企业的市场竞争力。

任何一个新的零售商业模式，必须借助新的营销模式为其助力，如果没有一整套完整、系统的营销体系做推进，新商业模式的成功是有很大风险的。

盒马鲜生模式作为一种新零售模式，其成功更多来自其重构的新营销模式为其"保驾护航"。在互联网环境下，新零售模式的创新，需要重构新的营销模式，需要建立以用户思维、流量思维为主的新的营销体系。做新零售创新，若不能匹配新营销模式为其保驾护航，这样的变革创新将难以成功。目前，有一些互联网创新项目缺乏基本的营销推广思路。比如有些共享项目本身具有很强的社会性，具备很高的社会价值、商业价值。如果这些项目在推进的同时，能够辅助以系统、完善的营销推广方案，整合提升其自身的社会价值、客户价值，创造更有效的社会影响，其成功的概率将大大提升。

在目前的互联网环境下，互联网的连接、传播方式已经在改变以往的营销模式。或者说，在互联网环境下，因为广泛地连接和快速高效的传播，营销推广已经变得更加重要，并已成为变革创新项目的重要保证。

任务实训

实训一　《盒马鲜生崛起奥秘》案例分析

在移动互联网推动下，零售行业实现了线上线下全渠道发展。盒马鲜生作为阿里巴巴新零售的重要业态，创立于 2015 年 8 月，目前已在北京、上海等地开设了多家实体门店。盒马鲜生通过数据驱动，是线上线下与现代物流技术融合的创新型业态，其在用户端与淘宝、支付宝会员体系连通，供应链端与天猫生鲜、天猫超市联合采购，实现了为消费者提供 30 分钟快速送达的智能购物体验。经过几年时间的发展,盒马鲜生已经成为国内新零售业态中第一个实现了规模化盈利的标杆企业。

盒马鲜生的成功模式可以归纳为以下几点。

(1)精准的营销定位。盒马鲜生门店的定位非常准确,完全围绕其总体目标展开。主要体现在两大聚焦:一是精准聚焦目标消费者,目标消费者锁定为80后和90后的办公室一族消费人群,并完全用他们认可和喜欢的营销方式去触发消费者感知;二是精准聚焦"吃"的场景,营销始终围绕"吃法"展开,沿着"如何吃得健康,吃得时尚,如何让吃饭变成快乐,让吃饭变成娱乐"的主题推进。

(2)稳步推进,逐步强化目标消费者的品牌认知。任何的营销,都需要一个逐级梯次推进计划,盒马鲜生的营销,逐次逐步推进,一步步增强目标消费者对盒马鲜生品牌的认知。首先,盒马鲜生打造了高大上的品牌影响力:高档装修的门店,新鲜产品,30分钟到家模式,连续不断DIY活动,塑造了新零售的品牌形象。其次,推出了盒马鲜生三千米区域营销概念,通过电视广告、地铁广告等,进一步有效触动了目标消费者的消费动机。最后,在上述工作的基础上逐步构建日日鲜品质营销概念,"生鲜只卖一天,鲜奶只卖一天",以品质化的营销概念进一步加深目标消费者对盒马鲜生品牌的认知。

(3)构建新型营销体系。盒马鲜生利用互联网思维和技术手段,构建了全新的营销体系。通过会员制和支付宝支付,实现了客户全注册,有效解决了所有客户的身份认证问题,并为稳定客户资源奠定了基础。利用App营销,盒马鲜生与目标客户始终保持连接与互动,从而实现实时推送,实时客户互动、客户自主退货,使营销变得非常高效。利用微信群、公众号、直播营销等增强用户的黏性。盒马鲜生的每一个门店都建立了若干个微信群,每个群的主题明确,都是围绕盒马鲜生"吃"的概念,由专职人员维护,群的活跃度非常好,每天的聊天记录可以达到几百条以上;盒马鲜生的公众号具有非常好的品牌推广价值,具有二次传播效果;不定时的直播方式也增强了传播效果。

任务:

1. 你所在的城市有盒马鲜生门店吗?

2. 请结合上述材料提供的内容和个人对盒马鲜生的调研和了解,从网络营销战略层、策略层和战术层的角度谈谈你对盒马鲜生网络营销的理解。

本章小结

网络营销是一种新型的营销模式,是信息化社会的必然产物。从1994年我国正式加入国际互联网到如今移动互联网的普及,越来越多的企业和个人开始利用网络开展营销活动,网络营销也经历了从无到有的五个发展阶段。网络营销在其不断实践过程中,在传统营销的基础上,结合利用信息技术和互联网技术开展营销活动的特点,发展和创新了一系列网络营销理论:网络直复营销理论、网络数据库营销理论、网络"软营销"理论、长尾理论等。相比传统营销,网络营销在营销观念、营销策略和营销技术等方面都有了更深层次的演进和发展,而如何处理好网络营销与传统营销的整合,比竞争对手更有效地唤起客户对产品的注意和需要,则需重点从产品整合、客户整合、营销组合整合等方面入手。

？ 思 考 题

1. 简述网络营销的概念,思考如何从战略层、策略层和战术层三个层面理解网络营销?
2. 简述常见的网络营销理论。
3. 简述网络"软营销"理论和强势营销的区别。
4. 如何理解网络营销与传统营销的关系?
5. 请列举实例说明长尾理论在网络营销中的应用。

第二章

网络营销环境与市场调研

学习目标

- 理解网络营销环境分析的必要性
- 了解网络营销环境分析的特点
- 掌握网络营销宏观环境和微观环境分析的具体内容
- 了解网络市场调研的含义及主要特点
- 掌握网络市场调研的一般步骤和主要方法
- 掌握网络市场的含义、分类及特征

第一节　网络营销环境概述

一、网络营销环境的结构

营销环境是一个综合的概念,由多方面因素构成。环境的变化是绝对的、永恒的。随着社会的发展,特别是网络技术在营销中的运用增多,使得环境更加变化多端。虽然对营销主体而言,环境及环境因素是不可控的,但它也有一定的规律性,可以通过营销环境的分析对其发展趋势和变化进行预测和事先判断,以便进行更好的营销。因此,对营销环境进行分析非常必要。

网络营销环境就是影响企业网络营销能力和效果的外部的各种参与者和影响力。网络营销环境分析是企业制定网络营销战略和策略的前提。网络背景下的市场营销环境与企业的现实环境共同构成了企业市场营销活动的二元环境,新环境使企业的市场营销行为表现出许多与过去不同的特征和规律,企业将发现其面临一个更广阔的机会和发展空间。对企业传统的市场营销环境和网上营销环境进行对比分析,不难看出,企业应从一个更深层次认识网络背景下的商业应用,而不仅视其为一种新工具。

根据对企业网络营销活动的直接影响程度,网络营销环境可以分为微观环境和宏观环境两个层次,其中,微观环境可以进一步分为企业内部微观环境和企业外部微观环境(如

图2-1所示）。企业内部微观环境包括公司市场营销部门以外的其他部门，如企业最高管理层、财务部门、研发部门、采购部门、生产部门、销售部门等。这些部门与市场营销部门密切配合，实现企业市场营销的完整过程。企业外部微观环境包括外部直接影响公司的行动者与力量。如供应商、中间商、消费者和公众。宏观环境是指直接影响企业营销活动的不可控制的社会力量，包括人口环境、经济环境、科学技术环境、政治和法律环境、社会文化环境、生态环境等全局性因素。微观环境直接影响和制约企业的营销活动，宏观环境则通过各种微观因素环境的媒介，间接影响和制约企业的营销活动。

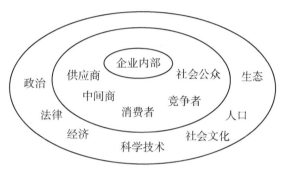

图2-1 网络营销环境结构

二、网络营销环境的特点

互联网架构的虚拟世界缩短了市场营销者与客户之间的距离，信息的广泛、直接交流不仅提高了营销效率，使市场营销者对其环境的适应能力增强；同时也使企业的市场竞争环境变得更加复杂多变，市场竞争强度大幅提高。与传统的营销环境相比，企业的网络营销环境具有以下特点。

（一）企业营销更多接受国际惯例而不是区域特性的影响

一方面，当今世界经济的发展已经进入一个新的时代，网络营销在全球商品（包括服务）流通中所占的地位越来越重要，是当前世界贸易中增长速度最快的领域。网络拉近了企业与客户之间的距离，使得企业面对的是全球各国的客户，因此必须要用世界上普遍认可的国际惯例而非仅适用于特定区域的方式、方法行事。所以，熟悉国际惯例，遵循通行的国际标准，就成了迎接网络营销挑战时必须要考虑的一项重要工作。同时，在当今社会，质量已成为各类经营实体参与国际竞争必须重视的头等要素。相对具备优越性的网络客户对质量的严格期望已是 一种世界氛围的潮流。

（二）可控与不可控营销因素的界限发生变化

一般认为，政治、法律、文化等因素属于不可控因素，是企业凭借自身力量不能改变的。但是，早在20世纪80年代中期，"大市场营销"理论就从一定程度上突破了这一判断。"大市场营销"理论论述了有关权利与公共关系的利用，使之成为有条件的可控因素，取得了打开市场的效果。网络营销的产生改变了企业与企业、企业与消费者的相互关系。消费者地位的迅速提升，以及企业间竞争格局的重大变化，在相当程度上改变了传统市场营销的环境结构。传统市场营销中的某些不可控因素，一旦进入网络背景，就在一定意义上具备了所谓可控因素的属性。企业借助互联网直接进行交易,传统环境力量对企业营销的影响明显减弱。

(三) 客户影响力迅速增大

在网络营销情况下,环境因素作为一个整体对市场营销的影响减弱。然而,微观环境因素中的客户影响力却迅速增大。客户始终是营销的中心或焦点,但由于很多企业不直接面对最终消费者,企业与客户的关系经常是企业通过其他媒体(如报纸)、组织(如零售商)与个人建立或形成的。因此,企业对最终客户的厚爱往往远逊于其他公众。网上客户相对较高的支付能力与企业进行网络营销所具有的比较优势,使得网络用户成为企业竞相争取的重点。其结果就是用于满足客户需要的商品更加充裕,质量进一步提高,客户的挑选余地越来越大;企业要保持技术的优势和生产率的领先地位将变得更加困难,企业利润的增加难以再由提高生产力(包括生产力与生产质量在内的竞争力)带来,而转向主要依靠提高服务质量与塑造企业形象来获得。

第二节　网络营销的宏观与微观环境

一、网络营销宏观环境

网络营销的宏观环境是指一个国家或者地区的政治法律、经济、社会文化、科学技术、人口环境等影响企业进行网络营销活动的宏观因素(如图2-2所示)。宏观环境对企业的短期影响可能不大,但对企业的长远发展具有重大影响。因此,企业在开展网络营销活动时,需要重视宏观环境的影响。

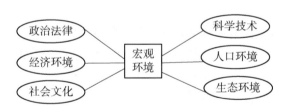

图2-2　网络营销宏观环境

(一) 政治法律环境

政治法律环境是指一个国家或地区的政治制度、体制、政治形势、方针政策和法律法规等,包括国家政治体制、政治稳定性、国际关系和法制体系等内容。国家和地区的政治法律环境对企业开展网络营销活动主要起两方面的作用:规范和保障。企业在开展网络营销活动时,一方面要遵守和服从有关规定,另一方面要善于利用有关利好政策。具体来讲,体现在以下三个方面:一是企业在开展网络营销活动时,要遵守当地的法律法规和相关政策规定;二是企业在开展网络营销活动时,要善于利用当地的利好政策带来的营销机会;三是企业要善于运用相关法律法规来保护自己的合法权益。具体分析如下。

(1) 政治环境是指企业市场营销活动的外部政治形势,一个国家的政局是否稳定会给企业营销活动带来重大的影响。如果政局稳定,会给企业营销营造良好的环境;而政局不稳,社会矛盾尖锐,秩序混乱,就会影响经济发展和市场稳定。企业在市场营销中,特别是在对外贸易活动中,一定要考虑东道国政局变动和社会稳定情况可能造成的影响。

(2)法律环境是指国家或者地方政府所颁布的各项法规、法令和条例等,它是企业营销活动的准则。法律是体现统治阶级意志、由国家制定或认可并以国家强制力保证实施的行为规范总合。对企业来说,法律是评判企业营销活动的准则,只有依法进行各种营销活动,才能受到国家法律的有效保护。

目前,从国际上看,经济合作与发展组织制定了一批对电子商务实际运作具有指导性意义的文件,主要有《全球电子商务行动计划》《联合国国际贸易法委员会电子商务示范法》。渥太华会议是迈向全球电子商务的里程碑,推动了电子商务的全面发展,促进了国际政策的进一步协调,为各种经济体充分利用新的电子平台提供了广阔的空间。从国内看,关于网络营销、电子商务的国内法律法规主要有《中华人民共和国电子签名法》《中华人民共和国计算机信息网络国际联网管理暂行规定》《关于互联网中文域名管理的通告》《网络营销运营规范》等。

另外,2018年8月31日的第十三届全国人民代表大会常务委员会第五次会议上,由全国人大常委会表决通过了《中华人民共和国电子商务法》,该法律于2019年9月1日起施行。

(二)经济环境

经济环境是影响网络营销活动的主要因素,一般包括消费者收入水平、消费结构、家庭支出、经济体制、经济发展水平以及互联网环境中的特有因素等。

(1)消费者收入水平。消费者收入是指消费者个人从各种渠道获得的全部收入,包括消费者个人的工资、退休金、红利、租金、赠予等收入。消费者的购买力来自消费者的收入,但还需要注意的是,消费者并不是把全部收入都用来购买商品或服务,购买力只是收入的一部分。通常来说,个人可支配收入是个人收入中扣除税款和非税性负担后所得的余额,这部分能够构成实际购买力。

(2)消费者支出模式和消费结构。随着消费者收入的变化,消费者支出模式会发生相应变化,继而使一个国家或地区的消费结构也发生变化,在西方经济学中常用恩格尔系数来反映这种变化。食品开支占总消费支出的比重越大,恩格尔系数越高,生活水平越低;反之,恩格尔系数越小,生活水平越高。

(3)消费者储蓄和信贷情况。消费者个人收入不可能全部花掉,总有一部分以各种形式储存起来,这是一种推迟了的、潜在的购买力。

(4)经济发展水平。企业的市场营销活动要受到一个国家或地区的整体经济发展水平的制约。经济发展水平直接影响居民收入,从而在一定程度上影响企业的营销活动。例如,以消费者市场来说,在经济发展水平较高的地区,市场营销更强调产品款式、性能及特色,品质竞争多于价格竞争;而在经济发展水平低的地区,市场营销则较多侧重于产品功能及实用性,价格因素比产品品质更为重要。

(5)地区发展状况。地区发展状况会直接影响企业的目标市场。例如,我国的地区经济发展很不平衡,东西部地区经济发展差距明显。同时,在各个地区的不同省市,也呈现出多极化发展趋势,这种地区经济发展的不平衡对企业的目标市场及营销战略制定等都会带来巨大影响。

除此之外,网络营销的经济环境还包括特殊的网络经济环境,如全球经济一体化、网络外部性等。

（6）全球经济一体化。全球经济一体化是指两个或两个以上的国家在现有生产力发展水平和国际分工的基础上,由政府间通过协商缔结条约,建立多国经济联盟。互联网的出现促进了世界各国经济之间的彼此开放,并使它们形成互相联系、相互依赖的有机体。因此,互联网经济是全球一体化的经济,网络时代的到来打破了时间和空间的限制,经济全球化进程进一步加快;同时,基于互联网的营销活动也很少受空间和时间的制约。

（7）网络外部性。网络外部性是网络营销中的一个重要概念,它是指连接到一个网络的价值取决于已经连接到该网络的用户的数量。通俗地说,就是每个用户从使用某产品中得到的效用,与用户的总数量有关。用户人数越多,每个用户得到的效用就越高,网络中每个人的价值与网络中其他人的数量成正比。这就意味着网络用户数量的增长将会带动用户总所得效用呈几何级数增长。此外,用户配套产品的商品往往也具有同样的网络外部性。商品的销售量增多会刺激配套产品生产厂商进行开发及生产,使配套产品增加。而配套产品的增多又会促进商品的销售。同时,在具有网络外部性的产业中,消费者的转换成本往往较高,而且容易产生最终的标准（主导设计）,形成"赢者通吃"的市场。

移动通信市场就是一个典型具有网络外部性的市场,其网络外部性源于直接使用产品的效用。在移动通信市场中,当使用单一相同产品的人数不断增加时,其直接使用产品的效用将由于网络价值的不断提升而得到提升,从而吸引更多潜在消费者的加入。另外,网络外部性源于产品周边系统所提供的效用,即产品现有的使用规模刺激生产周边兼容或互补性产品的厂商,使他们愿意不断提供更加多样化或低价的互补品,促使使用该产品的效用不断提升。

（三）社会文化环境

企业存在于一定的社会文化环境中,同时企业又是社会成员所组成的一个小的社会团体,它不可避免地会受到社会文化环境的影响和制约。社会文化主要指一个国家或地区的民族特性、价值观念、生活方式、风俗习惯、教育水平、语言文字等。企业在采取营销手段时,也要考虑到社会文化环境的影响。在市场营销中,很多企业感到不同地区的文化差异是一个较难把握的问题。注重对目标市场所在地文化背景的研究,开发顺应当地消费习惯的产品,往往决定了企业营销活动的成败,网络营销的社会文化环境因素主要包括以下几个方面。

（1）教育水平。教育水平是指某个国家和地区消费者的受教育程度。教育水平直接影响到消费者的消费行为和消费心理,包括鉴别能力、审美能力、对创新产品的采用等。在教育水平高的地区,做工精良、品质好、科技领先的产品和服务往往受到当地消费者的青睐。在教育水平低的地区,操作简单、价格便宜的产品和服务往往更受消费者的欢迎。

（2）价值观念。价值观念是人们对社会生活中各种事物所持有的态度、评价和看法。不同地区的消费者价值观差异显著。例如,东方文化强调集体观念、西方文化强调个性观念。因此,能够引起共鸣的产品往往更受东方消费者的喜爱;而差异化、个性化的产品往往更受西方消费者的青睐。

（3）语言文字。语言文字是文化的核心组成部分,不同的国家往往具有不同的语言文字。即使是同一个国家的不同地区,语言文字也不尽相同。因此,企业及其产品和服务的品牌名称、标语等不能在目标市场的语言里具有负面含义。

（4）宗教信仰。宗教信仰约束着人们的价值观、生活习惯和行为方式。人们的宗教信仰不一样,禁忌也不一样,从而制约了其消费行为。如果一种产品迎合了某宗教的要求,该宗教组织便会鼓励其信徒去购买;反之,如果某一种产品违背了某宗教组织的原则,就会遭到该宗教组织和信徒的抵制。因此,企业应充分了解不同地区,不同民族、不同消费者的宗教信仰,以提供适当的产品,制定相应的营销策略。

（5）风俗习惯。风俗习惯是人们根据自己的生活内容、生活方式和自然环境,在一定的社会物质生产条件下长期形成并世代沿袭的一种风尚和由于重复实践而得到巩固并变成需要的行动方式等的总称。不同的国家和地区的消费者对颜色、图案、数字等有着不同的偏好,对衣食住行有着不同的要求,在消费习惯和消费模式上有自己的特点。企业营销者应了解和注意不同国家、民族的消费习惯和爱好,做到"入乡随俗"。

网络营销面对的是网络用户,由于互联网克服了地理限制,网络消费者的分布极为广泛,甚至是全球性的。社会文化环境对网络营销活动的影响也是全方位和多层次的。网络营销是一种跨文化的营销,企业需要根据当地的社会文化特征,因地制宜地制定网络营销策略。

此外,互联网为人们创造了一个崭新的、数字化的虚拟社会。在诸多虚拟社区中,人们可以克服时空限制,摆脱世俗的约束来张扬个性。在网络社区中,大量的信息被快速传播,其中不乏有关企业品牌、产品信息的传播。互联网的出现为消费者获取产品信息提供了极为便利的条件,通过互联网,消费者不但可以快速搜索到厂商发布的产品信息,而且可以方便地获得其他人对该产品使用的评价和意见。因此,企业应当建立正确合理的网络沟通机制,积极与消费者进行互动,传播正面口碑,并控制负面口碑对企业的影响。

（四）人口环境

传统营销学认为,企业应该关注人口环境,尤其是具有购买需求且具备购买能力的人口数量,因为这类人的数量决定了市场规模。对于网络营销来说,网民的数量、结构、偏好等因素是企业营销要把握的焦点。

（五）科学技术环境

科学技术是社会生产力中最活跃的因素,它影响着人类社会的历史进程和社会生活的方方面面,对企业营销活动的影响更是显而易见。在众多影响网络营销的宏观因素中,科技环境是对企业影响最大、变化最快的环境因素,主要表现在以下几个方面。

一是科技发展促进社会经济结构的调整。每一种新技术的发现、推广都会给一些企业带来新的市场机会,甚至促使新行业的出现。同时,也会给某些行业、企业造成威胁,使这些行业、企业受到冲击,甚至被淘汰。

二是科技发展促进消费者购买行为的改变。随着多媒体和网络技术的发展,出现了电视购物、网上购物、直播购物等新型购物方式。人们还可以在家中通过网络订购车票、飞机票和球票。随着新技术的发展,消费者在家便捷购买、享受服务的方式也会继续发展。

三是科技发展影响企业网络营销组合策略的创新。科学技术的发展使新产品不断涌现,产品生命周期缩短,生产成本不断下降。科技发展促进了流通方式的现代化,它要求企业采用消费者自助服务和各种直销的方式。科技发展促进了广告媒体的多样化、信息传播的快速化、市场范围的广阔化。因此,企业需要制定合理的产品策略、价格策略、促销策略和渠道策略,以适应科学技术的快速发展。

二、网络营销微观环境

网络营销微观环境是直接影响和制约企业营销活动的力量和因素,从传统营销的角度来看,它一般包括供应商、营销中介、消费者、竞争者、社会公众及企业内部等的组织者和行为者(如图2-3所示)。这些因素构成的是一种协作、竞争、服务和监督的关系,从开展网络营销的角度来看,微观环境因素中的消费者是市场主体。供应商及中介是渠道协作关系,竞争对手是环境中的竞争关系,而社会公众是服务和监督关系,适应这些环境因素的变化,组织协调各种环境因素的关系,是企业营销工作的目标和使命。

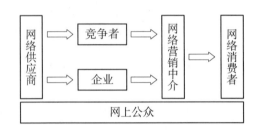

图2-3　网络营销微观环境

(一) 网络供应商

供应商是指向企业及其竞争者提供生产经营所需原料、部件、能源、资金等生产资源的公司或个人。企业与供应商之间既有合作又有竞争,这种关系既受宏观环境影响,也制约着企业的营销活动。所以,企业一定要注意处理好与供应商之间的关系,通过有效的形式实现共赢。

(二) 网络竞争者

竞争是市场经济活动的必然结果,没有竞争就没有发展。企业开展网络营销,也会面临来自同行企业的竞争压力。研究竞争对手的特点、取长补短,是获得竞争优势的重要途径。

在网络环境下,企业要做的不仅仅是提供更能满足消费者需求的产品和服务,更要通过有效的网络手段,提供更友好的网络页面、更方便的信息查询服务、更及时的配送、更安全可靠的交易工具和更好的售后支持等,从而使企业的产品与竞争者的产品在消费者心中形成明显的差异,以取得竞争优势。

(三) 企业内部环境

企业内部环境包括企业内部各部门的关系及协调合作。企业内部环境包括企业高层管理、财务、人力资源、采购、物流、生产、销售等部门。公司的财务部门主要负责公司财务方面的报告和管理。人力资源部门主要负责影响组织与员工之间关系活动的决策管理。研发部门关注创新和产品的研究与开发,以满足消费者的需求。生产部门主要负责将原材料转化为最终能满足消费者需求的产品。物流部门主要负责产品从企业运送到接收地的准确、及时、安全、保质保量的服务流程。

这些部门与市场营销部门密切配合、协调,构成了企业市场营销的完整构成。市场营销部门根据企业的最高决策层制定的企业任务、目标、战略和政策,做出各项营销决策,并在得到上级领导的批准后执行。研发、生产、销售、财务等部门相互配合,为生产提供充足的原材料和能源供应,并为企业建立考核和激励机制,协调营销部门与其他部门的关系,以保证营销活动的顺利开展。

在网络营销的过程中,信息交流和电子交易是营销活动的重要组成部分。因此,企业内部与企业之间的网络化将成为网络营销活动的基础。网络化营销的技术支撑主要包括营销管理系统、物流配送系统、电子交易系统和安全保障系统。

(四) 网络营销中介

营销中介是协调企业促销和分销其产品给最终购买者的公司。主要包括中间商,如分销商和零售商;服务商如物流公司、金融公司等;市场营销机构,如产品代理商、市场营销咨询企业等。

网络技术的运用给传统的经济体系带来了巨大的冲击,消费者可以通过网上购物和在线销售自由地选购自己需要的商品,生产者、分销商、零售商和网上销售商都可以建立自己的网站并销售商品。部分商品不再按原来的产业和行业进行分工,也不再遵循传统的商品购进、储存、运销的运转流程。

一方面,网上销售使企业间、行业间的分工模糊化,形成产销合一、批零合一的销售模式;另一方面,随着按订单采购、零库存运营、直接委托送货等新业务方式的出现,服务于网络销售的各种中介机构也应运而生。一般情况下,除了拥有完整分销体系的少数大公司,营销企业与营销中介组织都有着密切的合作与联系。

(五) 网络消费者

网络消费者指通过互联网在电子商务市场进行消费和购物等活动的消费人群,消费者是企业最终的营销对象,是企业创造价值的真正因素。跨越时空的互联网极大地缩小了企业与消费者之间的距离。目前,网络商家面临的挑战是如何吸引更多的网络访问者,并努力将网络访问者转变为消费者。

互联网使经济全球化、市场一体化成为现实。它不仅给企业提供了广阔的市场营销空间,同时也增强了消费者选择商品的广泛性和可比性。消费者可以通过网络,得到更多的需求信息,使购买行为更加理性。互联网上丰富的信息使得企业与消费者之间的信息不对称被削弱,从而使得市场由卖方市场向买方市场转移。虽然在营销活动中企业不能控制消费者的购买行为,但可以通过有效的营销活动,给消费者留下良好的形象与口碑,处理好企业与消费者之间的关系。

(六) 网络公众

网络公众是指任何在营销活动中与营销活动发生关系的群体或个人。网络公众的行为将对营销环境产生重要影响。网上公众主要包括:金融公众,包括银行、投资公司、证券公司、股东等,他们对投资能力有重要影响;媒介公众,如报纸、杂志、电台、电视台等,直接影响对企业的评价和认识;政府公众,指政府机构部门,其制定的政策规范会限制企业营销活动的开展。网络营销企业必须关注网络访问者对网站、产品或服务的态度和评价,在互联网上为企业赢得良好的形象和口碑。

第三节　网络市场调研的内容与特点

一、网络市场调研的内容

企业只有第一时间内掌握潜在消费者的最新需求,进而按需生产出令消费者满意的产品,才能更好赢得消费者的信赖,获得最大的利润空间。随着网络的普及,企业也越来越注重网络市场调研。一般而言,网络市场调研主要包括如下内容。

(一) 消费者对企业产品的需求

网络市场调研的一个主要内容就是对网络消费者的需求特征,尤其是消费需求及其变化进行分析。通过网络市场调研可以更好地了解消费者的需求状况,洞悉需求变化趋势,也能更好地识别消费者的个人特征,如性别、年龄、文化程度、职业等。在进行消费需求分析与研究时,消费者的这些个人特征可以作为控制变量。但在此过程中一定要注意方法与技巧,有效地保护消费者的个人隐私。

(二) 企业产品和服务的相关信息

在进行新产品的设计与市场投放之前,企业不仅需要了解产品或服务对客户需求的满足程度及不足,更要了解客户对企业已提供的产品或服务的满意程度。对此,企业可以通过发送在线调查问卷或通过电子邮件向客户发送调查问卷等方式来分析并掌握这些相关信息。

(三) 竞争对手及行业的竞争状况

竞争对手的分析内容主要包括谁是主要竞争对手,竞争对手的市场占有份额、竞争策略、广告手段、网络营销战略定位、发展潜力等内容。在调研时,企业可对行业内的领军企业和成长迅速的企业进行重点调查,主要途径有:①通过访问竞争对手的网站了解对手;②通过与竞争对手网站的对比,分析自身的机会和不足;③通过竞争对手发布的各种产品更新及促销信息等来调整自身的网络营销策略。

(四) 企业的市场环境

企业的重大决策与战略举措必须与当时当地的宏观市场环境(如政治、法律、经济、地理、人口、科技等)相适应。因此,企业在利用 SWOT 或 PEST[①] 分析工具对其营销环境进行分析时,必须针对这些能够影响企业营销布局的主要因素展开详细调查,尤其是一些能够给企业带来商机的具有导向性的政策信息,更应该进行充分调研论证。如:对于政府信息,可以通过政府官网或搜索引擎进行详细搜索;其他的相关宏观市场信息,企业也可以通过查找相关的书刊资料或数据库来获得。

(五) 企业的自身形象

形象的定义主要包括两个方面,一是客体在消费者头脑中所形成的宽广印象;二是消费者头脑中对某一客体所持有的总体印象的感知。企业形象是消费者对某一企业众多属性的

---

① SWOT 指优势(S),弱点(W),机会(O),威胁(T);PEST 指政治(P),经济(E),社会文化(S),技术(T),是一种宏观分析方法。

感知,从而形成对该企业的总体印象和看法。其与品牌印象或者产品印象不同,它是一个企业层面的概念,具体包括产品或服务质量形象、创新形象、社会道德形象、市场竞争形象等。基于企业自身的形象调查,一方面企业可以了解网站、博客、微博、短视频等自有媒体的访问者的相关信息,为进一步开展有针对性的营销活动进行资源积累;另一方面,企业可以了解其在客户心目中的形象,确定在一定时期内企业及其自有媒体的价值水平,为新的企业形象宣传及其自有媒体的优化提供有针对性的意见。

二、网络市场调研的特点

互联网在市场调研中的应用极大丰富了市场调研的数据来源,也扩展了传统的市场调研方法。相较传统市场调研而言,网络市场调研主要表现有如下特点。

(一)及时性和共享性

网络信息的传递速度是非常快的,瞬间就能传递给互联网中的每个用户。且网上调查具有开放性,参与网络市场调研的用户也无时空限制,极大保证了网络信息的及时性和共享性,这也便于营销人员能及时地根据市场情况制定相应的营销方案。此外,在数据处理方面,企业也可以更方便地利用统计分析软件对网络调查的数据和资料进行处理与分析,并在更短的时间内获取调研结果。

(二)交互性和充分性

网络交互性是指企业通过互联网与网络参与者进行高频次的交互,以提高获取技术资源的可能性。基于互联网信息的发送者和接收者可以进行充分的互动。具体而言,被调查对象可以就网络调研的相关问题提出自己的建议和看法,企业也可以及时纠正调查问卷设计中的偏颇之处,还可以选择与用户在线交流的形式,增强与用户的情感纽带,了解更深层、更全面有用的信息。

(三)便捷性和经济性

在传统的市场调研中,企业通常需要安排专门的调研人员并投入足够的调研资金,并受时间和地域范围的限制,对调查结果的处理过程也较为烦琐,从填表到最终的结果分析一般需要较长的时间。但网络市场调研只需拥有可以接入互联网的计算机,调研者就可以在企业门户网站或专业市场调研平台上编写并发布网络调查问卷,然后通过微博、微信、QQ、电子邮件、BBS论坛等众多社交媒体平台发布给网络用户,最后通过对收集的网络问卷进行统计分析得到调查结果。从最初的调查填表、收集数据、检验数据以及最后的数据处理都由计算机自动完成,大大提高了调研的便捷性,也降低了调研的成本。

(四)可检验性和可控制性

通过互联网采集数据,可有效地对所采集的数据质量进行检验和控制。其一,可以对调查问卷附以全面规范的指标解释,有效消除调查过程中的口径偏差;其二,可以通过调查对象的身份认证技术,如实名认证等,降低数据采集过程中的舞弊行为;其三,通过计算机设置的检验条件和控制措施,可以对调查问卷进行详细全面的复检,筛除一些无效数据,充分保证其检验与控制过程的公正与有效性。

(五)可靠性和客观性

一般而言,参与企业网络市场调研的用户多是对企业或企业产品感兴趣的客户,所以这种基于自愿原则参与调研的老客户和潜在消费者反映的信息会真实地代表当前市场以及消费者购买意向和行为趋势,调研的结果也更具有可靠性和客观性。

此外,网络市场调研跨越了时空的限制,企业可以 24 小时地跟踪消费群体,进行实时调查,并可以根据需要选择恰当的时间段展开调查,来更好地把握市场动向。当然,网络市场调研在研究对象的总体结构、样本数量以及调研深度方面均还受到一定的限制。所以,在绝大多数情况下,企业还是会将网络市场调研与传统市场调研进行有效结合,来获取更为有效的数据信息。

整体而言,与传统市场调研相比,网络市场调研具有很多无法比拟的优点,具体如表 2-1 所示。

表 2-1　网络市场调研与传统市场调研的比较分析

	网络市场调研	传统市场调研
调研成本	低廉	较高
便捷性	方便快捷	比较烦琐
交互性和充分性	比较强	比较弱
时空和地域限制	无限制	有限制
及时性和共享性	比较强	比较弱

第四节　网络市场调研的过程与方法

一、网络市场调研的过程

与传统市场调研一样,为了提高市场调研结果的客观公正性,充分保证调研的质量,企业在从事网络市场调研时也有较为规范的程序。企业的市场调研过程主要可以分为如下几步。

(一) 明确网络调研问题和调研目标

在不同的发展时期和环境下,企业所需要调研的问题是不一样的。企业进行市场调研时首先就需要明确调研的问题,并确定调研目标。如:企业需要了解自身发展情况及竞争实力状况,调研的问题则为有关企业知名度、产品品牌、产品满意度及品牌形象等方面;企业在新产品开发或上市阶段,调研问题则为客户的满意度和市场潜力。在需要进行营销策略调整时,企业的调研问题可能为行业环境变化等方面。明晰了调研问题后,企业才会进一步明确调研目标,从而为调研问题的解决提供充分的数据支持。

(二) 确定网络市场调研的范围和对象

确定市场调研及对象时,企业应结合自身市场的实际情况,选择有针对性或典型的企业产品消费者、合作者以及行业中立者展开调查,并尽可能兼顾各方面的信息,进行全面关注和有效甄别。

(三) 制订网络市场调研计划

在确定调研的目标、范围和对象后,企业应该制订较为详细的市场调研计划。网络市场调研计划主要包括信息源、调查方法、调查手段、抽样方案、联系方法等五个方面。

（1）信息源。在收集信息时，企业首先要明确是针对原始信息进行一手资料还是加工后的二手资料进行收集，或者是两种信息一起收集。接着通过搜索引擎、企业网站、问卷调查平台或第三方交易网站有选择性地进行数据和信息的收集。

（2）调查方法。网上可用的调查方法主要有借助新闻组、邮件列表、讨论组和有关的网络论坛等进行的专题讨论调查法；向电子邮件、企业网站、问卷调查平台上传问卷的问卷调查法；等等。无论选择何种网络市场调研方法，企业要注意遵守相关的调查礼仪和网络规范，并从自身实际目标出发，做出合理的选择。

（3）调查手段。企业进行网络市场调查的手段可以是通过在线问卷进行调研，也可以是通过交互式计算机辅助电话访谈系统和网络调研软件有效结合进行调研。

（4）抽样方案。抽样方案是指为实施抽样而制定的一组策划，包括抽样方法、抽样数量和样本判断准则等。抽样方法包括概率抽样和非概率抽样两类。在调查成本和时间允许的情况下，我们应尽可能采用概率抽样，这样才能调查得到更有代表性的样本。

（5）联系方法。联系方法是指接触到调查对象的各种形式，如利用网站、博客、微博、微信、电子公告牌、电子邮件、网络社区等多种方式。

（四）编制调查计划表

在确定调查计划后，企业应当编制调查计划表。根据调查计划表，可以制定调查时间、进度、调查费用等分表，调查计划表的内容如表2-2所示。

表2-2 调查计划表

调查目的	为什么调查，需要了解什么、有何作用
调查方法	问卷法、电话法、电子邮件法、实验法、观察法等
调查对象	具体需要调查的样本
抽样方案	样本数量、样本选取
调查内容	根据调查目标设计的具体调查项目
调查进度表	调查的时间安排
调查人员	参与调查的具体人员分工
调查费用	各项开支数目

（五）调查问卷的设计以及预调研

企业根据调研问题、目标与计划制订出问卷后，应该进行预调研。参与调研的用户会对相关问题发表自己的意见，企业则应该及时对这些意见进行评估，并调整问卷。预调研可能会反复进行多次，直至问卷没有问题即可进行正式的调查。

（六）收集信息

基于互联网的便捷性，企业可以直接进行问卷的投放和数据的收集。在调查过程中，企业除了可以收集通过电子邮件等直接发送的问卷回馈信息；还可以收集问卷的各种链接的调查信息。

（七）分析信息

信息收集完成后，企业就需要围绕调查目标对相关信息进行加工提炼。在数据加工方面,企业可以借助综合指标技术、动态分析技术等数据分析技术。另外也需要相关网络市场调研人员具备较高数据分析能力才能进一步保证分析结果的质量。

（八）调研报告

调查报告的撰写是整个调研活动的最终阶段,调研人员需要利用科学的统计技术和分析方法,把整理后的调查结果和结论以正规的调查报告形式提交给使用信息的部门,为营销决策提供依据。网络市场调查报告的结构主要包括:题目、内容、调查报告正文、主要的结论、对策和建议、参考资料和附录等信息。

二、网络市场调研的方法

网络市场调研的方法主要可以分为两大类:直接调研法、间接调研法。

（一）网络市场直接调研

网络市场直接调研是指企业对互联网上的第一手资料或原始信息进行市场调研的方法。直接调研的方法主要有问卷调查法、观察法、实验法和专题讨论法四种。

1. 问卷调查法

这是获取一手资料的基本方法。具体方法为:企业通过自身网站或问卷调查平台在线发送调查问卷,或向社会化媒体发送调查问卷链接、二维码,或通过向积累的潜在用户或老客户发送问卷电子邮件进行调查。这种调查方法突破了时间和空间的限制,拓宽了市场营销调研的范围,也提高了市场调研的效率。

2. 观察法

观察法是指企业在自然随机的情境下对用户的消费行为进行观察和监测,从而分析其消费需求、消费习惯、消费特点等的一种调研方法。这种方法较为客观,但易受时间长短、样本量的影响。企业可以借助相关软件(如 Cookie)对用户的网络行为、特征进行全方位跟踪,通过分析抓取客观的网民消费行为数据来分析出相关的消费信息。

3. 实验法

实验法是对预先选出的多个可比的主体组赋予不同的实验方案,并控制外部变量,然后观察所引起的外部差异在统计上是否具有显著性。企业可以利用网上实验法来有效地测试网页、广告、海报、宣传册和促销活动的效果。

4. 专题讨论法

企业通过讨论组对目标市场的某些话题进行讨论从而获取数据或资料的调研方法。通常使用的讨论组有邮件列表、BBS 讨论、微信群等。其具体的开展方式为:①确定要调查的目标市场;②根据目标市场特点选择合适的讨论组;③准备需要讨论的相关话题;④登录相应的讨论组网站展开讨论,可以根据讨论情况再适时加入更有意义的讨论话题,并保存有价值的数据和资料。

（二）网络市场间接调研

网络市场间接调研是指企业通过网络收集所需信息的二手资料来进行市场调查的方法。这种方法简单方便,并可以节省大量的调研时间。其主要的方法有:搜索引擎法、网络数据库法、利用相关专业网站法。

1. 搜索引擎法

所谓搜索引擎,就是根据用户需求与一定算法,运用特定策略从互联网检索出指定信息反馈给用户的一门检索技术。利用网络搜索引擎可以收集到市场调研所需要的绝大部分二手资料。为了快速、准确地搜索企业所需要的信息,在使用网络搜索引擎搜索网络市场营销信息时应该注意以下两个问题:①确定搜索目标,选择合适关键词;②决定采用何种搜索引擎。

2. 网络数据库法

网络数据库是指把数据库技术引入到计算机网络系统中,借助于网络技术将存储于数据库中的大量信息及时发布出去;而计算机网络借助于成熟的数据库技术对网络中的各种数据进行有效管理,并实现用户与网络中的数据库进行实时动态数据交互。基于网络数据库,尤其是一些大型的商情网络数据库系统可以进行广泛的信息查询。由于数据库统计的数据和调查结果是经过智力加工的,一般需要付出一定的费用才能获得。在运用网络数据进行网络市场信息调研时需要综合考虑网络数据库自身的特征、调查目标,选择合适的数据库才能更好地提升网络调研的质量。

3. 利用相关专业网站法

企业可以调查某些专业网站,集中收集相关信息。如需要了解一个地区的人口情况,可登录政府的人口调查局网站进行相关信息收集;如需了解一个地区的购买力水平、经济发展水平,可以登录中经网统计数据库搜索有关信息。

 任务实训

实训二 网络购物的主要环境调研

一、实训目的

通过本实验的学习,使学生了解目前网络消费者网上购物的主要产品与环境,明确网络市场调查是网络营销策划的重要一环,进一步掌握网络市场调查的程序、方法,网络调查问卷的设计以及调研报告的撰写。

二、实训内容

以小组为单位,设计一份网络调查问卷,以本校的学生为对象,进行详细的调研。通过问卷的回收与数据分析,了解该校大学生对网络购物环境的相关偏好,为学校附近的某店铺开拓网上市场提供一定的策略依据。

三、实训主要步骤

(1)分组。

(2)明确调研课题。

(3)制订调研计划。

(4)设计调研问卷。

(5)实施调研。

(6)整理调研资料,并撰写调研报告。

(7)交流总结。

四、实训注意事项

(1)小组人数不宜超过6人,需积极利用网上市场调研的工具和方法,展开调研,并进

行数据资料的回收；

（2）每个小组应撰写一份调研分析报告，调研报告中所给出的相关建议和策略应该有一定的依据。

本章小结

网络营销环境是影响企业网络营销能力和效果的外部的各种参与者和影响力。对营销主体而言，环境及环境因素是不可控的，但也有一定的规律性，通过营销环境的分析对其发展趋势和变化进行预测和事先判断，可以进行更好的营销。因此，对营销环境进行分析非常必要。与传统的营销环境相比，网络营销环境具有企业营销更多地接受国际惯例而不是区域特性的影响；可控与不可控营销因素的界限发生变化；客户影响力迅速增大等特点。根据对企业网络营销活动的直接影响程度，网络营销环境可以分为微观环境和宏观环境两个层次。其中，网络营销的宏观环境是指一个国家或者地区的政治、经济、社会文化、科学技术、生态、人口、法律等影响企业进行网络营销活动的宏观因素；微观环境是直接影响和制约企业营销活动的力量和因素，从传统营销的角度来看，它一般包括供应商、营销中介、消费者、竞争者、社会公众及企业内部等的组织者和行为者。网络营销调研是基于互联网对市场信息进行系统的收集、整理、分析和研究，具有网络信息采集的及时性、共享性、交互性、便捷性、可检验性、可控制性、可靠性和客观性等特征。网络市场调研一般包括消费者对企业产品的需求、企业产品和服务的相关信息、竞争对手及行业的竞争状况、企业的市场环境、企业的自身形象等方面。从调研的过程来看，网络市场调研与传统的市场调研非常相似，一般包括明确网络调研问题和调研目标、确定网络市场调研的范围和对象、制订网络市场调研计划、编制调查计划表、调查问卷的设计以及预调研、收集信息、分析信息、撰写调研报告等过程。网络市场调研的方法主要有网络市场直接调研和网络市场间接调研。企业在进行网络市场调研时应根据企业调研的目的和自身产品或服务特征，选择更为合适有效的方法，以保证营销调研的质量，为企业的决策提供一定的依据。

思考题

1. 网络营销的微观、宏观环境分别包括哪些因素？
2. 什么是企业内部环境？
3. 网络营销和传统营销相比，营销环境发生了哪些变化？
4. 谈谈对网络市场调研的了解，如其定义、特点、功能。
5. 网络市场调研的方法有哪些？
6. 简述网络市场调研的主要内容。
7. 为了提高网络市场调研的质量，企业应该注意哪些事项？
8. 网络市场调研的过程主要有哪些？
9. 请结合所学专业，选择一个研究主题，利用线上平台进行网络问卷调查和数据收集。

第三章

网络消费者行为分析

- 了解网络消费者的特征
- 熟悉网络消费者的类型
- 掌握网络消费者的行为特征
- 理解网络消费者的需求特征、购买动机及购买过程
- 掌握在网络消费者购买过程的各个阶段企业所应该采取的营销措施

第一节　网络消费者概述

一、网络消费者的特征

网络消费者决定了网络营销的主要发展趋势,也是推动网络营销发展的主要动力。网络消费者的特征更是影响企业网络营销决策和实施的重要因素。企业要想吸引消费者,抢占市场并维持长久的竞争力,就有必要对本地区、本行业乃至国内的主要消费者进行分析,了解他们的特征与习惯,进而制定具有针对性的营销策略。近十年来,电子商务的飞速发展,对网民的购物习惯产生了深刻的影响。一般而言,网络消费者主要有以下几个方面的特征。

(一) 注重自我,追求个性

随着消费品的日益丰富和消费者个性化需求的不断增强,消费者开始注重与制定自己的消费准则。个性化消费需求正在逐渐成为消费的主流,网络的应用与普及也为网络消费者的个性化实现提供了很好的技术基础,使得网络消费个性化日益凸显。据《90后时尚生活形态研究》报告显示,截至2018年6月,20~29岁年龄段用户,即90后占比最高,达到了27.9%,而且他们不愿跟风,有自己独特的时尚追求,重视品牌概念与自身个性是否相符,也乐意尝试一些小众品牌,对购物也有自己的坚持。

(二) 头脑冷静,擅长理性分析

丰富的网络信息为网络消费者充分了解产品和品牌信息提供了方便。消费者可以轻松

获得产品规格、同类价格、相关评价等多样化的信息,对商品进行反复比较,以决定是否购买。而且在购物过程中,消费者不会受传统市场的嘈杂环境或销售员的推销等各种因素的干扰与影响,可以冷静地进行购买决策。整体而言,网络消费者对信息的甄别、分析和判断能力在逐步增强,他们逐渐向个人偏好方面进行网购,受广告促销、导购信息等产品宣传的影响也在慢慢减弱。对此,企业应该进一步加强信息的组织和管理,注重产品品质与企业自身文化的建设。

(三) 追求方便和享受

随着快节奏生活方式所带来的压力增加,消费者越来越注重更加便利的生活方式,追求时间和劳动成本的尽量节省,尤其是对于需求和品牌选择都相对稳定的日常消费品。并由此孵化出社区、餐饮、旅游、教育的"懒人经济":社区 O2O 把服务送到家中,餐饮 O2O 把饮食送到嘴边,旅游 O2O 把行程送到眼前,教育 O2O 把学习送到"桌面"。《2018 年中国居民消费升级指数报告》也显示消费正向享受型倾斜。总的来说,网络消费者在购物中会存在两种类型。一部分工作压力较大、紧张程度较高的消费者追求时间和劳动成本尽量节省,以方便性购买为目标;另一部分自由支配时间增多的消费者希望通过网络消费来寻找生活中的乐趣。对此,企业应该根据消费者的不同追求,设计与实施不同的营销策略。

(四) 追求性价比

网上购物发展迅速的一个很重要因素就是网购渠道相对低廉的价格。另外,从消费的角度而言,尽管价格不是决定消费者购买的唯一因素,却是消费者购买商品时肯定会考虑到的因素。无论消费模式发展到什么地步,往往会优先选择物美价廉的产品。而女性消费者在购买美妆类产品时会更多地关注质量。因此,企业一方面应该提升产品质量,也应该根据产品的类型、使用周期等特征选择合适的定价策略,来更好地吸引消费者。

(五) 喜好新鲜事物,有强烈的求知欲

网络为消费者提供了大量新奇、独具特色的各类信息,这也进一步激发了他们的好奇心和求知欲。网络消费者爱好广泛,无论是对新闻、股票市场,还是视频、娱乐等,他们均具有较为浓烈的兴趣。而不同年龄阶段的网络消费者对新鲜事物的喜好与求知欲程度也不尽相同。据 2019 年 618 购物节专题研究显示,已成为社会中流砥柱的 80 后更偏好理财与生活消费,95 后则更关注学业与娱乐。对此,企业可以结合主要消费者的年龄阶段与产品特点,主动给消费者提供富有知识、趣味、娱乐性的信息,吸引消费者的关注,并逐渐引导他们的兴趣。

(六) 需求的超前性

追求时尚、新颖、品质是许多网络消费者的特征。产品及服务的款式、格调、潮流元素、流行趋势等往往也是网络消费者进行购买决策的主要依据。近几年,各主流电商平台也纷纷紧跟热点,搭建生态营销体系,实现流量全覆盖与营销的全触达。如,在 2019 年的 618 年中大促销时,阿里巴巴借助自有生态体系中的微淘、UC、大鱼号等搭建了覆盖社交、内容、短视频和直播的营销与引流体系。因此,企业有必要借助丰富、全面及时的网络营销信息资源以及各种有效渠道,追踪与引导消费流行趋势,适时设计与开发能被网络消费者喜欢的时尚产品或服务,以更好地满足网络消费者的潜在需求,也给企业自身创造更大的商机。

二、网络消费者的类型

消费者的行为分析是经济学研究的重要内容,也是对消费者进行分类的一个有效方式。过去的研究重点集中在传统的购物行为,而网上的购物活动与传统的购物活动还是有一定区别的。因此,网上销售商有必要关注网络消费者的行为,通过网络应用对网络消费群体进行细分,进而对不同类型的网络消费者制定相应的营销策略,以达到事半功倍的营销效果。

通常根据网络消费者的行为特征,可以将其分为以下几种类型。

(1) 简单型。简单型客户追求的是更方便、直接的网上购物。每月他们会花少量时间上网,但他们的网上购物交易量还是比较大的。所以,对于这一类消费者,企业应该为他们提供真正的便利,让他们觉得在网上购物可以节省更多的时间与精力。

(2) 冲浪型。冲浪型的网络消费者约占上网用户数的 8%,在网上花费的时间约占全体上网用户的 32%,且他们访问的网页数量往往是其他类型客户的 4 倍以上。企业可以经常更新网站,或对自己的网站商品进行创新型设计,来更好地吸引这类消费者的兴趣。

(3) 接入型。这类群体通常属于刚上网的新手。他们很少购物,而更多地喜欢网上聊天和发送免费问候卡,更偏向于他们所熟悉的一些品牌。因此,企业可以通过微信、视频、广告促销等多种渠道,宣传与扩大企业自身的品牌效应,更好地吸引这类消费者的关注。

(4) 议价型。这类网络消费者有一种习惯购买便宜商品的本能。他们喜欢讨价还价,并强烈希望在交易中获胜。所以他们在进行购物决策时会全方位地收集信息,并进行较为详细的判断与筛选。那么面对这类消费者,企业就需要通过大批量定制、竞标、依靠资源、依靠营销团队寻求合作发展等方式增强自身议价能力,或营造虽不是最便宜但是最畅销的消费氛围。

(5) 定期型。定期型网络消费者的上网时间有一定的规律性和稳定性,他们通常都是被网站内容所吸引,一般会经常浏览新闻和商务类网站。

(6) 运动型。运动型的网络消费者的上网时间也有一定的规律性和稳定性,但他们更偏好运动和娱乐类网站,上网的时间也与他们喜好的运动类节目的更新时间相关。

根据哈里斯(Harris)互动公司开发的网络消费者类型细分体系,我们又可以将网络消费者划分为五大类别共十个子类别。具体如下:

(1) 按网购行为的计划性分类,可分为:①消遣型,只要有时间就会到购物网站上看看有哪些值得购买的物品;②目标驱动型,这类网络消费者通常仅在有购物计划时才会到网上选购。

(2) 按时间敏感的程度分类,可分为:①时间敏感型,这类网络消费者总是无法容忍在网上选择商品时花费过多的时间和精力;②享乐型,恰恰与时间敏感型网络消费者相反,这类消费者愿意花费时间和精力用于网络购物,并把网络购物作为消磨时光的一种休闲方式。

(3) 按选择购物网站的专一程度分类,可分为:①品牌忠诚型,一般只在一个网站上购物;②三心二意型,不止在一个网站上购物。

(4) 按网购行为的理性程度分类,可分为:①冲动型,这类网络消费者通常会在网上购买一些不是特别需要的物品;②理智型,这类网络消费者会经常通过货比三家,来购买性价比高的物品。

(5) 按对网购风险的态度分类,可分为:①保守型,这类网络消费者通常会比较谨慎,因为担心网购有风险,一般只会网购那些对质量要求不高或无法在线下实体店买到的商品;②猎奇型,这类网络消费者喜欢尝试新事物,认为网购能给自己带来乐趣,其中的风险则是微不足道的,可以不用做太多考虑。

此外,根据网络应用行为,我们也可以将网络消费者分为以下四种类型。

(1)娱乐型。这类网络消费者对网络的应用较为单一,主要是网络游戏、网络音乐、网络视频。他们在年龄上的分布也偏向于两端。

(2)交流型。这类网络消费者在微信、QQ、微博、博客、论坛/BBS、交友等具有社交特征的网络应用上参与度较高。

(3)信息收集型。这也是网络消费者中较大的一类群体。他们的主要活动就是运用政务、媒体、数据库等公共信息网站以及各类搜索引擎与电子邮件工具来收集所需要的信息资料。而且随着移动互联网的进一步发展,许多满足消费者信息获取需求的内容咨询产品也在不断强化自身基于用户兴趣的算法推荐能力,从而无形中提升了用户的黏性。

(4)购物型。随着移动互联网等信息应用技术的普及,这类群体比例有了较大的增长。他们在网络购物、在线炒股、旅行预订等应用行为上的特征较为明显。

第二节　网络消费者的购买动机与过程

网络消费者的购买活动是一个具体的行为过程。研究购买动机主要是为了了解购买的原因,进而更好地掌握消费者的购买习惯。网络消费者购买行为的规律——5W1H主要包括:①何人买(Who),对主要消费者、参与决策者、购买者以及使用者等进行分析。如:某一家庭在苏宁商场购买空调,可能孩子(发起者)因天热而首先提出购买建议,爷爷奶奶(影响者)提出嫌贵、费电、不会操作、过多使用空调反而不利于身体健康或者满足孙子/孙女的要求,爸爸妈妈(决策者)二人考虑价格、搬运距离等因素且共同商量后,决定明天网上购买,但爸爸要上班,故由妈妈(购买者)购买,安装后,供全家(使用者)享受。②买何物(What),对商品进行细分,是音乐类、出行服务类、金融理财类、教育学习类还是日常生活用品等。③为何买(Why),对购买的欲望和动机进行分析,如:求廉动机、求新动机、求方便动机等。④何时买(When),对具体购买的时间进行分析,是随时买、需要时买还是提前买(如因降价、打折等优惠活动购买一些日常的必需用品)。⑤何处买(Where),对购买的网络商城进行分析,是选择淘宝、天猫、唯品会还是聚美优品等。⑥如何买(How),对购买的方式进行分析,如特价购买、拼团购买等。

一、网络消费者的购买动机

动机是一种内在的心理状态,是推动人进行活动的内部原动力,也是刺激和触发行为反应并为这种反应指明具体方向的内在力量。它一般不容易被直接观察到或被直接测量出来,但却可以根据长期的行为表现或心理陈述进行了解和归纳。网络消费者的购买动机是指在网络购买活动中能使网络消费者产生购买行为的某些内在动力。购买动机对购买行为有着支配作用。只有了解网络消费者的购买动机,才能更好地预测他们的购买行为,并制定相应的营销策略和促销手段。

网络消费者的购买动机可以分为需求动机和心理动机两大类。

（一）需求动机

网络消费者的需求动机主要包括兴趣、聚集和交流。

1. 兴趣

热衷于网络漫游的消费者是因为对网络活动持有极大的兴趣。而这种兴趣的产生，主要源自两种内在驱动力。一是探索的内在驱动力。出于好奇心理，网络消费者们会驱动自己沿着网络提供的线索继续向下查询，以找出更符合自己预想的结果。二是成功的内在驱动力。当网络消费者在网络上找到自己所需的资料、软件、游戏、物品、数据库时，会产生一种成功的满足感。

2. 聚集

网络为具有相似经历或相同兴趣爱好的网络消费者提供了一个聚集和交流的平台，而且跨越了时间和空间的限制。通过这个网络平台聚集起来的网络消费者会形成一个极具民主性的群体，在这个群体中，成员是平等的，也具有独立发表自己观点和意见的权利，可以有效缓解在现实社会中的紧张与压力状态。尤其是在新技术、产业互联网迅速发展的背景下，网络消费者在资讯获取上从独享到分享；资讯媒体的社交属性日益增强，它们也在进一步向业务多元化、垂直化、社群化发展。

3. 交流

网上交流也是网络消费者上网的一个主要目的。信息交流频率的增加以及网上交流范围的不断扩大，不断促使对某种产品或服务有相同兴趣和需求的网络消费者聚集在一起，形成了网络商品交易市场（也即商品信息交换的网络）。在这个虚拟的交易市场中，大多数参与者的交流都是有目的的，所交流的信息涉及产品质量、款式、价格、售后等多种信息。一般而言，这些信息和经验也大多是他们的亲身体会。如产品供应商也经常会赞助一些免费的聊天室和综艺类的节目，因为他们的广告商品也有可能会成为一个交流的话题。

（二）心理动机

心理动机是指消费者由于认知、情感、意志等心理过程而引起的购买商品的动机。它更强调精神上的满足，比需求动机也更复杂。网络消费者的心理动机主要包括理智、情感、惠顾。

1. 理智动机

理智动机是建立在人们对商品客观认识的基础上，通过学习＋运用知识及经验，经过分析、比较、思考之后产生的购买动机。网络消费者的购买动机是建立在人们对于在线商场推销的商品的客观认识基础上的。随着社会发展进入新阶段，消费结构也在不断改变和升级，消费意愿、消费形态、消费方式都在发生着变化，网络消费者的分析判断能力也在逐渐提高。具有客观性、周密性和控制性的理智购买动机，会驱使消费者更侧重于商品的先进性、科学性和质量，并对各在线商场的商品进行反复比较，从而让他们做到深入了解所要选购商品的特点、性能和使用方法。这种动机的形成也基本上受控于理智，而较少受外界气氛的影响。

2. 情感动机

情感动机是基于人们的情绪和感情所引起的购买动机，又可以分为两种形态。一是低级形态的情感购买动机，它是由快乐、喜欢、满意、感激、好奇等情绪而引起的，具有冲动性、不稳定性等特点。如：在网络上突然发现一本好书、一种新产品、一款新服饰等，很容易让人冲动,产生购买意愿。二是高级形态的情感购买动机,它是由道德感、荣誉感、集体感等所引起的,具有较大的稳定性、深刻性。目前,很多在线商场都为网络消费者提供了异地送货上门的服务,这也促进了情感购买动机的形成。

3. 惠顾动机

惠顾动机又称为习惯动机,是基于情感和理智之上,对特定的网站、图标广告、品牌等产生特殊的信任与偏好而重复地、习惯性地前往访问并购买的一种动机。惠顾动机的形成经历了人的意志过程。网络消费者在为自己确立购买目标时,一般会首先确立购买目标,并在各次购买活动中对其他同类产品的吸引和干扰进行克服和排除,仍然按照事先确定的目标完成购买活动。由此,具有惠顾动机的网络消费者,一般是某一站点的忠实浏览者,他们不仅自己会经常光顾相关站点,而且对周围用户也具有较大的宣传和影响力,甚至即使在企业的产品或服务出现某些瑕疵时,也能予以谅解。惠顾动机是有利于企业获得忠实消费群体的。

购买动机是推动购买行为的动力。在实际生活中,网络消费者的购买心理是比较复杂的,同时也伴随着多种多样的情绪,因而也会形成各式各样的具体购买动机。所以,按照不同的划分依据,网络消费者的购买动机也会存在不同的类别。但整体而言,主要可分为求实动机、求廉动机、求新动机、求美动机、求名动机、求同动机、求速动机、求安全动机、惠顾动机、好胜动机、馈赠动机、炫耀动机。那么在网络消费者的具体分析中,我们应该结合网络消费者们的实际行为特征进一步地增减、细化、分类以便更深入地了解他们。

二、网络消费者的购买过程

网络消费者的购买过程也是商品或服务在网络上的所有权转移的过程。网络消费者在网上购物前会首先在网上搜索、浏览相关产品服务信息,为购买决策的做出提供依据,然后再进行购买。换句话说,与传统市场一样,网络消费者的购买过程也是一个从动机产生到最终评价的完整过程。具体包括了五个阶段:购买动机产生、收集信息、比较选择、做出购买决策、购后评价。

(一) 购买动机产生

网络消费者产生购买动机是网络购买过程的起点和初始点。与线下实体店不同,网站只能通过视觉或听觉来诱发消费者的需求。文字、图片、视频、音频、声音均是网络用来吸引消费者并激发其购买欲望的最直接方式。对于网络营销企业来说最根本的是把握网络消费者的需求特征,了解与自己产品和服务相关的实际和潜在需求,并突破视觉和听觉的局限,找到可以诱发消费者需求的切入点。但如果仅仅是被动地按照消费者的需求去做是行不通的,网络营销企业更应该主动出击,把握消费者潜在的深层次需求,并巧妙设计营销策略,引导更多的网络消费者关注自己的产品和服务。

(二) 收集信息

产生购买动机后,网络消费者就会着手收集产品和服务的相关信息,使自己的需求能得到有效满足。消费者收集信息的渠道可分为内部渠道和外部渠道。其中,内部渠道是指消费者个人所存储、保留的市场信息,包括购买产品的实际经验、对市场的观察以及个人购买活动的记忆等。外部渠道是指消费者从外界收集信息的通道,如个人渠道、商业渠道和公共渠道等。一般消费者会首先在自己的记忆中搜寻可能与所需产品相关的知识信息,在内部信息不充分或有所缺失时,再通过外部渠道来收集相关信息。

此外,不同网络消费对信息的要求程度也是不同的,一般可以分为 3 种模式。

（1）普通信息需求。是指网络消费者对产生购买动机的产品或服务没有非常深入的了解,也没有建立判定标准,而只是对商品和服务的类型和品牌有了某种程度的购买倾向。即消费者此时仅在心目中对产品有一个诸如价格、质量、服务、品牌形象等方面的期许。所以,在这种情况下,网络营销企业可以通过适当的渠道来向消费者展示产品和服务的优势信息,增强消费者对商品和服务的兴趣。如:消费者打算在线购买一件外套,但此时并没有确定外套的具体款式,可能会因为网站上优惠活动的宣传、最新的卖家评价等内容诱发他产生购买的倾向。

（2）有限的信息需求。是指网络消费者对感兴趣的产品或服务已经产生了特定的衡量与评判标准,但还未确定对网络商家或品牌的倾向。那么,此时网络消费会更有针对性地收集信息。此时收集的信息也会对网络消费者的购买决策产生直接影响。

（3）精确的信息需求。是指网络消费者对于感兴趣的产品或服务已经产生了明确的购买倾向及深入了解的情况下,会更加针对性地收集有关产品销售、售后服务等方面的信息,以便于正常或合理地使用。值得注意的是,此时收集的信息主要是有关产品的使用信息等,对购买决策的影响不大。如当消费者打算购买一部华为的手机,他已经对这个品牌有了较深入的了解,也明晰了自己对这部手机的需求主要集中于拍照功能。那么他就会对该品牌系列的拍照参数进行较为全面的信息收集。对网络营销企业而言,一方面除了提供大量商品优点的描述、宣传图片等信息之外,也有必要提供产品和服务的本质信息,以供这类消费者选择。另一方面,也应该及时掌握消费者搜集信息的渠道,并采用适当的方式将消费者所需的信息有效传递给他们。

（三）比较选择

消费者需求的满足是以其支付意愿和实际支付能力为基础的。缺乏支付能力的购买欲望犹如空中楼阁,并不会产生实际的购买行为。能满足消费者某一需求的产品服务有很多,网络消费者需要在搜集大量的商品和服务信息中,筛选出最终需要的信息。在比较分析的基础上,网络消费者再根据自己的支付意愿和能力做出购买决策。所以,比较选择也是网络消费者购买过程的一个重要环节。

网络消费者对信息的分析比较通常是基于产品和服务的性能、价格、样式、品牌、售后服务、评价等要素,但这些要素的获取往往只有通过网站提供的视觉和听觉描述来实现。网络营销企业对产品描述不充分或过度夸张,或带有虚假成分,都会误导消费者,甚至失去消费者的信任。所以,网络营销企业在对产品服务相关信息（如图片、文字、视频等）的描述上,应该尽量做到短小精悍,易于传播,且保持信息的真实性。

（四）做出购买决策

网络消费者在完成对商品的比较选择后,是否会付诸购买行动就在这个阶段实现。与传统购买方式相比,网络消费者在决定购买某种商品或服务前,一般需要具备三个条件:一是对网络营销商家产生信任感;二是对网络营销过程产生安全感;三是对所购买的产品或服务产生好感。而影响网络消费者购买决策的因素也主要有两种:一是他人对产品的评价和意见;二是一些偶然因素。所以,网络营销企业应该在各个方面都做好工作,使网络消费者达到最大程度的心理满足,这样才能更好促使他们的购买决策的产生。

（五）购后评价

消费者在购买商品后，经过一段时间的使用，也会对自己的购买决策进行检讨和反省，做出评价，并重新评估购买决策的正确性。此外，现代营销所研究的购买过程也是无止境的，一个真正优秀高质量的营销也应该是循环并向上延伸的，这就需要在每一次购买过程之间存在一个接点——购后评价体系。网络消费者的评价不仅是对这一次购买行为的评价，也为网络营销企业建立了一个客观的产品和服务推广体系，好的评价也会成为其他消费者做出购买决策的重要影响因素。因此，网络营销企业为了提高市场竞争力，最大限度地占领市场，必须及时收集消费者的反馈信息，虚心倾听与接受，并通过对评价信息的分析和归纳，提升自己的产品性能和服务品质，同时改进营销策略。

第三节　网络消费者购买的影响因素

随着网络营销的发展，网上购物逐渐为消费者所熟悉和接受。但与实体店的消费模式相比，网络消费模式的远程性和不可见性等特点，使得其发展面临更大的挑战。因此，对当前"互联网＋"背景下的购买决策影响因素进行分析，更有助于网络营销企业根据消费者的不同情况提供相适应的产品，提高自身竞争力，建立竞争优势。

由于网络消费者的差异性，影响网络消费者购买的因素是有很多的。但概括起来，主要可以分为如下五类因素。

一、文化因素

文化是长期以来所形成，并世世代代相传的态度、价值观念、思维方式的总和，常常直接或间接地影响消费者的兴趣、爱好、思想等，进而影响消费者的行为。生活在不同文化环境中的人，他们的价值观念、行为方式、行为习惯、行为准则均有所差异。社会文化可分为地理文化、种族文化、民族文化、宗教文化等。不同的地理区域、种族、民族以及不同宗教信仰和风俗习惯的消费者，他们的消费行为更是大相径庭的。但一个总的趋势是：社会生产力发展水平越高，社会文明的发展程度越高，社会文化对消费者行为影响的积极因素、进步因素就越多，社会整体的消费水平和消费质量也就越高。

与传统营销文化相比，网络营销中的文化是以企业的服务或产品为对象，是企业在网络营销活动中，处理人与事、人与物、人与人之间关系所形成的意识形态和行为准则的总和，包括网络营销理念、网络营销职业道德、网络营销制度、网络营销文化策略及与网络营销理念、道德相适应的营销组织。其具有如下特点：一是网络营销更有利于企业文化的宣传和推广；二是网络的发展使营销的领域得到了拓展。网络营销文化呈现消费上的引导性，将企业之间的竞争引导到更高的层次。多数企业开始转变观念，如从关注"推销产品满足消费"到"创造需求、主动引导消费"观念的转变。

就营销的角度而言，如今的市场是全球化的市场，也是一个跨文化的市场。网络营销企业应该意识到文化的差异性，并对其保持一定的敏感度。即使面对第一次使用的客户，网站、App等界面展示与宣传的内容也必须要避免任何可能的跨文化意义上的误解。反之，一旦未能正确实施营销策略可能会把现有品牌优势和商业关系消耗殆尽，造成较严重的后果。

二、社会因素

影响网络消费者的社会因素主要包括相关群体、家庭、社会阶层等。

（1）相关群体是指个人在形成购买或消费决策时用以作为参照、比较的个人或群体（如对亲朋好友所代购商品的喜好），包括具有成员资格、面对面影响的直接相关群体，以及不具有成员资格、不是面对面影响，而是期望成为其中一员的间接相关群体（如对网红明星所代言的网络品牌的喜好）。

（2）家庭是指居住在一起，由拥有血缘、婚姻或者领养关系的两个或更多人组成的群体。家庭是社会的基本单位，是重要的消费者购买组织，也是影响消费者网购决策的一个主要社会因素。有三种较常见的家庭购买决策类型：丈夫支配型（如在苏宁商城购买空调、冰箱等家电产品）、妻子支配型（如在淘宝网购厨房用品等）、共同支配型（如在携程网预定旅游产品等）。

中国家庭的购买角色结构与西方家庭存在一定的差异。一是体现在夫妻共同决策的比率方面。中国家庭基本集中在 $40\%\sim55\%$，低于西方家庭。西方家庭共同决策的对象主要是耐用消费品，而这些产品在国内则更多由丈夫主导。二是在产品类型方面。中国家庭的妻子会更多地主导决策与家庭生活或个人生活息息相关的产品，西方家庭的妻子所主导决策的范围会更广泛一些。当然在购买过程的不同阶段，家庭成员的主导角色和作用可能会发生相应变化。所以应该结合具体的商品和购买阶段，来分析家庭成员对购买决策的影响力。

（3）社会阶层是指人们在社会层次结构中处于的不同地位。它既可以由于客观的社会资源（物质资源、教育程度、职业等）的差异所形成的客观社会阶层，也可以源于自我与其他人比较而感到的差异所形成的主观社会阶层。已有研究表明，高社会阶层的人往往更容易获得良好的物质、教育、职业等资源，生活相对自由独立、不受约束，会更关注自身利益和目标，遵从自我内心的东西和情感。低社会阶层则由于可获得的客观资源有限，并常常伴随不确定性和不可预测性，易受条件限制和承受压力。此外，在面对品牌道德危机（即一般不会伤害该品牌的产品质量或服务水平，也并不影响消费者获得功能性利益）时，高社会阶层的消费者比低社会阶层的消费者对品牌的评价和购买意愿更高；当面对品牌能力型危机（即产品或服务水平出现质量问题，不能满足消费者购买产品或服务的需求和目标，进而妨害消费者获得品牌的功能性利益）时，高社会阶层和低社会阶层的消费者对品牌的评价和购买意愿则无显著差异。

三、个人因素

个人因素是消费者购买决策过程最直接的影响因素，也是最易识别的因素。主要包括消费者的年龄与人生阶段、职业、经济状况和生活方式等。

（1）不同年龄阶段的网络消费者所购买的产品是不同的。如儿童市场是糖果食品和玩具的主要市场；青少年市场是文教体育用品和时装的主要市场；成年人市场是家居用品等的主要市场，老年人市场则是药品和保健品的主要市场。《2019 中国新零售产业剖析与商业投资研究分析报告》显示，2019 年中国的零售业开始步入新零售发展阶段，而"80 后""90

后""00 后"愈来愈成为中国消费的主力军,他们也更注重商品和服务的品质、品牌以及生活的质量和效率。消费的档次被拉开,消费的"羊群效应"则在逐渐消失。

(2) 处于不同家庭生命周期的网络消费者市场也大不相同。如单身青年可能会更偏向穿戴、娱乐、交际、旅游等;家居、耐用消费品、旅游等可能是新婚夫妇的网购首选;洗衣机、婴儿食品、玩具这些则是准父母的网购首选;食品、文教用品、生活用品等是中年夫妇的网购首选;衣、食、教育、耐用消费品是中年家庭的网购首选;医药、保健品、消遣等是中老年夫妇的网购首选。

(3) 性别、职业和受教育程度对网购消费者的购买决策也会有较大影响。女性消费者会更多偏向于日用品、杂货、服装等消费品,而男性消费者则更多的是购买电器产品、娱乐类产品。《2019 年中国高端腕表消费研究报告》中显示在已拥有高端腕表的消费者中,男性占比略高于女性;而在计划购买高端腕表的消费者中,男性占比则远高于女性。工作人群在受访者中的占比达到了 97.3%,分别有近 38% 的计划购买人群和超过 43% 的已拥有人群认为自己处于职业生涯的成长阶段。在城市等级分布上,高端腕表消费者数量也基本呈现出按照城市等级,由高到低逐渐下降的态势。在教育程度方面,已有研究表明个人所受的教育程度越高,一般就越能理性决定自己的消费行为,从而去追求消费效用的最大化。人口受教育的程度与消费支出也呈显著的正相关关系。

(4) 价值观念也对消费者的行为有很大影响。具有相同或相似观念的消费者对价格和其他营销刺激因素往往会有较相同或相似的反应。随着生产时代向消费时代的历史转变,消费观念也开始由禁欲主义向享乐主义转变。与此同时,消费与个性的关联也越来越密切。人们越来越注重消费对生活品质、个人品位的提升作用,而非其物质、实体意义。实际上,消费时代价值观念的变化总是出于消费时代的道德要求,而消费时代最大的道德就是去消费,更好地鼓动消费、刺激消费。

四、心理因素

网购消费者的购买行为和选择也会随着心理因素的变化而变化。这些心理因素主要包括以下几种。

(一) 动机

所谓动机是一种驱使人满足需要、达到目的的内在动力,也是一种升华到足够强度的需要,可以及时引导人们去探求满足需要的目标。美国心理学家亚伯拉罕·马斯洛就提出了人类动机理论,并将人类的需要归纳为生理(呼吸、食物等)、安全(人身、健康等)、归属(友情、爱情等)、尊重(自尊、信心等)和自我实现五个层次。同样,网络消费者的购买动机是指在网络购买活动中,促使网络消费者产生购买行为的某些内在驱动力,包括了需求动机和心理动机。例如,网络消费者的需要是否得到满足。会引起对事物好坏的态度,进而产生肯定或否定的感情体验,则为情感动机;网购商品时讲究实惠、方便而非过分强调外观、包装与款式等,则为理智动机;对特定的商品、品牌、环境、服务等产生一种特殊的信任和偏好而形成重复、习惯的购买则为惠顾动机。

(二) 知觉

知觉是指消费者对作用于身体器官的商品及营销过程整体的、全面的反应,是对消费过程的一种心理反应。但消费者受到心理的驱策则随时会采取购买行动,但具体如何行动还取决于对情境的感觉程度。消费者知觉一般具有整体性、理解性、选择性及恒定性等特征。整体性是指消费者在购买产品时不仅关注产品自身的功能、性能、质量,而且会重视购物环境、服务态度等因素。对此,网络营销的广告应该从整体上把握产品的优势,结合产品的内在美与外在美,将产品的整体美展现出来。理解性是指消费者会根据所获得的知识、信息以及经验来理解产品。假若消费者之前用过 A 品牌的产品,感觉质量也还不错,那他很有可能在下次购买时仍然选择 A 品牌的相关产品;反之,那他很有可能在下次的购买行为中会剔除与 A 品牌相关的产品。所以网络营销的企业一定要注重品牌效应。选择性是指消费者会把少数事物作为选择对象,而把其他事物作为选择的知觉背景。当消费者在接受网络营销广告时,就会把广告作为知觉的对象。此时,网络营销企业应该充分把握这样的环境,让消费者可以更多地、全方位地了解、信任产品,并最终选择购买产品。恒定性是指消费者在不同场合、不同背景下,当所熟知企业的商标及产品包装大小、颜色、现状等发生变化时,仍会将这些企业的商标或产品视为同一企业的商标或产品。所以,网络营销企业要树立长远的价值观、质量观,提高消费者的满意度,这样才能获得消费者的长期认同。

(三) 学习

学习是指在网络购物过程中因经验而引起的个人行为或行为潜能的一种持续性改变,包括了行为学习和认知学习两个过程。行为学习是指由以往重复的经历而产生的一些自动反应过程,如网络购物流程;认知学习是指网络消费者会从思考、推理和问题解决等一些非直接的体验中进行学习,如在网络购物过程中学会了如何辨别正品。

(四) 信念和态度

信念是指一个人对事物所持有的确定性看法,而态度则是指一个人对某些事物或观念长期持有的好与坏的评价、感受和由此导致的一种行动倾向。网络消费者会通过实践和学习来获得自己的信念与态度,而它们也会反过来影响网络消费者的行为。尤其在营销领域,消费者会对某一营销因素同时存在积极和消极的认知评价和情感体验。这时就有赖于消费者自身的信念来做出相关的购买决策。

五、其他因素

影响网络消费者在线交易的因素还包括产品服务的价格、产品的特征、安全可靠性、购物的便捷性、网上支付的方式、送货方式、运费险、区域等。

任务实训

实训三 网络消费者的购买行为分析

一、实训目的

通过本实验的学习,使学生掌握网络消费者分析的基本概念,了解网络消费者的购买动机与过程,并能结合实际情况对网络消费者的行为进行针对性分析。

二、实训内容

(1) 角色扮演,全班分为 3 组,分别扮演 A、B、C 共 3 类商品的购买者。然后每组选派组长调查其他两组同学的购买动机。总结并填写表 3－1,最后进行汇报分享。

表 3-1　购买动机记录表

	A类商品	B类商品	C类商品	说明
需求动机				
心理动机				
其他				
简评				

（2）任选上述的某一类商品，对影响消费购买决策的五个阶段进行详细分析，并给出每一阶段的具体策略。总结并填写表 3-2。

表 3-2　购买过程分析

	诱发需求	收集信息	比较选择	购买决策	购后评价
A类商品					
B类商品					
C类商品					
策略					

本章小结

随着网络市场的急剧扩张与复杂化，正确把握网络消费者的消费心理与行为特征，对提高企业的效益具有重要意义。本章对网络消费者的特征、类型、购买动机、购买过程与影响因素进行了细致分析。一般而言，网络消费者具有注重自我，追求个性；头脑冷静，擅长理性分析；追求方便和享受；追求性价比；喜好新鲜事物，有强烈的求知欲；需求的超前性等特征。根据网络消费者的行为特征、网络应用行为，以及哈里斯（Harris）互动公司开发的网络消费者类型细分体系，又可将网络消费者划分为多种类型。只有了解消费者的购买动机，才能更好地预测网络消费者的购买行为，并制定相应的营销策略和促销手段。网络消费者的购买动机主要可以分为需求动机和心理动机两大类。此外，网络消费者的购买过程也是一个从动机产生到最终评价的完整过程。具体包括购买动机产生、收集信息、比较选择、做出购买决策、购后评价等五个过程。在各个过程，消费者都可能会受到多种因素的影响，从而影响最终的购买决策。所以，必须根据实际情况对网络消费者的决策过程进行探究并合理运用相关影响因素，这样才能更好地为网络消费平台提供合理化的建议。

思考题

1. 在互联网时代，网络消费者有哪些特征？
2. 简述网络消费者的主要类型。
3. 简述网络消费者购买过程。

4. 影响网络消费者购买行为的因素主要包括哪些方面？

5. 网络消费者购买行为根据消费者性格分析可以划分为哪些类型？

6. 网络消费者的购买动机主要包括哪些方面？

7. 请对班级同学进行一个网络消费者的抽样调查，并分析大学生网络消费市场可以划分为哪些类型？

第二篇

网络营销的策略分析

网络营销产品策略

- 掌握网络营销产品的五个层次
- 了解网络营销产品的分类
- 理解网络营销产品生命周期的主要阶段
- 掌握网络营销产品不同生命周期阶段的特征、营销策略
- 理解网络营销产品的组合策略
- 理解网络营销品牌的概念与要素
- 掌握网络营销品牌的策略

第一节　网络营销产品概述

一、传统营销产品的概念

传统观念认为,产品是指具有特定形态和一定用途的物品,即产品是指有形的物品。但现代市场营销学对产品的理解更为广泛,即广义的产品是指企业向市场提供的能够满足人们某种需求的有形产品和无形服务,涵盖了商品的质量、功能、价格、品牌和服务等多方面。所以,广义的产品概念不仅仅是我们看到的实体产品或是感受到的服务本身,更是一个产品整体,可以分成核心产品、形式产品和附加产品三个层次。

一般而言,核心产品是比较基础的一个层次,代表向消费者提供产品的基本效用或利益。它解决了消费者究竟购买的是什么的问题。在进行产品设计时,企业必须理解和定义这个核心,即该产品可以为客户解决什么问题或带来什么利益。形式产品,是核心产品借以实现的形式或目标市场对某一需求的特定满足形式,包括了产品或服务的特征、款式设计、质量水平、品牌名称和包装。附加产品是指消费者在购买该产品时所获得的一些附加服务和利益,可以使消费者的价值需求及体验得到最大的满足。

二、网络营销产品的概念

虽然传统产品的三个层次在网络营销产品中仍然起着很重要的作用,网络营销的独特性也逐渐改变了我们以往对满足消费者需求价值的产品认识。此外,网络营销产品的设计和开发的主体地位也从企业转向客户。企业在进行产品设计和开发时必须满足消费者的个性化需求,因此网络营销产品的内涵与传统产品的内涵有一定差异。

具体而言,网络营销产品是指在网络营销活动中,消费者所期望的能满足自己需求的所有有形实物和无形服务的总和。根据网络营销产品在满足消费者需求中的重要性,可以将网络营销产品整体划分为五个层次:核心产品层、形式产品层、期望产品层、附加产品层和潜在产品层,如图4-1所示。

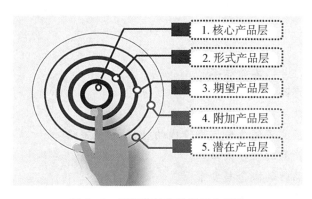

图4-1　网络营销产品的五个层次

(一) 核心产品层

核心产品层是指能够给消费者带来的基本效用或益处。如消费者购买手机是为了接听电话,购买空调是为了"冬暖夏凉"。这一层次的利益是目标市场消费者所追求的共同的无差别的利益。

(二) 形式产品层

形式产品层是指产品在市场上出现的具体物质形态。对于实物产品,主要由产品的质量水平、材质、式样、品牌、包装等因素构成。服务产品则由服务的程序、服务人员、地点、时间等构成。

(三) 期望产品层

期望产品层是指网络目标市场上,每一细分市场甚至每一个消费者希望得到的,除核心产品之外的满足自己个性化需求价值的总称。不同消费者对同种产品所期望的核心效用或价值一般是相同的。但除核心产品层外,不同消费者对产品所期望的其他效用又会表现出很强的个性化色彩,不同细分市场的消费者所追求的产品价值也是有差异的。例如,不同消费者购买面包的核心效用或利益都是充饥,但同样的充饥面包,有的消费者喜欢奶油味,有的消费者喜欢果酱味,还有的消费者可能喜欢红豆味。因此,在网络营销中,客户处于主导地位,也会呈现出一些个性化特征。所以在进行产品设计和开发时必须满足消费者的个性化需求。

(四) 附加产品层

附加产品层又称延伸产品层、附加产品层,是指消费者在购买形式产品和期望产品附带获得的各种附加服务或利益的总和,其主要是为了使产品的核心利益得到更好应用而派生出来的延伸性需求,以便与其他或同类的产品区别开来。例如,质量保证、优良的售后服务、免费送货、信贷和维修等。它也是产品的生产者或经营者为了帮助消费者更好地获得核心产品与期望产品而提供的一系列服务。在现代市场营销环境下,企业在竞争中获胜的关键已经从争夺消费者市场转为向客户提供完善的产品附加利益。例如 IBM 公司最先发现顾客购买计算机主要是购买解决问题的服务。因此,该公司针对消费者的需求,成为了首个向用户提供一整套计算机体系的公司。

(五) 潜在产品层

潜在产品是在核心产品、有形产品、期望产品和附加产品层次之外,能满足消费者潜在需求,尚未被消费者意识到,或者虽已经被消费者意识到但尚未被重视或不敢奢望的一些产品价值。潜在产品主要是产品的一种增值服务,其与延伸产品的主要区别是客户没有潜在产品仍然可以很好地满足其现实需求,但获得潜在产品,消费者的潜在需求会得到超值的满足,消费者对产品的偏好程度与忠诚程度会得到很大提高。

潜在产品指出了现有产品可能的演变趋势和前景,代表了产品的可扩展空间或产品将来的发展方向,即该产品在将来最终可能会实现的全部附加部分或转换部分。在高新技术发展和现代市场营销体系中,现实产品的许多潜在价值还没有被顾客充分认识到,这就需要企业通过一些消费引导活动,让消费者进一步发现或认识到它们。

三、网络营销产品的分类

根据产品的具体形式,网络营销的产品一般可以划分为以下 3 类。

(一) 实体产品

实体产品是指网上销售的那些具有有形物理形状的产品,以能看得见、摸得着的有形实体为形式产品层的网上产品。它是以互联网作为交易媒体进行的一种实体产品营销活动,例如,电子购物、网上市场交易一般采取网上购买、网下或网上交易、网下送货的营销模式。

(二) 数字化信息产品

数字化信息产品是指能够以数字化信息形式存在并通过互联网传递的网络营销产品。例如,通过互联网销售的计算机软件、电子书、音乐、图片、音像资料等。此外,还有网上的一些虚拟产品如 QQ 秀、联众秀、电子贺卡等。

(三) 服务产品

服务产品是指网络营销产品的利益主要是通过企业所提供的某种服务获得的,也可以说网络营销产品的形式层是某种服务。常见的服务可以分为信息咨询服务和其他服务两大类。信息咨询服务包括法律咨询、医药咨询、股市行情分析、金融咨询、资料库检索、电子新闻、电子报刊等;其他服务包括远程医疗、远程教育、预订票(车票、机票等)服务、入场券预订、饭店旅游服务预约、医院预约挂号、网络交友、电脑游戏等。

第二节 网络营销产品的生命周期策略

产品生命周期是产品的市场寿命,即一种新产品从开始进入市场到被市场淘汰的整个市场生命循环过程,是市场营销学中的一个很重要的概念,它是经过无数产品从诞生到退出市场的自然过程中总结出来的,直接影响着企业的产品策略以及在生命周期不同阶段上的经营策略。

一、网络营销产品生命周期的内涵

进入市场后,产品的销售量和利润都会随时间推移而改变,呈现一个由少到多或由多到少的过程,就如同人的生命一样,由诞生、成长到成熟,最终走向衰亡,这也是产品的生命周期现象。产品只有经过研究开发、试销,然后进入市场,它的市场生命周期才算开始。产品退出市场,则标志着生命周期的结束。

网络产品生命周期的实质是"主要矛盾斗争产生的过程",在产品生命周期中主要矛盾可以分为两大方面,一是顾客的需求,二是实现需求和期望的能力。

二、网络营销产品生命周期的不同阶段

网络营销产品在市场上的营销情况和利润增减情况是衡量和判断其生命周期的重要依据。基于美国哈佛大学雷蒙德·弗农教授的观点,网络营销产品的生命周期主要经历了四个阶段:引入期、发展期、成熟期、衰退(衰落)期,如图 4-2 所示。

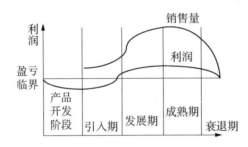

图 4-2　网络营销产品生命周期与销售利润曲线

(一) 引入期

引入期又称介绍期、导入期,是指产品从设计投产直到投入市场并进入测试的阶段。在该阶段,由于产品刚刚被引入市场,销售增长缓慢,几乎没有利润甚至是负增长。引入期是使产品被市场认可的关键一步,产品进入市场顺利与否会直接关系到新产品推出的成败。这一阶段,市场竞争者较少,企业若能建立有效的营销系统,则可以使新产品快速进入市场成长期。其主要市场特征有:

(1) 市场需求量小。消费者对新产品还比较陌生,缺乏全面的了解和信任,除少数追求新奇的客户外,几乎无人购买该产品。

(2) 生产成本高。产品刚开始生产,数量不大,技术尚不确定、不熟练,不合格品率也较高,因此会造成较高的制造成本。

(3) 竞争不激烈。产品刚进入市场,没有建立理想的营销渠道和高效率的分配模式,生产者较少,竞争尚未真正开始。

(4) 难以确立恰当的价格策略。高价可能导致较低的销量,而低价可能难以收回成本。

（二）发展期

发展期也称成长期，是指新产品试销取得成功以后，转入成批生产和扩大市场销售额的阶段。在该时期，产品被市场迅速接受，企业利润大幅增加。其主要市场特征有：

（1）产品开始在市场上有较大的吸引力，并逐渐被消费者熟悉和接受，市场需求量增大，产品在市场上逐渐站住脚并且打开了销路。

（2）产品开始大批量生产，销售量和销售额也迅速提升，单位产品成本迅速下降。

（3）试销效果良好，理想的营销渠道也逐步建立起来。

（4）企业利润快速增长，经济效益明显提高。

（5）产品的市场价格趋于下降，企业利润增长速度逐步放缓。

（6）由于产品市场迅速打开，竞争者纷纷加入，市场竞争日趋激烈，同类产品供给量增加。

（7）为进一步扩张市场，企业的营销费用基本保持不变或稍有增长，但占销售额的比重下降。

（三）成熟期

这是指产品进入大批量生产，而在市场上的普及销售量达到高峰的饱和且处于竞争最激烈的阶段。其主要市场特征有：

（1）产品已稳定地进入市场销售，市场需求趋于饱和。

（2）产品普及并日趋标准化，同类企业竞相开展多种多样的促销策略来试图扩大他们的产品销售。

（3）产品的市场供应量和销售量虽还有所增长，但增长的速度都基本趋于缓慢，原有消费者的兴趣开始转向其他产品或替代产品，市场销售量逐渐出现下降的趋势。

（4）企业利润相对稳定，并由缓慢增长趋向缓慢下降。

（5）企业过剩的生产能力使得产品价格竞争日益激烈，同时产品价格迅速下降。

（6）由于竞争加剧，导致同类产品生产企业之间不得不加大在产品质量、花色、规格、包装和服务等方面的投入，这在一定程度上增加了成本。

（四）衰退期

这是指产品逐渐老化、转入商品更新换代的时期。其主要市场特征有：

（1）产品在经济性能和技术工艺上已经处于落后状态，市场上已经有其他性能更好，价格更低的新产品来满足消费者的需求。

（2）产品老化，不能适应市场需求，老产品销售由缓慢下降变为急剧下降，产品处于被淘汰的过程中。

（3）企业利润持续下降。同行业为了减少存货损失，竞相降价销售，多数企业无利可图，被迫退出市场，市场竞争激烈。

（4）为了维持最低水平的经营，留在市场上的企业开始逐渐减少产品的附加费用、营销费用和广告费用等开支。

三、网络营销产品生命周期中不同阶段的营销策略

网络营销产品的生命周期是用来描述产品和市场运作方法的一项有力工具。企业营销人员需要基于不同的生命周期阶段制定相应的营销策略，以推进企业的业务。具体而言，不

同阶段的营销策略如下。

（一）引入期的营销推广策略

在商品引入期，由于消费者对商品较为陌生，企业须通过各种促销手段将商品引入市场，力争提高商品的市场知名度；另一方面，又因引入期的生产成本和销售成本相对较高，企业在给新产品定价时不得不考虑这个因素。所以，在该时期，企业营销的重点主要集中在促销和价格的方面。一般有四种可供选择的组合策略。

1. 快速撇脂策略

高价格高促销策略，即企业采取高价格的同时配合大量的宣传推销活动，把新产品推入市场。其目的在于先声夺人，抢先占领市场，并希望在竞争还没有大量出现之前就能收回成本，获得利润。适合采用这种策略的市场环境为：

（1）市场上有很大的潜在市场需求量。

（2）这种商品的品质特别高，功效又比较特殊，很少有其他商品可以替代。

（3）目标客户有求新心理，一旦了解这种新产品，常常愿意出高价购买。

（4）企业面临着潜在竞争对手的威胁，急需以高价和优质树立声誉，需要快速建立良好的品牌形象。

2. 缓慢撇脂策略

高价格低促销策略，即企业在采用高价格的同时，只用很少的促销努力。高价格的目的在于能够及时收回投资，获取利润；低促销的方法可以减少销售成本。这种策略主要适用于以下情况。

（1）商品的市场比较固定、明确。

（2）大部分潜在消费者已经熟悉该产品，并愿意出高价购买。

（3）商品的生产和经营有一定的难度和要求，普通企业无法参与竞争，潜在竞争的威胁比较小，或由于其他原因使潜在的竞争不迫切。

3. 快速渗透策略

低价格高促销策略，即企业在采用低价格的同时做出大的促销活动将新产品推向市场。其特点是可以使产品迅速进入市场，有效地限制竞争对手的出现，以最快的速度进行市场渗透和扩大市场占有率。这种策略主要适用于以下情况。

（1）商品有很大的市场容量，企业可以在大量销售的同时逐步降低成本。

（2）潜在消费者对这种产品不太了解，但对价格十分敏感。

（3）潜在的竞争比较激烈。

（4）产品的单位制造成本可随生产规模和销售量的扩大迅速下降。

4. 缓慢渗透策略

低价格低促销策略，即企业在新产品进入市场时采取低价格，同时不做大的促销努力将新产品推向市场。其特点是以价取胜，迅速占领市场。这种策略主要适用于以下情况。

（1）商品的市场容量较大。

（2）潜在消费者对商品有所了解，同时对价格又十分敏感。

（3）有相当的潜在竞争者准备加入竞争行列。

（二）发展期的营销推广策略

进入发展期以后，越来越多的消费者开始接受并使用产品；同时企业的销售额直线上升,利润增加。在此情况下,竞争对手也会纷至沓来,威胁企业的市场地位。因此,在发展期,企业的营销重点应该放在保持并且扩大自己的市场份额、加速销售额的上升两个方面。另外,企业还必须注意成长速度的变化,一旦发现成长的速度由递增变为递减时,必须适时调整策略。这一阶段可以适用的具体策略有以下几种。

第一,积极筹措和集中必要的人力、物力和财力进行基本建设或者技术改造,以利于迅速增加或者扩大生产批量。

第二,进一步提高商品的质量,增加商品的新特色,改进产品的新款式,增加产品的新用途。

第三,广告促销从介绍产品、提高产品知名度转变为突出产品特色、树立形象、争创名牌。

第四,开展市场细分分析,积极开拓新的市场,增加新客户数量,以扩大产品的销售面,增加对市场的覆盖率。

第五,充分利用价格手段。在大量生产的基础上,适时降价或采用其他有效的定价策略,以吸引更多购买者。

(三) 成熟期的营销推广策略

通常成熟期比前两个阶段持续的时间更长,大多数商品均处在该阶段,因此,管理层也大多数是在处理成熟产品的问题。

在该阶段,为了节省费用开发新产品,有的弱势产品应该放弃;但同时也要注意到原来的产品可能还有其发展潜力,有的产品就是由于开发了新用途或者新的功能而重新进入新的生命周期。因此,企业不应该忽略或者仅仅是消极地防止产品的衰退。因此,企业应该系统地考虑市场、产品及营销组合的三种修正策略。

1. 市场修正策略

这是指通过努力开发新的市场来保持和扩大自己商品市场份额的策略。例如,通过努力寻找市场中未被开发的部分;通过宣传推广促使顾客更频繁地使用或每一次使用更多的量,达到增加现有客户购买量的目的;通过市场细分化,努力打入新的市场区划分,以赢得新客户或其他竞争者的客户。

2. 产品改良策略

这是指企业可以通过改进产品的品质或服务再投放市场的策略。例如:品质改良,即增加产品的一些新功能性效果,如耐用性、可靠性、速度及口味等;特性改良,即增加产品的新特性,像规格大小、重量、质量或附属品等;式样改良,如增加产品美感上的需求。

3. 营销组合调整策略

这是指企业通过改变定价、销售渠道及促销方式来延长促销方式来延长产品成熟期的策略。例如:通过降低售价来增强竞争力,改变广告促销方式以引起消费者的兴趣,采用多种促销方式,如大型展销、附赠礼品等以进一步激发消费者的购买欲望。此外,还可以扩展销售渠道、改进服务或贷款结算方式等。

(四) 衰退期的营销推广策略

衰退期是产品销售量持续下降,即将退出市场的阶段。进入该阶段后,企业不能简单地一弃了之,也不应一味维持原有的生产和销售规模。企业需要基于商品在市场的真实境况分析,然后决定是继续经营还是放弃经营。对此,企业常见的三种策略方式有维持策略、缩减策略、撤退策略。

1. 维持策略

这是指企业在目标市场、价格、销售渠道和促销等方面维持现状的策略。这一阶段很多企业会自行退出市场。因此,对一些有条件的企业来说,并不一定会减少销售量和利润,使用这一策略的企业可以适当地延长产品的生命周期。例如:

(1) 通过价值分析,降低产品成本,以利于进一步降低产品价格。

(2) 通过科学研究,增加产品功能,开辟新的用途。

(3) 加强市场调查研究,开拓产品的新市场。

(4) 改进产品的设计,以提高产品性能、质量包装和外观等,从而实现产品生命周期的再循环。

2. 缩减策略

这是指企业虽然仍在原来的目标上继续经营,但会基于市场变动情况和行业退出障碍水平在规模上做出适当收缩的策略。例如,降低大规模的促销水平,尽量减少销售和推销费用,以尽可能地增加费用。

3. 集中策略

企业将资源集中使用在最有利的细分市场、最有效的销售渠道和最易销售的品种或款式上。企业如果把所有营销力量集中到一个或少数几个细分市场上,不仅可以加强这几个细分市场的营销力量,也可以大幅度的降低市场营销的费用,以增加当前利润。

4. 淘汰策略

这是指企业决定放弃经营某种商品以撤出该目标市场的策略,即把资源集中使用在最有利的细分市场,最有效的销售渠道和最容易和适合销售的产品方面。在撤出目标市场时,企业也应该主动考虑以下几个问题。

(1) 将进入哪一个新的市场,经营哪一种新产品,可以利用以前的哪些资源?

(2) 品牌及生产设备等残余资源如何转让或者出售?

(3) 保留多少零件和服务,以便更好地为以往的忠诚顾客服务?

扩展阅读

农夫山泉的生命周期营销策略

在引入期,传播主题为"农夫之水天上来""农夫山泉有点甜",突出产品的特征。并以差异化的营销策略,吸引客户的眼球,迅速打开市场。

在发展期,传播主题逐渐从"农夫山泉有点甜"转变为"好水喝出健康来",更加突出并注重水质。在促销方面,继续实施差异化的营销策略,注重品牌和包装,树立良好的市场形象。在分销方面,增加销售渠道,开拓新市场,由上海、浙江等重点城市向全国各地推广。在定价方面,适当地调整价格,赢得更多的客户群体。

在成熟期,不断进行改进以延长产品的生命周期。例如:改进质量,停止生产纯净水,生产高质量的天然水,传播主题也变换为"我们不生产水,我们只是大自然的搬运工"。款式改进,不断推出小瓶装、茶π、农夫果蔬等多样化的产品系列,更好地满足市场的消费需求。

第三节 网络营销产品的组合策略

产品组合,也称服务性组合或业务组合,是指企业提供给市场的全部产品线和产品项目的组合或搭配,实践中也叫企业产品结构。产品组合中的全部产品可以分成为若干条产品线,即在技术和结构上密切相关的一组产品。产品项目就是产品线中不同品种、质量、规格和价格的特定产品。为了满足市场需求,企业通常提供给目标市场的是产品的组合。因此,在网络营销中企业制定产品组合策略时应根据市场需求本身的资源和相对优势,不但要在产品的品牌、包装、服务和配送等方面做出决策,还需要从整体上对产品组合、产品线和产品项目做出决策。

一、扩大产品组合策略

扩大产品组合策略是指通过增加企业网络营销产品组合的宽度和深度,增加产品组合的长度等,以满足市场的需求。增加产品组合的宽度指扩大企业生产经营的产品类别,如增加几条产品线。增加产品组合的深度是指在原有的产品线内增加新的产品项目。增加产品组合的长度是增加产品组合中所有产品线的产品项目总数。

增加产品组合的宽度可以充分发挥企业各项资源潜力,扩大企业网上营销的产品范围,提高效益,减少风险。增加产品组合的长度和深度,可以使产品线更加丰满充裕,更好迎合广大网上用户的不同需要和爱好,以吸引更多的客户,从而占领同类产品的更多细分市场。例如,亚马逊在稳稳占领了图书这个主营产品市场后,不断增加新的经营品种,业务范围已经从图书和音像制品成功地拓展到服装、美妆、食品、游戏等其他利润丰厚的产品。

二、缩短产品组合策略

缩短产品组合策略与扩大产品组合策略正好相反,是指企业减少产品的类别或项目,将产品组合中获利小或不获利的产品取消,从而减少产品组合长度的策略。这样企业不仅可以减少资金的占用,加速资金周转,还可以集中力量经营发展获利多的产品线和产品项目,不断提高生产经营的专业化水平。

三、产品线延伸策略

企业所经营的产品都有其特定的市场定位。产品延伸策略是指全部或部分地改变企业原有产品的市场定位,常见的策略有:向上延伸、向下延伸和双向延伸三种。

(1)向上延伸。向上延伸是指企业原本经营低档产品,现在改为逐步加强中高档产品的经营。这样不仅可以提高企业和现有产品的声望,还可以为企业增加各种远期收益。

(2)向下延伸。向下延伸是指企业除继续经营原来的定位于高档市场的产品外,增加中低档产品。这样不仅可以扩大企业的市场规模,还可以吸引经济条件受限的消费者。

(3)双向延伸。双向延伸是指企业原本经营中档产品,在掌握市场优势之后将产品线向上下两个方向延伸,增加高档和低档产品的经营。网络营销的企业销售的不仅是产品本身,还包括与之相关的服务和增值信息等。因此,双向延伸除了增加高档或低档产品外,还要在产品的各组成部分进行延伸,进而提高产品的附加值和市场占有率。

第四节　网络营销产品的品牌策略

在传统的商业世界中,品牌的概念类似于"金字招牌"。在现代营销体系中,品牌既是企业的一种资产,又是企业的信誉。在网络环境中企业不仅要树立传统的品牌形象,还要拥有自己的网上品牌。

一、网络品牌的概述

互联网时代的到来,消费者的价值观变得更加多元化,一个又一个的社群如雨后春笋般纷纷涌现。此时,企业的营销者也需要改变以往直线式的推送和说服式的传统营销模式,转而在品牌营销方面注入新的活力。因此,网络品牌也成为企业进行电子商务和网上竞争的有力保障。

(一) 网络品牌的内涵

美国市场营销协会对品牌的定义是:"品牌(Brand)是一种名称、属性、标记、符号或设计,或是它们的组合运用,其目的是借以辨认某个销售或某群销售者的产品或服务并使之同竞争对手的产品和服务区别开来"。这个定义强调了品牌的可辨识性因素,即企业品牌存在的特征。

网络品牌即网上市场品牌,是指企业品牌在互联网上的存在,包括网络企业名称、网站中文名称及标识中英文域名和企业的网上形象等内容。网络品牌和传统品牌虽然对创建和提升品牌建设和推广的方式和侧重点有所不同,但其目标是一致的,都是通过有吸引力的创意,创建和提升企业整体形象,实现消费者的主动参与和分享。

例如,苹果公司从 iMac 到 iPad 再到 iPhone,每款产品始终都在追求超乎消费者想象力的创新,同时精心策划营销的每个环节,以便给消费者营造出一种神秘的氛围,最终苹果公司催生出一批又一批狂热的"果粉"。这些"果粉"就是苹果公司的布道士,主动在全世界的各个角落为苹果品牌进行传播。

(二) 网络品牌的特征

相对于传统意义上的企业品牌,网络品牌有以下特征。

1. 网络品牌是网络营销效果的综合表现

网络营销的各个环节与网络品牌有着直接或间接的关系。一方面,网络品牌的建设和维护贯穿于网络营销的各个环节。如企业网站规划、网站建设、消费者关系维护和在线销售等均与网络品牌有关联。另一方面,网络营销的效果,如网络广告、搜索引擎营销、微信营销等各种网络营销方法的实施和最终效果均会对网络品牌产生一定影响。

2. 网络品牌的价值需要通过网络用户表现出来

每一个强有力的品牌实际上代表了一组忠诚的消费者。这意味着企业与网络用户之间所建立起来的和谐关系就是网络品牌的价值。因此,网络品牌也是建立用户忠诚的一种手段,对与消费者关系有效的网络营销方法同样可以适用于网络品牌的营造。如网站的电子刊物、会员通信、网站客服也是创建网络品牌的有效方法。

3. 网络品牌体现了用户提供的信息和服务

品牌的目的是为了让企业和产品更值钱,而网络品牌的核心内容正是为用户提供有价值的信息和服务。例如,当人们想到百度这个品牌时,头脑中不仅会出现一个非常简单的网站界面,更主要的是它在搜索方面的优异表现,以及更加满意的搜索效果。

4. 网络品牌建设是一个长期的过程

品牌不能让你短期赚钱,但是能让你长期值钱。网络品牌也是如此。网络品牌的建设与网站推广、信息发布和在线调研等营销活动不同,它不是通过一次、两次简单的活动就可以完成的,不能指望获得立竿见影的效果。网络品牌的建设是一项长期、有规划、有思考、有战略的可行性行为。

(三) 网络品牌的层次

互联网是一个有着无限潜力的平台,企业在进行网络品牌的塑造和营销时需要充分利用互联网资源。一般而言,网络品牌包括了三个层次:

1. 网络品牌的表现形态

网络信息的超容量、多元化,使得消费者可以通过信息搜索寻找到更多的信息。因此,网络品牌在网络中要具有一定的表现形态,即表明这个品牌确实存在的信息,如域名、网站名称、网站 Logo 等。

2. 网络品牌的信息传递手段

网络品牌要想被更多用户所认知、了解和接受,还需要通过一定的手段和方式向用户传递网络品牌信息。搜索引擎营销,许可 E-mail 营销、网络广告、微博营销等网络营销方法都是有效的网络品牌信息的传递和推广手段。

3. 网络品牌的价值转化

品牌的价值转化过程是塑造网络品牌中最重要的一个环节。网络品牌是为了获得更多忠诚的消费者,进而达到销售量的增加。用户从对一个网络品牌的了解到形成一定的转化,如网站访问量上升、注册用户增加、销售促进效果提升等过程,这也正是实现网络品牌价值转化的活动过程。

二、网络品牌营销的要素

互联网时代,由于企业品牌营销环境和手段的变化,企业在进行互联网品牌营销时,不得不从观念、战略、策略等方面进行相应的调整。一般而言,品牌营销的关键因素主要取决于以下五个方面。

1. 质量

产品质量指的是在商品经济范畴内,企业依据特定的标准,对产品进行规划、设计、制造、检测、计量、运输、储存、销售、售后服务和生态回收等全程的必要的信息披露。质量是产品恒久旺盛的生命力的来源,也是企业竞争优势的重要影响因素。

2. 诚信

诚信是指企业在市场经济的一切活动中要遵纪守法,以信取人。在市场经济中,企业诚信具有巨大经济价值,它是对企业在道德、法律等方面价值的肯定,是企业无形资产的重要组成部分。品牌更是代表着企业给予消费者品质、服务和便利性等方面的承诺和保证,这些承诺也体现在企业日常经营管理所进行的具体活动之中。

3. 定位

市场定位是指对现有产品的一种创造性思维活动,它主要针对潜在消费者的心理采取行动,也是整个市场营销的灵魂。成功的品牌都有一个特征,就是以始终如一的形式将品牌的功能与消费者的心理需要连接起来,并能将品牌定位的信息准确传达给消费者。因此,品牌营销的一个关键环节就是提炼对目标人群最有吸引力的优势竞争点,并通过一定的手段传达给目标消费者,然后转化为消费者的一种心理认知。

4. 特色

产品个性化不仅仅包括式样、功能、外观、品质、包装和设计,而且还要延伸到产品个性化销售和产品个性化服务层面。它是一种建立在完全满足顾客个性化要求基础之上的产品,体现的是每位客户的个性而非企业的个性。其实对同一行业的竞争对手而言,产品的核心价值是基本相同的,所不同的是在满足顾客基本需求的情况下,为顾客提供在性能和质量等方面的差异化特色。

5. 传播

在同质化的市场竞争中,唯有传播能够创造出差异化的品牌竞争优势。所谓品牌传播就是企业以品牌的核心价值为原则,在品牌识别的整体框架下,通过广告、公关、销售和人际关系等传播方式,将特定的品牌推广出去,以建立品牌形象,促进市场的有效销售。品牌传播是企业满足消费者需要、培养消费者忠诚度的有效手段,也是企业网络品牌塑造的重要途径。

三、网络品牌营销的策略

品牌的营销推广是以品牌输出为核心的营销策略,分广义和狭义两个层面。狭义的品牌营销推广是品牌知名度的推广,品牌名称是整个品牌营销推广活动的开端。广义的品牌营销推广是与品牌资产形成有关的所有品牌营销活动,在商战中具有举足轻重的地位和作用。对于一个企业而言,唯有运用品牌,操作品牌,才能更好地赢得市场。

从传统的角度看,品牌的营销推广方式大致可以分为:文化推广营销、广告推广营销、代言人推广营销与公共关系推广营销。这些都在企业实践中得到了有效的证明和实施。此外,随着社会经济以及营销理论的发展,网络品牌的营销推广方式开始摆脱单向的、静止的和封闭的推广模式,向双向的、多变的和开放的推广模式转变,并逐渐产生了体验推广、体育推广等诸多新的推广方式。这些方式也较好地适应了物质产品极为丰富的新消费时代,并逐步为各个企业所接受。

1. 文化推广策略

文化作为一种无形的东西,社会中的每一个人,每一个企业无不处于文化的包围之中,并不知不觉地受其影响。同样,企业也有企业的文化,这些东西是企业在长期的发展过程中日积月累而产生的,在外表现出来就是一种品牌文化。企业如果能够适时对一些有价值的文化因素加以推广、利用,对其本身的发展必然产生积极的影响。

2. 公共关系推广策略

政府关系、社区关系、媒体关系等在内的公共关系,构成了品牌组织在社会中的存在状态。品牌的发展与壮大,自然要受到这些公共关系的约束与限制。因此,品牌组织不能被动地等待公共关系的改善,而是要主动出击,需在对多种关系仔细分析的基础上,善加利用。

3. 广告推广策略

广告在生活中无处不在,并成为一种基本的推广策略方式。企业做广告的目的是为了提高品牌的知名度,强化品牌在消费者中的形象,提高品牌的美誉度,进而激发消费者的购买欲望,最终实现促进消费者购买的目的。

4. 代言人推广策略

明星代言人的身影在如今的营销体系中几乎随处可见。大到高档豪华电器,小到饼干食品。影帝葛优代言"谁穿谁精神"的某内衣,奥运冠军孔令辉代言"我选择,我喜欢"的运动鞋。诸如此类的代言人,俨然已成为商界克敌制胜的必不可少的一把利器。形象代言人在产品推广过程中具有提升知名度,宣传品牌精神,展示品牌个性,丰富品牌联想,强化品牌体验,维护品牌风格等独特的价值。

5. 体验推广策略

消费者的购买决策不仅是一个理性分析的过程,更是一个情感式碰撞的过程。在品牌推广过程中要能够通过某种特定手段、方式满足消费者的独立探索与亲自体验的情感需求,为品牌创造独特价值,从而获得消费者的认同、好感。体验推广就是这样一种营销理念,它专注于使目标客户全面融入创造和消费体验的过程当中,满足消费者对消费体验的需求,产生情感碰撞,从而提升产品差异性,达到提升品牌形象和吸引力的效果。

6. 体育推广策略

如今,体育活动已深入普通大众的日常生活之中,成为人们生活中不可缺少的一部分。体育推广就是品牌经营者借助于体育活动与体育组织,通过获得相关的名誉、许可、权利,从而达到提升品牌形象的目的。作为一种特殊的推广模式,体育推广具有注意力强、参与性高、到达率高、成本较低、针对性较强的优势。这种策略特别适合于与运动具有某种关联的商品。

值得注意的是,以上的六种策略并不是互相孤立的,而是相互联系、互为补充的。成功的品牌营销推广必然是结合不同的时间、地点差异,进行多种策略的有效组合,从而达到整合最优的效果。

扩展阅读

品牌营销的互联网新思维

互联网思维不仅是一种技术,更是一种思维方式。常见的品牌互联网思维有如下几种。

(1) 用户思维:体验铸造竞争力。用户思维是将企业与用户连接起来,建立无障碍桥梁,让用户参与到企业的品牌营销中,为企业口碑营销打下坚实的基础。在网络营销过程中,用户不再只是旁观者,还是见证者、参与者与体验者,这种角色的快速转换也让企业的品牌营销变得更为谨慎。

(2) 大数据思维:精准营销的利器。企业需要通过大数据技术,对用户的消费行为、消费习惯、消费心理特征等数据进行精准分析,以更好地提升用户的体验度。

（3）互动思维：双向传递的信息。互联网时代的互动思维是指网络信息的双向互通。网络的特殊性，改变了传统单向的信息流动方式，网络舆论的生成让企业可以看到用户内心的想法。每个用户都是互动的主体，都有属于自己的不同观点和意见，这些观点的交流和交融能够为企业带来全新面貌。

（4）产品思维：品牌定位的基础。互联网时代的产品被赋予了产品的动机，也就是生产产品的初衷是什么。而产品动机对品牌营销同样有着重要的影响。

（5）品牌思维：用分享塑造品牌形象。品牌推广是所有企业共同关心的话题。新媒体时代的品牌营销更加注重分享，互联网时代的消费者已经从传统的信息接收者转变成信息的生产者和传播者，微信、微博、社区等营销手段的兴起，为消费者提供了更快捷的信息分享平台。在这些平台上，用户可以很好地实现分享产品、分享目标、分享体验、分享建议、分享价值观等。这些分享行为对于互联网企业品牌形象的塑造和品牌营销有着重要的意义。

任务实训

实训四　网络营销的产品策略分析

一、实训目的

通过本实验的学习，使学生掌握网络营销产品的基本概念内涵，了解网络营销产品的生命周期，并能结合不同的生命周期阶段制定不同的营销推广和品牌推广策略。

二、实训内容

（1）全班分为 4 个小组，分别为产品生命周期的引入期小组、发展期小组、成熟期小组、衰退期小组。然后每小组选择 1 种产品。注意，所选择的这种产品，需要分别属于产品生命周期的引入期、发展期、成熟期、衰退期，总结并填写表 4-1。

表 4-1　产品的生命周期阶段分析

	所选择的商品	选择该商品的原因	备注
引入期			
发展期			
成熟期			
衰退期			

（2）基于该产品的生命周期阶段，制定所选择产品的生命周期推广策略、组合策略和品牌营销推广策略。总结并填写表 4-2。

表4-2　产品的营销推广策略分析

	所选择的产品	生命周期推广策略	组合策略	品牌推广策略	备注
引入期					
发展期					
成熟期					
衰退期					

（3）各小组进行最后的汇总，并进行汇报分享。

本章小结

　　作为市场营销组合中的首要因素，产品是市场营销活动的核心。企业在制定产品策略时应满足消费者的需求并适应其发展趋势。本章基于网络营销产品的概念内涵，对网络营销产品的生命周期策略、组合策略和品牌策略进行了较为细致的分析。网络营销产品是指在网络营销活动中，消费者所期望的能满足自己需求的所有有形实物和无形服务的总和。根据网络营销产品在满足消费者需求中的重要性，可以将网络营销产品整体划分为五个层次：核心产品层、形式产品层、期望产品层、延伸产品层和潜在产品层。根据产品的具体形式，网络营销的产品一般可以划分为：实体产品、数字化信息产品、服务产品三类。网络产品生命周期的实质是"主要矛盾斗争产生的过程"，在产品生命周期中，主要矛盾来源于顾客的需求以及实现需求和期望的能力两大方面。一般而言，网络营销产品的生命周期主要经历了四个阶段：引入期、发展期、成熟期、衰退期。产品在不同的生命周期阶段具有不同的特征，企业需要基于不同的生命周期阶段制定相应的营销策略，并进一步基于提供给市场的全部产品线和产品项目的组合或搭配，实施有效的产品组合策略。常见的网络营销产品组合策略有扩大产品组合策略、缩短产品组合策略和产品线延伸策略。最后，在移动互联时代企业不仅要树立传统的品牌形象，还要拥有自己的网上品牌。品牌竞争力正成为企业在市场上获得竞争优势的一个关键因素。企业需要基于对网络品牌的概念和要素分析，选择高效的品牌营销策略。常见的品牌营销推广方式大致可以分为：文化推广营销、广告推广营销、代言人推广营销、公共关系推广营销、体验推广营销、体育推广营销。这些方式较好地适应了物质产品极为丰富的新消费时代，并逐步为各个企业所接受。

思考题

1. 如何理解网络营销产品的整体概念？

2. 简述网络营销产品与传统意义上产品的差别。

3. 简述网络营销产品的分类。

4. 简述网络营销产品的生命周期阶段。

5. 简述网络营销产品的组合策略。

6. 简述网络品牌的含义。

7. 简述网络品牌的营销推广策略。

网络营销定价策略

- 了解网络产品定价的影响因素
- 掌握网络营销定价的方法
- 熟悉网络营销的定价策略,并且能够运用到网络营销的实践中
- 理解传统营销定价方法在网络营销中的适用性

第一节 网络营销定价概述

一、网络营销定价需考虑的因素

网络营销定价受到多方面的因素影响,从企业本身的角度来看,包括企业的定价目标、企业的生产效率、企业的营销战略、国家的政策法规、消费者的接受能力、竞争对手的定价水平、供求关系及供求双方的议价能力等。在网络环境下,企业定价还可能会受到网络营销环境、网络营销渠道、产品本身的属性和特点等方面的影响。市场营销理论认为,一般而言,产品的价格有上限和下限,上限主要取决于市场需求状况,而下限取决于产品的成本费用。在上限与下限范围内,企业的具体产品定价,还会与竞争对手的产品定价、买卖双方的议价能力以及整体网络营销环境有关。由此可见,市场需求、成本费用、竞争对手产品的价格、交易方式等因素对企业定价有着重要的影响。

(一)需求因素

从需求角度看,影响企业定价的主要因素包括市场需求规模、消费者收入水平、议价能力、对价格的敏感程度、消费心理、消费预期、价值感知等。经济学理论把在一定时期内商品需求量的变动相对于该商品价格变动的反应程度称为需求弹性。需求弹性一般来说可以分为需求收入弹性、需求价格弹性、交叉价格弹性和客户的议价能力等几类。

1. 需求收入弹性

需求的收入弹性,简称收入弹性,是指在一定时期内,消费者对某种商品需求量的变动

对于消费者收入量变动的敏感程度。一般来说,高档商品、服务产品、旅游娱乐消费品需求属于收入富有弹性的产品,而生活必需品如食品和服装类则一般表现为缺乏收入弹性。网络营销是以网络用户为对象的,网络用户的收入变化会影响用户需求。随着我国经济的快速发展,居民的收入水平不断增长。网络用户对各类产品的需求有很大变化,不仅体现在产品的数量上,也体现在产品的质量上,尤其是富有弹性的奢侈品类。因此,网络营销定价中要考虑需求收入弹性的大小问题。

2. 需求价格弹性

需求价格弹性,简称为价格弹性或需求弹性,是指市场商品需求量对于价格变动做出反应的敏感程度,通常以需求价格弹性系数来表示。一般情况下,产品的市场需求与产品的价格是呈反方向变化的。在网络营销过程中,对产品的定价前需要了解产品的需求价格弹性,也即掌握产品的需求量对价格变化的敏感程度。针对不同价格弹性的产品采用不同的定价策略,如针对价格富有弹性的产品可以使用低价渗透定价策略,反之,对于价格缺乏弹性的产品则适合采用高价撇脂定价策略。

3. 交叉价格弹性

交叉价格弹性考虑了相关商品的需求对价格变化的敏感程度,即某一商品 A 需求变化与另一商品 B 价格变化之间的比率,称为交叉弹性系数,可以大于零、等于零或小于零。如果交叉价格弹性大于零,则商品 A 与商品 B 之间是替代品;如果交叉价格弹性小于零,则说明商品 A 和 B 是互补品;如果交叉价格弹性的绝对值很小,接近于零,则说明商品 A 与 B 之间没有什么关系,互相独立。在网络营销环境中,产品的信息传播和扩散速度更快,产品更新迭代更迅速,互补品或替代品的产品类型也越来越丰富,企业产品定价更需要充分考虑产品的互补品、替代品等的价格水平。

4. 客户的议价能力

相对于传统营销,网络营销环境更开放和多元,客户有着较多的选择性与较强的主动性,客户的议价能力也会增强,客户的议价能力对企业产品交易价格的影响也越来越大。一般来说,客户的议价能力受多种因素的影响,如客户购买量的大小、企业产品的性质、客户趋向一体化的可能性、企业产品在顾客心目中的重要性、客户寻找替代品的可能性、客户可选供应商范围的大小、客户转而购买其他替代品的成本等。在网络营销活动中,价格是电商平台最主要的竞争手段。一方面,消费者在网络环境中的转化成本很低;另一方面,各大电商平台为了争夺更大的市场份额,争相降价,因而消费者的议价能力相对较高。在网络营销过程中,需要考虑网络环境的特殊性,产品的定价要充分考虑客户的议价能力。

(二) 供给因素

从供给的角度来看,企业提供的产品定价至少需要弥补生产或销售产品所发生的一系列成本和费用。对企业而言,这些成本费用可以根据成本的性态分为固定成本和变动成本。固定成本是企业已经投入,且与生产量或销售量无关的成本;而变动成本则与生产量或销售量保持一定的变化关系,一般是呈正比关系。企业对产品的定价需要充分考虑企业的总的固定成本,变动成本,也需要考虑单位固定成本和单位变动成本。在网络营销活动中,企业对产品的定价需要考虑整体性,即某一个产品的定价可能会低于产品的成本,但产品是作为一个企业的引流款,其可能带来的企业其他商品的消费利润可以弥补引流商品的损失。但从整体的角度来考虑,企业的商品总收入需要大于总成本,企业才有盈利空间。

(三) 供求关系

从营销学的角度考虑,企业的定价策略既是一门科学,也是一门艺术。但从经济学的角度考虑,企业的定价大体上还是遵循价值规律的。因此,供求关系也是影响企业产品交易价格形成的一个基本因素。一般而言,当企业的产品在市场上处于供不应求的卖方市场条件时,企业的产品可以实行高价策略;反之,当企业的产品在市场上处于供过于求的买方市场条件时,企业的产品应该实行低价策略;当企业的产品在市场上处于供给等于需求的均衡市场时,交易价格的形成基本处于均衡价格,即一种商品需求量与供给量相等时的价格。因此,企业的定价不能过度偏离均衡价格。

(四) 竞争因素

竞争因素对产品定价有较大的影响,表现为市场中商品供过于求时或供应商较多,市场竞争较大,则产品的定价优势不明显;而市场中商品供不应求或供应商较少,则市场的竞争相对较小,企业对产品的定价有一定市场主导权。此外,企业的产品定价也会受到竞争对手的定价目标和定价策略的影响。因而,在网络营销活动中,以竞争对手为导向的定价方法主要包括三种:低于竞争对手的价格、随行就市与竞争对手同价、高于竞争对手的价格。

(五) 交易方式

市场营销的本质是一种商品交换活动。在商品交换活动中,交易方式的选择对企业产品价格的发现、交易价格的生成都有很大的影响。在工业经济时代的商品交换活动中,由于需求方受市场空间和时间的限制,常常处于信息不充分、不完全或信息不对称的地位,在议价过程中不得不处于一种被动的劣势地位。但在网络营销活动中,网络跨越时空的特性,使得需求方可以通过互联网了解、比较完全的供给信息,完全可以做到"货比全球",因而做出的购买决策也更趋于理性,这使得买方的议价能力大大提高。企业必须考虑这一明显的变化,制定出更为合理的价格。商品交换活动中,交易方式的不同使产品价格发现的程度也不尽相同。而在网络营销活动中,企业可考虑采取谈判定价、拍卖定价、密封投标定价、明码标价等交易方式制定出较为合理的价格。

二、网络营销定价目标

企业的定价目标是指企业希望通过制定产品价格所实现的目的。它是企业选择定价方法和制定价格策略的依据。不同的企业有不同的定价目标,同一企业在不同的发展阶段也有不同的定价目标。

(一) 以维持企业的生存为目标

当企业生产能力过剩、面临激烈的市场竞争或试图改变消费者的需求时,企业可以把维持企业生存作为主要的定价目标。此时,企业的价格策略主要是保本价或低价。

(二) 以获取当前最高利润为目标

有些情况下,一些企业价格的制定以追求当期利润最大化为目标。一般而言,需求价格弹性较大的产品能够做到薄利多销,所以希望实现利润最大化可以制定低廉的价格;而对于需求价格弹性较小的产品,则可以通过高价策略,实现当期利润最大化。

(三) 以市场占有率最大化为目标

有些情况下,企业试图通过价格策略的实施赢得某一商品最高的市场占有率,以赢得某一商品绝对的市场竞争优势,从而做到最低成本和最高长期利润的营销效果。在此情况下,企业一般制定尽可能低的价格来追求高市场占有率的领先地位。

一般而言,当企业以市场占有率最大化为目标时,需要具备的条件是:该产品需求价格弹性较大,产品销量会随着价格的降低而快速增长;该产品的生产或销售规模经济效益明显,产品成本会随着销量的增加而下降,利润会因销量的增加而上升;企业有足够的实力承受短期内低价所造成的经济损失;低价能阻止现有的或可能出现的竞争对手。以应付和防止竞争为目标,有些企业为了阻止竞争者进入自己的目标市场,故意将产品的价格定得很低。这种定价目标一般适用于实力雄厚的大企业。也有些中小企业在激烈的市场竞争中,为了维持自己的市场地位,跟随市场主导企业的降价行动,也实施降价策略,从而消除竞争对手降价对自己造成的威胁。当前,在网络营销活动中,网上市场还处于培育阶段。企业进入网上市场的主要目标是占领市场谋求长期的生存与发展机会,获取高额利润目前还只是一种长远的战略目标。所以,网络营销产品的定价一般都属低价甚至免费。根据客户的身份与购买目的的不同,网络市场可以分为两大类:一是网上消费者市场,二是网上企业市场。对于网上消费者市场,由于当前上网人数还很少,有网上购物行为的客户所占的比例也不是很大,因此当前最主要的工作是市场培育与"圈划"市场。面对这个市场,企业只能采用相对低廉甚至免费的定价策略来占领市场。网上企业市场的购买者一般是企业或其他组织机构,它们的购买行为一般都比较理性。企业针对这个网上市场则可以采取能实现双赢的定价策略,即通过互联网技术的运用与网络资源的开发,降低企业间的供应与采购成本、库存费用、生产成本及营销费用,以共同分享成本降低带来的价值增值。

三、网络营销定价的特点

(一) 全球性

全球性特点是指网络营销面对的是开放的和全球化的市场,客户可以在世界各地直接通过互联网选购商品,而不必考虑网站是属于哪个国家或地区的。在网络营销情况下,企业的目标市场从过去受时空限制的局部市场拓展到范围广泛的全球市场。在此情况下,一方面,企业产品国际间的价格水平将趋于统一化或国别间的价格差别将大大缩小。例如,客户不仅能够将网上商店的价格与传统零售商的价格相比较,还可以登录至价格比较网站或通过购物代理商方便地比较网上产品的价格与特色。另一方面,企业面对全球性的网上市场,很难以统一的标准化定价来面对差异性极大的全球市场,因此,必须考虑遵照全球化和本土化相结合的原则来开展营销活动。为了解决这类问题,企业可以采用本土化的办法,在有较大规模潜在市场的国家建立地区性网站,以适应不同地区网络营销活动的要求。

(二) 低价位

借助互联网进行销售,其优势之一便是可以大大节约企业的费用成本。因此,网上销售的价格一般来说比网下销售通行的市场价格要低。这主要是因为网上信息是公开的、比较充分的和易于搜索比较的,因此网上客户可以凭借较为全面的信息做出理性的购买决策。根据研究,消费者选择网上购物,一方面是因为网上购物比较方便,另一方面是因为从网上可以获取更多的产品信息,从而能够以最低廉的价格购买到满意的商品。

(三) 客户主导定价

所谓客户主导定价,是指在网络营销活动中,客户完全可以做到依据充分的市场信息来选择购买或定制生产令自己满意的产品或服务,并以最小的代价(货币成本、精力成本、时间成本等)获得这些产品或服务。或者说,网络营销活动的定价只有做到让客户所得到的让渡价值最大化,客户才会选择网上购物的方式,这也正是网络营销的生命力所在。当然,客户主导定价是一种双赢的发展策略,它既能更好地满足客户的需求,也能让企业因营销机会的增加而获得更多的利润。实践中,客户主导定价的策略主要有:客户定制生产定价和拍卖定价等策略。例如,Priceline(美国最大的在线旅游公司)要求买方说出自己愿意为飞机票、住房筹资、汽车、旅店客房支付的价格,然后由许多企业决定是否接受所报的价格。

(四)弹性化

由于网络营销的互动性,客户可以和企业就产品的价格进行协商,也就是说,可以议价。另外,根据每个客户对产品和服务所提出的不同要求,可以制定相应的价格。

第二节　网络营销定价方法

一、传统营销定价方法

营销活动中,企业定价的方法主要有三种:成本导向定价法、需求导向定价法、竞争导向定价法。

(一)成本导向定价法

成本导向定价法包括成本加成定价法、售价加成定价法。

1. 成本加成定价法

成本加成定价法是指在单位产品成本的基础上,加上一定比例的预期利润率构成产品的售价。其中的预期利润率也称为加成率。

成本加成定价公式为:单位产品价格＝单位产品成本×(1＋加成率)

例如:某种产品的单位成本为 200 元,加成率为 20%,则单位产品的价格是多少?

单位产品价格＝200×(1＋20%)＝240(元)

2. 售价加成定价法

售价加成定价法是指以售价为基数,按售价的一定百分比计算加成率,然后得出产品的最后价格。

售价加成定价公式为:单位产品价格＝单位产品成本/(1－加成率)

例如:一家电风扇生产厂家生产的电风扇的单位成本为 30 元,厂家想要获得销售价格 20%的利润率,则单位产品的价格是多少?

单位产品价格＝30/(1－20%)＝37.5(元)

成本导向定价法都是在成本的基础上加上一定比例的加成率来计算产品的价格,只是其加成率的确定方法不一样。成本在确定产品价格的时候只起一小部分的作用,成本能够反映该产品是否可以按这个价格销售,按这个价格销售能赚取多少利润,但是并不能反映出消费者是否可以接受这个价格进行购买。

消费者在购买产品的时候并不考虑销售商为产品的销售支付了多少成本,在确定产品价格的时候并不能单纯地靠产品的成本来确定价格,要综合考虑市场的需求。"价格决定成本,而不是成本决定价格"。

(二)需求导向定价法

需求导向定价法是指企业在定价时不再以成本为基础,而是以消费者对产品价值的理解和需求强度为定价依据。需求导向定价法包括理解价值定价法、需求差异定价法。

1.理解价值定价法

理解价值定价法也称觉察价值定价法,是指以消费者对某种产品价值的感受以及理解程度作为定价的基本依据。消费者购买商品时总会在同类商品之间进行比较,选购那些既能满足消费需求,又符合支付标准的商品。消费者对商品价值的理解不同,会形成不同的价格限度。这个限度就是消费者宁愿付货款也不愿失去这次购买机会的价格。如果价格刚好定在这一限度内,消费者就会顺利购买。

2.需求差异定价法

需求差异定价法以不同时间、地点、商品及不同消费者的消费需求强度差异为定价的基本依据,针对每种差异决定其在基础价格上是加价还是减价。

需求差异定价法主要有以下几种表现形式:

(1)因时间而异。因时间而异是指在不同的时间段,相同产品的价格有所不同。例如,在购物黄金时期,相同产品的价格较平常高。

(2)因地点而异。因地点而异是指在不同的地点,相同的产品的价格可以不同。例如,在火车站,方便面的价格较大型超市的价格高些。

(3)因商品而异。因商品而异是指同类商品质量规格相同,但因外观和式样不同而成本不同,但企业不因不同成本制定不同价格,而是根据不同的外观和式样而制定价格。例如,在2008年奥运会期间,带有奥运会徽章或者奥运吉祥物的 T 恤就会比同类产品的价格高。

(4)因客户而异。企业可以根据不同消费者的职业、阶层、年龄等原因,判断客户有没有需求,从而制定不同的价格。例如,零售店在定价时给予相应的优惠或降低价格,可获得良好的促销效果。

企业采用需求导向定价法制定价格,一般是以该产品的历史定价为基础,根据市场的需求变化,在一定的价格幅度内调整价格。实行差异定价的基础是市场可以根据需求强度的不同进行细分;细分后的市场能够相互独立,互不干扰;高价市场中不能出现低价竞争者;这样,企业提高价格才不会引起消费者的反感。企业根据市场需求调整价格的时候,一定要价格差异适度,这样,消费者才不会因为价格的变化,而放弃购买商品。

(三)竞争导向定价法

竞争导向定价法以市场上相互竞争的同类商品价格为定价基本依据,以随竞争状况的变化确定和调整价格水平为特征,与竞争商品价格保持一定的比例,不过多考虑成本及市场需求因素的定价方法。主要有随行就市定价法、主动竞争定价法、密封投标定价法。

1.随行就市定价法

随行就市定价法是指企业商品的价格与竞争者商品的平均价格保持一致。这种定价方法确定的价格是同类商品的平均价格,比较容易被消费者接受,是消费者观念中的合理价格,使企业能够与竞争者和平相处,避免激烈竞争产生的风险。

但是采用这种定价方法,企业一般要具有一定的成本优势,无论是在产品的生产成本还是经营成本上都要比竞争者低,否则企业将难以持续经营下去。

在网络市场的大环境下,企业都无法借助自己的产品优势或是价格优势等取得完全的市场,占有绝对的优势。为了避免竞争特别是价格竞争带来的损失,大多数企业都采用随行就市定价法。即将本企业某产品的价格保持在市场平均价格水平上,利用这样的价格来获得平均收益。此外,采用随行就市定价法,企业就不必去全面了解消费者对不同价差的反应,也不会引起产品的价格波动。

2. 主动竞争定价法

主动竞争定价法是指企业使自己与竞争者同类同质量的商品以一种不同的方式在消费者心目中树立起不同的产品形象,进而根据自身产品的竞争优势,选取低于或高于竞争者的价格作为本企业的产品价格。因此,主动竞争定价法不同于随行就市定价法,它是一种进攻性的定价方法,企业对竞争者的产品做了多方面的调研,分析其优劣势,在此基础上确定产品的价格,使自己的产品具有一定的竞争优势。

根据主动竞争定价法确定产品的价格大致需要 4 个步骤。

(1) 将自己产品的价格与市场上竞争者的价格进行比较,划分为高、一致、低三个价格层次。

(2) 将自己产品的质量、性能、规格、式样、成本等与竞争者的商品进行比较,分析产生价格差异的原因。

(3) 根据上述步骤的分析总结出自己产品的优势,确定自己产品的市场定位,按本企业想要达到的目标,确定产品的价格。

(4) 要时刻关注市场上竞争者产品价格的变化,及时发现原因,随时调整自己产品的价格。

主动竞争定价法要求企业必须在产品成本、质量、性能等方面具有一定的优势,相对于市场上的竞争者具备一定的竞争力。否则,企业必然会陷入困境。

3. 密封投标定价法

密封投标定价法是招标方在报刊上刊登广告或发出函件,说明拟采购商品的品种、规格、数量等具体要求,邀请投标方在规定的时间内投标,招标方在规定的期限内开标,选择报价最低的、最有利的投标方成交,与之签订合同。这种定价方法往往适用于许多大宗商品、原材料、成套设备和建筑工程项目的买卖和承包,以及小型企业的出售等。它往往采用发包人招标、承包人投标的方式来选择承包者,确定最终承包价格。

这种定价方法,招标方只有一个,处于相对垄断地位,而投标方有多个,处于相互竞争地位。标的物的价格由参与投标的各个企业在相互独立的条件下来确定。在买方招标的所有投标者中,报价最低的投标者通常中标,它的报价就是承包价格。投标方参加投标的目的是希望中标,所以它的报价应低于竞争对手的报价。一般说,报价高、利润大,但中标机会小,如果因价高而招致败标,则利润为零;反之,报价低,虽中标机会大,但利润低,其机会成本可能大于其他投标方。

二、网络营销定价方法

网络环境的复杂性,使网络营销定价呈现出了与传统营销定价的不同特点,其突出的特点主要包括:定价弹性化、定价趋低化、定价全球化。

(一)网络营销的定价特点

1. 定价弹性化

网络市场上的消费者可以与卖家进行互动,也就是所谓的讨价还价,从而可以使消费者与卖家进行协商,制定一个双方都满意的价格。

2. 定价趋低化

互联网技术的飞速发展,消费者可以全面地了解商品的各种信息。消费者可以根据自己的购买能力选择适合自己的产品。同样的产品,消费者更愿意选择价格较低的产品来购买。

3. 定价全球化

网络的全球性使得网络上的产品是面向全球的。传统营销定价的基本原理也同样可以适用于网络营销。网络环境是一种新的营销环境,与传统的市场营销环境有很大的差别,正是由于网络营销定价的特点,网络营销的定价方法与传统的市场营销定价方法有所不同。在网络环境下,消费者能够全面了解产品的价格,所以以成本导向定价的方法逐渐被淡化,而以需求导向定价将成为企业定价的主要方法,同时竞争导向定价得到不断的广泛应用,并且这两种方法在网络营销环境下不断地被升级,企业也应根据新的营销环境,在这两种方法上有所突破,而且网络营销定价把这两种方法更充分地加以运用。

(二) 需求导向定价法

网络的快捷性和互动性,一方面,使企业能够准确地获得消费者对产品理解程度的准确资料,及时地掌握消费者的预期价格,从而正确地制定商品的价格;另一方面,使企业能够及时准确地掌握消费者差异化需求,有效避免定价发生误差或者过时的问题。

利用消费者跟踪系统,企业可以经常关注客户的需求,时刻注意消费者潜在的需求变化,从而使理解价值定价法和需求差异定价法这两种方法得到充分的运用。

扩展阅读

小米手机的定价方法

北京小米科技有限责任公司成立于 2010 年 4 月,是一家专注于智能产品自主研发的移动互联网公司。"为发烧而生"是小米的产品概念。小米公司首创了用互联网模式开发手机操作系统、发烧友参与开发改进的模式。

小米公司在指定小米价格的时候充分应用了需求导向定价法。

1. 企业应用理解价值定价法界定产品的价格区间

根据"2011 年上半年中国智能手机市场研究报告"得知:

近八成用户把智能手机作为下一部手机的购买对象。

Android 操作系统以 42.4% 的关注度成为 2011 年上半年中国用户最关注的智能操作系统。

智能手机市场上超七成的用户关注的手机价位处于 1000~3 000 元。

2. 企业应用需求差异定价法中的因客户而异锁定目标人群

(1) 年龄分析:一般都是经常会购物的网民(18~30 岁),手机发烧友。

(2) 收入分析:采用线上销售模式。

(3) 消费习惯分析:乐于接受新鲜事物,价值观强等。

(4) "苹果"影响:很多人想"吃苹果"却"吃"不起,小米却在营销策略上模仿"苹果"。

3. 企业应用需求差异定价法中的因产品而异吸引消费者

（1）小米手机是世界上首款双核1.5GHz的智能手机。

（2）小米手机采用了高通 MSM826MSM82601.5GHz 双核处理器，与 HTCG14 的 CPU 相似，但是主频更高。

（3）系统：双系统切换，自主研发 Android、MIUI 操作系统，优化改进功能近100处。

企业在网络环境下及时掌握了解客户的预期价格，正确地确定了小米手机的价格。从而出现了小米手机一机难求，消费者望之兴叹的情形！

（1）2011年8月16日，小米手机发布。

（2）2011年8月29～31日三天，先预售小米工程纪念版，每天200台。

（3）2011年9月5日，小米手机正式开放网络预订，两天内预订数量超30万台，这样的火爆程度让人叹为观止。

（根据小米官方发布资料整理而成 http://www.mi.com/about）

（三）竞争导向定价法

网络环境下的竞争比传统市场的竞争更激烈，但是网络环境下的产品的价格等信息公开透明，这就为企业时刻关注竞争者的价格提供了方便。

企业可以随时掌握竞争者的价格变动，调整自己的竞争策略，时刻保持产品的价格优势。在网络环境下，竞争导向定价法主要包括两种：一是招标投标定价法，二是拍卖定价法。

1. 招标投标定价法

招标投标定价法是招标单位通过网络发布公告，由投标单位在网上进行注册登记报名投标，招标单位从中选择成本最低的投标单位。对于招标单位来说，网络招标定价法不仅降低了招标成本，节省了时间，更重要的是扩大了招标单位的选择范围，从而使企业能在更大范围内进行最优选择。对于投标单位来说，网络投标定价法不仅增加了企业的销售机会，而且使企业能够获得更加公平的竞争环境，为企业的发展创造良机。

2. 拍卖定价法

拍卖定价法是指拍卖网受卖方委托，在特定的网站上公开叫卖，引导多个买家报价，利用买方竞争求胜的心理，从中选择最高的价格的一种定价方法。

第三节　网络营销定价方案

一、低价渗透

低价渗透策略就是企业把产品以较低的价格投放到网上市场，以吸引网上客户，抢占网上市场份额，提高网上市场占有率，以增强网上市场竞争优势。低价能使企业取得最大的网上市场销售量，并且能够有效阻止竞争者的跟进与加入。采取这种策略的条件是：市场规模足够大且存在着较多的潜在竞争者；产品无明显特色，需求弹性大，低价会有效刺激需求增长；大批量销售会使企业成本显著下降，企业总利润明显增加。

（一）直接低价

直接低价策略是指产品价格在公布时就比同类产品定的价格要低。它一般是制造商在网上进行直销时采用的定价方式，如戴尔公司的计算机定价比同性能的其他公司产品低10%～15%。采用低价策略的前提是：开展网络营销、实施电子商务为企业节省了大量的成本费用。

（二）折扣低价

折扣低价策略是指企业发布的产品价格是网上销售、网下销售通行的统一价格，而对于网上客户又在原价的基础上标明一定的折扣率来定价的策略。这种定价方式可以让客户直接了解产品的低价幅度，明确网上购物所获得的实惠，以吸引并促进客户的购买。这类价格策略常用在一些网上商店的营销活动中，它一般按照市面上的流行价格来进行折扣定价。例如，亚马逊网站的图书价格一般都要打折，而且折扣达到3～5折。

（三）促销低价

这种定价策略是指企业虽然以通行的市场价格将商品销售给顾客，但为了达到促销的目的，还要通过某些方式给顾客一定的实惠，以变相降低销售的价格。如果企业为了达到迅速拓展网上市场的目的，而产品价格又不具有明显的竞争优势，那么出于某种考虑不能直接降价时则可以考虑采用网上促销低价策略。例如，许多企业为了打开网上销售局面和推广新产品，常常采用临时促销低价策略。比较常用的促销低价策略有有奖销售和附带赠品销售等策略。实施低价渗透策略需要具备以下几个条件：①低价不会引起实际和潜在的竞争；②产品需求价格弹性较大，目标市场对价格的高低比较敏感；③生产成本和营销成本有可能随产量和销量的扩大而降低。在网络营销活动中，采用低价策略需要注意的是：首先，由于互联网是从免费共享资源发展而来的，因此客户一般会认为网上商品应该比从其他渠道购买的商品便宜，所以，在网上不宜销售那些客户对其价格敏感而企业又难以降价的产品；其次，在网上公布价格时要注意区分消费对象，一般要区分一般消费者、零售商、批发商、合作伙伴，分别对其提供不同的价格信息发布渠道，否则可能因低价策略混乱而导致营销渠道混乱，甚至影响企业的形象，造成不必要的公关危机；最后，在网上发布价格信息时要充分考虑同类站点公布的可比商品价格水平，因为消费者可以通过搜索很容易地在网上找到更便宜的商品，如果企业产品定价明显高于同类商品价格，不仅不能促进销售，反而还将在顾客心目中形成定价偏高或不合理的形象。

二、高价撇脂

与低价渗透策略相反，高价撇脂策略是指在产品生命周期的投入期，企业产品以高价投放于市场，以攫取高额利润，犹如从牛奶中撇走奶油一样。然后，随着销量和产量的扩大、成本的降低，再逐步降低价格。根据营销实践，实施高价撇脂策略，一般应满足以下条件。

（1）产品的质量与高价相符。

（2）市场有足够多的顾客能接受这种高价，并愿意支付高价购买。

（3）在高价情况下，竞争对手在短期内不易打入该产品市场。例如，有专利保护的产品。

在网络营销中,企业为了宣传网站、占领市场,常常采用低价销售的策略。另外,不同类别的产品应采取不同的定价策略。对于日常生活用品等购买率高、周转快的产品,适合采用薄利多销、宣传网站、占领市场的定价策略;而对于周转慢、销售与储运成本较高的特殊商品、耐用品,价格则可定得高些,以保证必要的盈利;对于那些具有独特属性的产品,因为消费者无法通过网络利用感官直接了解产品的价值,主要依赖价格来判断产品的价值,所以企业可以借助高价位树立产品在网络市场上的独特形象。

三、定制生产定价

定制生产定价策略是在企业具备定制生产条件的基础上,利用网络技术和辅助设计软件,帮助消费者选择配置或者自行设计能满足消费者需求的个性化产品,同时承担自己愿意付出的价格成本。例如,戴尔公司的用户可以通过其网页了解本型号产品的基本配置和基本功能,再根据实际需要和能承担的价格水平,配置出自己满意的产品。目前这种允许消费者自行定制生产、自行规定价格范围的营销方式还处于不太成熟的阶段。受技术或其他因素的局限,消费者还只能在有限的范围内进行挑选,企业还不能做到完全按照消费者的个性化需求组织生产与供货。

四、使用定价

所谓使用定价策略,就是客户通过互联网进行必要的注册后,无须完全购买就可以直接使用企业的产品或服务,企业则按照客户使用产品的数量或接受服务的次数进行计费。在商品交换活动中,产品的买卖一般是完整产权的转让,客户购买产品后即拥有对产品的完整产权。随着经济的发展,人们的需求变化越来越快,产品更新换代的周期越来越短,许多产品购买后使用几次就有可能被新产品所替代或者顾客对某种产品的使用只是偶尔的几次,这种变化的产生无疑制约了这些产品的销售。为应对这种情况,企业可以在网络营销中采用这种类似租赁的、按使用次数定价的方式。这种定价方式一方面减少了企业为完全出售产品而产生的大量生产和营销成本,同时还消除了潜在客户的某些顾虑,促使客户积极地使用企业的产品,从而扩大了企业产品的市场份额。另一方面客户只是根据使用次数付款,在充分满足需求的前提下,也大大节约了产品的购买成本。这里需要说明的是,并非所有的产品都适合这种按使用次数定价的方式。采用按使用次数定价的方式,主要应考虑产品是否适合在互联网上传输,产品使用过程中是否可以实现远程调用。目前,比较适合的产品有计算机软件、音乐、电影、电子刊物等产品。例如,我国的用友软件公司推出的网络财务软件就采用这种定价方式,客户在网上注册后就可以在网上直接处理账务,而无须全款购买软件或担心软件的升级、维护等困难。

五、拍卖定价

拍卖是一种古老的市场交易方式,经济学家认为市场要想形成最合理价格,拍卖就是发现产品价格最好的方式。网上拍卖定价也是网络营销活动中经常运用的一种定价方式。

(一)网上拍卖定价的方式

1. 增价拍卖

这是最常用的一种英式拍卖方式。一般由拍卖人预定最低起拍价格,规定每次的加价额度,然后买方通过互联网公开竞价,买家可根据自己的实际情况,输入系统要求的最低价格,也可以输入可接受的最高价格,然后由系统代理出价,在规定的时间内,叫价最高者获得商品的购买权。卖家可以自定义加价额度,也可以使用专用出价系统自动代理加价,系统自动代理加价额度可以预先设定为累进或固定不变两种情况。网上竞价拍卖一般属于 C2C 交易,主要是二手货、收藏品或一些普通物品等在网上以拍卖的方式进行出售,它是由卖方引导买方进行竞价购买的过程,一般适用于拍卖周期较长(如 1 天以上)的拍卖。当前,在我国比较著名的竞价拍卖网站有易趣(www. eachnet. com)、淘宝网(www. taobao. com)、全球最大的中文网上书店当当网(www. dangdang. com)、拍拍网(www. paipai. com)等。这些网站一般允许商品公开在网上拍卖,拍卖方只需将拍卖品的相关信息提交给网站,经审查合格后即可上网拍卖。竞买人只要在网上进行登记注册后,就可以参加公开竞价购买。

2. 减价拍卖

减价拍卖又称荷兰式拍卖,是先由拍卖人设定一个起拍价格(拍卖的最高期望价格),然后逐步按照预定的降价额度与时间间隔降价,如果在降低到某个价格时有竞拍者愿意出价,则该次拍卖成交。显然,荷兰式拍卖的竞价是一次性竞价,即在拍卖中第一个出价的人成为中拍者。网上荷兰式拍卖一般用于拍卖周期较短(如几小时)的拍卖。

3. 竞价拍买

网上竞价拍买是竞价拍卖的反向操作,它是由买方引导卖方竞价实现产品销售的过程。在拍买过程中,客户提出计划购买商品或服务的质量标准、技术属性等要求,并提出一个大概的价格范围,大量的商家可以以公开或隐蔽的方式出价,消费者则将与出价最低或最接近所提供价格范围的商家成交。

4. 集合竞价

集合竞价模式是一种由购买者集体议价的交易方式。提出这一模式的是美国著名的 Priceline 公司(www. priceline. com)。这在目前的国内网上竞价市场中,还是一种全新的交易方式。

(二) 拍卖交易的模式

1. "一对一"的交易模式

这是指拍卖过程中一个卖方与一个买方的交易过程。大部分的个人物品拍卖(C2C),企业以拍卖方式出售单件商品的拍卖交易等,均为这一模式。

2. "一对多"的交易模式

这是指一个卖方面对众多买方的拍卖过程。多数企业对个人的交易(B2C)就是这种模式。这一模式中价格的形成,既有供方主导的正向定价法,又有通过集体议价由需方主导的逆向定价法。例如,淘宝的荷兰式拍卖就是指一个卖家的多件相同宝贝参加拍卖,多个买家竞买,价高者优先获得宝贝,相同价格先出价者先得。最终商品成交价格是最低成功出价的金额。如果宝贝的拍卖数量大于出价人数,则最终按照起拍价成交。如果最后一位获胜者可获得的宝贝数量不足时,则可以放弃购买。

3. "多对一"的交易模式

这是指众多卖方面对一个买方的拍卖过程。当任何一个供应商都无法满足需求方批量购买商品的要求时,将导致 n∶1 交易模式的使用,从而可以由多个供应商集体提供商品或服务给买方。

4. "多对多"的交易模式

这是指多个卖方面对多个买方的集体议价模式。随着网上市场的逐步完善与成熟,将会有越来越多的产品在互联网上进行拍卖竞价交易。目前,拍卖竞价针对的购买群体主要是消费者市场,个体消费者是目前拍卖市场的主体。但是,拍卖竞价不应是企业首选的定价方法,因为拍卖竞价可能会破坏企业原有的营销渠道和价格策略。采用网上拍卖定价的产品,主要是企业的一些库存积压产品,另外,一些新产品通过拍卖也可以起到展示和促销的效果。许多企业将产品以低廉的价格在网上拍卖,目的在于以低廉的价格吸引消费者的关注。

(三) 常见拍卖定价策略

1. 一口价+运输费+手续费

一口价即卖家设置的、商品可以立刻出售的价格,买家在拍卖期限内出此价格即可成为夺标成交者。例如,卖家有一套茶具出售,一口价设置 100 元,如果买家出价 100 元,即可立即购得此茶具,成为夺标者。一口价中一般不包括运输费和手续费。而在网上交易中,客户需要联系卖家才能确定物品的总价格。

2. 成交价=起始价+拍卖期内标准出价次数×规定的出价增幅

起始价是卖家为了激发买家对其物品出价的热情,而规定的一个竞买的起价。拍卖期是网上拍卖商品一般都要设定的竞买期限。出价增幅是在拍卖期内,拍卖网站规定的一个新的出价必须比当前最高出价高出的单位幅度。如果每个竞买者的新出价都比当前最高价只高出一个单位出价增幅,那么我们就把拍卖期内总出价次数称作标准出价次数。有些卖家既不设底价,也不设最高价,只把拍卖期内的最后出价作为成交价。所以最后成交价一般就是拍卖期结束时竞买者的最后出价,从数量上来说等于:成交价底价+拍卖期内标准出价次数×规定的出价增幅。

3. 底价≤成交价

很多卖家发现若起始价过高可能会使买家失去对其商品的兴趣,而具有吸引力的较低起始价又常导致卖家不得不以低价出售物品,蒙受损失。因此,在拍卖过程中,卖家就设定一个交易底价。底价是卖家愿意出售该商品的最低价格。如果买家的出价未达到该价格,卖家则可以不出售所拍卖商品。拍卖网站有时并不把底价公告给广大竞买方。设置底价拍卖一般还要向拍卖网站缴纳一定的底价设置费,在规定期限商品卖出,费用退还;在规定期限商品竞卖失败,则底价设置费不退还。

4. 底价≤成交价≤最高价

最高价是卖家设定的最高成交价格,在拍卖期内只要竞买者率先达到最高价即可成为中标成交者。因此,其成交价就大于或等于底价,且小于或等于最高价。

5. 成交价≤最高价

有些卖家不设拍卖底价,但设有最高成交价。因此,其成交价就是拍卖期内小于或等于最高价的最后出价。

六、差别定价

所谓差别定价策略,就是企业按两种或两种以上不同反映成本费用的比例差异的价格销售某种产品或服务。差别定价的概念由英国经济学家庇古(Pigou)于 1920 年提出,根据歧视程度的高低,价格歧视可以分为一级、二级和三级。一级价格歧视又称完全价格歧视,是指企业根据每一个客户对产品可能支付的最大货币量(买者的保留价格)来制定价格,从而获得全部消费者剩余的定价方法。由于企业通常不可能知道每一个客户的保留价格,所以在实践中不可能实行完全的一级价格歧视。二级价格歧视是指企业根据不同消费量或者"区段"索取不同的价格,并以此来获取部分消费者剩余。三级价格歧视是指企业将其客户划分为两种或两种以上的类别,对每类客户索取不同的价格。三级价格歧视是最普遍的价格歧视形式。

网络的不断发展,使企业可以运用先进的软件系统和大型的数据库对产品进行随时调价,以更好地利用差别定价策略。常见的差别定价策略有以下几种:

(一)会员制

这种策略是很多商家普遍采用的方法。商家可以根据消费者的不同消费层次设置不同的消费梯度,制定不同的会员等级,有一级、二级、三级等。例如京东商城的会员制是消费到一定的金额后就会升级为会员,各种等级的会员享受到的价格也不同。京东的会员级别分为五个等级:注册会员、铜牌会员、银牌会员、金牌会员、钻石会员。

(二)时间段差异

时间段差异是指在网上的不同时间,其价格也不同。例如,淘宝的聚划算每天10:00抢购,零点秒杀。

(三)地理位置差别

不同的地区其价格也不同。地理位置的不同,其邮费的价格也不同,偏远地区的邮费相对就比较贵。企业利用软件可以识别消费者的地理区域,从而设置不同的价格。

(四)产品组合差别

企业的核心产品相同,可以利用其与附加产品的不同组合来差别定价,这样也不会使消费者产生厌烦心理。例如,淘宝卖家的组合优惠策略就是很好地运用了产品组合差价定价。

七、心理定价

(一)组合定价

组合定价策略,即企业迎合消费者求便宜的心理将两种或两种以上有关联的商品合并制定一个价格,具体做法是将这些商品捆绑在一起或装入一个包装物中。例如,美妆网化妆品礼盒的销售。

(二)声望定价

企业的形象、声誉是网络营销发展初期影响价格的重要因素。网上交易是在两个陌生人之间进行的,消费者对网上商品的质量存在一定的疑惑。为了消除消费者的疑虑,网上开发了一种评价系统,按照好评、差评、中评,分别对卖家的信誉做出评价,声誉高的卖家的价格就会高些,声誉低的卖家的价格就会相对低些。

(三)品牌定价

产品的品牌和质量会成为影响价格的主要因素,它能够对消费者产生很大的影响。名牌商品采用"优质高价策略",既增加了盈利,又让消费者在心理上感到满足。如果产品具有良好的品牌形象,那么产品的价格会产生很大的品牌增值效应。对不同品牌,同一价格的商品,当消费者感知该品牌的价值高于其他品牌时,即感知消费者剩余价值大,易形成高忠诚度。由于得到了人们的认可,在网站产品的定价上,可以对品牌效应进行更深层次的扩展和延伸,运用网络营销和传统营销的整合,产生整合效应。研究表明,知名网站的浏览量要远远大于其他的网站,消费者在购物时会优先选择他们。虽然品牌网站的商品价格特别高,但是消费者还是会愿意在这些网站上购物。

八、免费定价

简单地说,免费价格策略就是将企业的产品和服务以免费的形式提供给顾客使用,以满足顾客的需求。免费价格策略是网络营销中常用的策略之一,这种策略一般是一种短期的和临时性的促销策略。在网络营销中,免费价格策略不仅是一种促销策略,而且还是一种非常有效的产品或服务的定价策略。

(一)免费定价的主要形式

1. 完全免费

完全免费即产品或服务在购买、使用及售后服务的所有环节都免费提供。例如,美国在线公司成立之初,在商业展览会场、杂志封面、广告邮件,甚至飞机上,都提供免费的美国在线公司软件,连续 5 年后,吸收到 100 万名用户。又如,雅虎率先提供免费电子邮件、聊天室、网上寻呼等服务。

2. 有限免费

有限免费即产品或服务可被有限次免费使用,但超过一定期限或次数后即不再享受免费。

3. 部分免费

部分免费即对产品整体某部分或服务全过程中某个环节的消费可以享受免费的定价方式。例如,一些著名研究公司的网站公布部分研究成果,如果要获取全部成果则必须付费;一些电影或 VCD 常常免费播放某一片段,要想观看全部内容,则需要付费。

4. 捆绑式免费

捆绑式免费即在购买某种产品或服务时可以享受免费赠送其他产品或服务的待遇。例如,美容院为了促进美容药品的销售,在客户购买药品后可以享受免费美容服务。免费价格策略之所以被网络营销所青睐并在互联网上流行,是有其深刻背景的。互联网作为 20 世纪末最伟大的发明,它的发展速度和增长潜力令人吃惊,任何富有战略眼光的企业都不愿放弃这一潜力极大的发展机会,在网上市场的初级阶段,免费价格策略无疑是最有效的市场占领手段之一。

目前,在网络营销实践中,企业实施免费价格策略,一方面在于使顾客在免费使用过程中形成习惯或偏好,再逐步过渡到收费。例如,金山公司允许消费者在互联网上下载使用有限次的 WPS2000 软件,其目的就在于使消费者对其产品使用形成偏好后,再购买正式软件。显然,这种免费价格策略的主要目的是实现促销。企业实施免费价格策略,另一方面在于战略性地通过占领市场来发掘网上市场后期潜力极大的商业价值,它是从战略发展的需要来制定免费价格策略的。其主要目的是先占领尽量大的市场份额,然后再通过绝对的竞争优势在市场上获取丰厚的收益。例如,雅虎公司通过免费建设门户站点,在经过几年的亏损经营后,公司却得到了飞速发展,这主要得力于股票市场对公司的认可和支持,因为股票市场看好其未来的增长潜力,而雅虎的免费策略恰恰使它占领了较大的网上市场份额,形成了很大的市场竞争优势和巨大的市场盈利潜力。

（二）免费定价的产品特性

在网络营销实践中，并非所有的产品都适合在网上实行免费价格策略。互联网作为全球性开放的网络，它可以快速地实现全球信息交换，只有那些适合互联网这一特性的产品才适合采用免费价格策略。一般来说，免费产品具有以下特性。

1. 易于数字化

互联网是信息交换的平台，它的基础是数字传输。对于易于数字化的产品都可以通过互联网实现几乎零成本的配送。企业只需将这些免费产品放置到企业的网站上，顾客便可以通过互联网自由下载使用，企业通过较小的成本就可以实现产品的大面积推广。

2. 无形化

在网络营销活动中，采用免费策略的产品一般是一些没有实体的无形产品，它们需要借助于一定的载体或工具才能表现出一定的形态，供客户消费，如软件、信息服务、音乐制品、图书等。这些无形产品可以通过数字化技术实现网上传输来提供给客户。

3. 零复制成本

零复制成本主要是指当产品开发成功后，只需通过简单的复制就可以实现无限制的生产。对这些产品实行免费价格策略，企业只需前期的研制费用即可，至于产品生产、推广和销售则完全可以通过互联网实现零成本运作。

4. 成长性

免费策略的目的就是利用产品的推广，从而推动企业对市场的占领，为未来市场的发展奠定坚实的基础。所以，实施免费定价策略产品的目标市场一般都应具有较强的成长性或市场扩散能力。

5. 间接收益

市场经济的游戏规则是交换，不会有真正的免费。所以，实行免费价格策略的产品或服务必须能使企业通过其他渠道获取足够的收益，以弥补免费造成的损失，并带来足够的收益。这种收益方式也是目前大多数互联网内容提供商的主要商业运作模式，他们的主要目的是通过免费产品或服务的提供以吸引大量的网上用户，实现潜在市场的培育，再通过网上用户对企业其他收费性产品或服务提供的支持来盈利。

（三）免费定价的实施

对于企业来说，为用户提供免费服务只是其商业计划的开始，盈利计划应该紧随其后。但应该明确的是，并不是所有的企业都能通过免费价格策略顺利地获得成功。实行免费策略的企业要承担很大的风险。此外，免费定价一般要与企业的营销计划和战略规划密切配合。企业要降低免费策略带来的风险，提高免费定价的成功性，一般来说，应遵循以下步骤。

（1）分析免费价格策略是否与企业的商业运作模式相协调。互联网作为成长性的市场，企业网络营销成功的关键是要有一个切实可行、成功率极高的商业运作模式。因此，制定免费价格策略必须服务于企业整体的战略规划，并与商业运作模式相协调。

（2）分析实施免费价格策略的产品或服务能否获得市场的认可。也就是说，所提供的免费产品或服务是否是市场上迫切需求的，实施免费价格策略是否能做到产品的大面积快速推广。互联网上通过免费策略已经获得成功的公司都有一个特点，就是提供的产品或服务受到了市场的极大欢迎。例如，雅虎的搜索引擎克服了在互联网上查找信息的困难，给客户带来了极大的便利；我国的新浪网站提供了大量实时性的新闻报道，及时满足了用户对新闻的需求。

（3）策划推广免费价格的产品或服务。互联网是信息的海洋，对于免费产品或服务，网上用户已经形成习惯。因此，要吸引客户关注免费产品或服务，应当与推广其他产品一样需要有严密的营销策划。在推广实行免费价格的产品或服务时，应主要考虑通过互联网渠道进行宣传。

（4）分析实施免费价格策略的产品在何时推出最为有效。在互联网上推出免费产品的目的是抢占市场，如果市场已经被竞争对手占领或已经比较成熟，则要认真分析所推出产品或服务的竞争力。

九、产品组合定价

如果某个产品是产品组合中的一个组成部分，则企业就需要制定一系列产品的价格，从而使产品组合取得整体的最大利润。这种定价策略主要有以下几个方面。

（一）产品线定价

通常企业开发出来的产品是一大类产品，而不只是单一的产品。当企业生产的系列产品存在需求和成本的内在关联性时，为了充分发挥这种内在关联性的积极效应，需要采用产品线定价策略。在定价实践中，首先，确定产品线中某种产品的最低价格，让它在产品线中充当领袖价格，主要用来吸引消费者购买产品线中的其他产品；其次，确定产品线中某种产品的最高价格，主要用来塑造品牌形象和收回投资；最后，依次确定产品线中其他产品的价格。

（二）产品群定价

为了促进销售，企业可以把在消费上有连带关系的产品组成一个群体，一并销售。这在营销实践中也叫搭配销售、配套销售或捆绑式销售。例如，影剧院不单卖某场的影剧票，而是将几部影剧的票合在一起出售，或出售季票、月票等；各旅游景点推出的通票制等。实施这种定价策略，必须使价格优惠到有足够的吸引力，否则是不会有人购买的。

（三）互补品定价

互补品是指需要相互结合才能供顾客消费的一组产品之间的关系。其中价值较高、价值周转或更新周期较长的产品一般为主产品；必须与主产品结合一起使用、价值较低、价值更新周期比较短的产品一般称作次产品或附带产品。例如，照相机与胶卷、刮胡刀与配套刀片等产品之间的组合关系就是互补品。互补品之间的交叉弹性系数为负值，即 A 产品的价格上升，与其互补的 B 产品需求量就要下降。所以，对于互补品的价格策略，要综合考虑影响具有互补关系一组产品的各种因素。根据企业的营销实践，主产品一般采用低价渗透的价格策略，而附带产品则常常采用高价撇脂的价格策略。

第四节　网络营销定价程序

一、企业定价目标的确定

定价目标是指企业通过制定产品价格所要求达到的目的，企业的定价目标不是单一的，而应是一个多元化的结合体。不同的定价目标,有着不同的涵义和运用条件,企业可以据此制定产品的价格。一般来说,企业的定价目标有:利润目标、投资回报率目标、市场占有率目标、稳定价格的目标、竞争目标、企业形象目标等,企业必须清楚自己的价格策略所期望并且能够达到的目标。

二、网络营销价格的确定

首先,在网络营销中,确定企业产品营销价格必须测定并分析消费者的需求,主要包括市场需求总量,结构的测定以及不同价格水平上人们可能购买的数量与需求价格弹性等。

其次,对市场同类产品的成本进行估计,以确定本企业产品在市场中的相对地位,这是确定企业产品定价最基本的一步。

再次,分析行业竞争对手的价格与策略,以对全行业的情况有深刻的了解,以便为企业选择自己的定价目标和定价方法奠定基础。

最后,结合企业的定价目标,选择合适的定价方法,并制定可选择的价格范围。

经过上述步骤,企业基本上能够确定出产品可能的价格,最后要做的事情就是将企业初步确定的产品价格拿到小规模实验市场上来征求意见,并综合企业等相关人员意见,在符合定价目标的基础上,确定产品的最终销售价格。此外,还需要根据后期市场供求关系和消费者需求的变化,以及网络营销宏微观环境的影响,对网络营销价格进行及时调整和修正。

任务实训

实训五 网上商店定价策略探析

请登录亚马逊网(http://www.amazon.cn)了解其有哪些定价策略;搜索某一品牌与规格型号的产品,了解其价格后,登录京东商城(www.jd.com)、丫丫购物搜索(www.askyaya.com)、顶九购物搜索(http://search.ding9.com),搜索同一品牌与规格型号的产品,看能否找到同一产品,比较各网上商店定价的高低。

本章小结

网络营销的定价因素是多方面的,其中最主要的因素包括市场需求、产品的成本、竞争对手对产品的定价、买卖双方的议价能力。传统市场营销的定价方法包括成本加成定价法、需求导向定价法、竞争导向定价法。随着网络的飞速发展,消费者能够全面地了解产品的价格,因此,以成本为基础的成本加成定价法,就不适合网络环境下产品的定价。网络营销的定价方法有需求导向定价法和竞争导向定价法。网络营销的定价策略有低价渗透策略、高价撇脂策略、定制化定价策略、使用定价策略、拍卖竞价策略、心理定价策略、免费定价策略、产品组合定价策略、差别定价策略。其中,免费价格策略就是将企业的产品和服务零价格提供给消费者使用,满足消费者的需求。低价定价策略是企业常见的一种定价策略,主要包括直接低价定价、折扣定价和促销定价三种方法。企业采用定制化定价策略,可以按照客户愿意支付的价格向不同的客户收取不同的价格。使用定价策略,就是顾客通过互联网注册后直接使用某公司的产品,顾客只需要根据使用次数进行付费,而不需要将产品完全购买。拍卖竞价策略主要包括三种:竞价拍卖、竞价拍买、集体议价。所谓差别定价策略,就是企业按两种或两种以上不同反映成本费用的比例差异的价格销售某种产品或服务。网络营销定价的程序主要包括确定企业定价的目标、分析测定市场需求、掌握同类产品成本、分析竞争对手营销价格与策略、选择定价方法、制定可选择价格、征询相关人员意见、确定最终销售价格。

？思考题

1. 网络营销定价应考虑哪些因素?
2. 网络营销定价的目标一般有哪些?
3. 网络营销定价与传统营销定价相比有哪些特点?
4. 网络营销中实施免费定价有何风险?
5. 实施免费定价策略的产品需要具有什么属性?
6. 实施低价渗透策略需要注意哪些问题?
7. 分析网络营销实施低价渗透策略的可行性。

第六章

网络营销渠道策略

学习目标

- 了解网络营销渠道的含义、功能与特征
- 了解网络直销的内涵及特点
- 了解网络营销中间商的主要类型
- 理解网络营销渠道建设的一般方法
- 了解网络营销渠道调研的一般方法,并能根据企业实际情况制定网络营销渠道策略

第一节　网络营销渠道概述

一、营销渠道的含义

所谓营销渠道,是指某种产品和服务在从生产者向消费者或用户转移的过程中,取得这种产品和服务的所有权或帮助所有权转移的所有企业和个人,即产品所有权转移过程中所经过的各个环节连接起来形成的通道。营销渠道作为产品流通的途径,一端连着生产,另一端连着消费,通过营销渠道使生产者提供的产品和服务源源不断流向消费者或用户。

营销渠道所执行的功能是将产品由生产者转移至消费者,它弥补了产品、服务与使用者之间的缺口。

二、营销渠道的重要性

面对新时代的发展要求,我国提出了"深化供给侧结构性改革,充分发挥我国超大规模市场优势和内需潜力,构建国内国际双循环相互促进的新发展格局"。国内企业已置身于世界经济一体化的大潮之中,市场竞争日益加剧。企业拥有了完善、高效、低成本的营销渠道,就掌握了市场竞争的主动权和优势。营销渠道连接着消费与生产,对企业运营发挥着指导与促进的功能。具有优势营销渠道是企业长期发展的重要资产,对提升企业产品的市场竞争力具有无可替代的作用。在当前的环境下,营销渠道已成为企业参与国际、国内竞争的关

键性资源,创造渠道优势、提升竞争力也已成为企业的现实选择。

(一)营销渠道是企业实现差异化经营的重要战略措施

大多数企业一直以来奉行的是产品差异化的竞争方式,在产品同质化现象日趋严重的今天,这种建立在资金、技术基础上的优势越来越难以长期维持,使得各行业的领先企业把目光转向了创造优势营销渠道上来。在市场上,围绕同一技术层次的产品,不同生产企业除了在产品特性方面的竞争以外,也开始以销售渠道的差异来提升产品的市场竞争力。在家电、食品、饮料、服装等产品中,以此道成功者不乏其人。实践证明,产品并不是它们取得竞争优势的唯一途径,通过向更多的用户提供便捷满意的营销渠道,同样可以扩大自己的市场份额,进而从中获取丰厚的利润回报。

(二)营销渠道是降低流通成本、形成产品价格竞争优势的途径

产品价格优势是市场竞争力的重要因素,其不仅依靠生产成本的低廉,更依靠流通成本的降低。就拿目前的一些商品来测算,流通费用已占市场价格的 20％～40％。企业的营销渠道可以有效地利用这一机会,依据产品的特性和市场定位的需要,选择高效、低成本的流通方式,将产品或服务输送到用户手中。降低流通成本以影响产品的市场售价,通过价格优势扩大市场范围和增加市场份额,对提升产品竞争力有不可忽视的作用。

(三)营销渠道是提高企业知名度和打造产品品牌的有效手段

企业知名度和产品品牌是企业巨大的无形资产,也是强势企业所全力追求的。实施品牌战略以往的做法是以媒体广告宣传为主,这就使企业必须支付巨额的广告费用,同时其效果还难以在终端市场上得以强化和巩固。高额广告费用的支出,迫使不少企业不得不提高产品的售价,使产品销售处于极为不利的地位。成功的营销渠道管理可以有效节约广告费用并提升广告宣传效果,特别是对合理的渠道、高素质的人员、满意的服务的整合,能使一个品牌更加深入人心,从而有力地提高商品的美誉度和顾客的忠诚度。

(四)营销渠道是企业经营活动实现信息导向的可靠保证

市场信息是企业参与市场竞争的宝贵资源,信息导向是企业经营活动的理想模式。企业获取市场信息的途径有很多,不少企业借助中介咨询机构取得外部信息,这种做法虽然提高了信息的系统性和包容性,但是存在着成本高、滞后、失真等不足。营销渠道可以为企业提供覆盖广、数量大、及时、准确、动态性强的市场信息,在操作中又具有可控性强、反馈性好、经济效益高的优势。因此,企业为实现可持续发展越来越重视通过创建自己的营销渠道来获得信息。

稳定、高效的营销渠道网络很难建成,它需要企业投入巨大的物力、财力、时间及精力。但这种网络一旦形成,便能发挥其有效性、经济性、可控性、持久性的优势,成为推动企业发展的持久动力,是在竞争中甩开对手、克敌制胜的一种无形而可怕的力量。因此,营销大师菲利普·科特勒预言,唯有"传播"和"渠道"才能形成真正差异化的竞争优势。

三、网络营销渠道及系统分析

网络营销渠道一方面要为消费者提供产品和服务信息,方便消费者进行选择;另一方面,在消费者选择产品后要完成一手交钱一手交货的交易手续(交钱和交货不一定要同时进行)。因此,一个完善的网络营销渠道应有三大主要系统:订货系统、结算系统和配送系统。

（一）订货系统

订货系统为消费者提供产品信息,同时方便厂家获取消费者的需求信息,以求达到供求平衡。一个完善的订货系统,可以最大限度降低库存,减少销售费用。例如,消费者可以通过戴尔公司的网上商店进行订货;戴尔公司首先检查订单项目是否填写齐全,然后检查订单的付款条件,并按付款条件将订单分类;采用信用卡支付方式的订单将被优先确认,因为其他付款方式需要更长时间才能得到付款确认,只有确认支付的订单才会立即自动发出;零部件的订货将转入生产数据库中,订单也随即转到生产部门进行下一步作业。用户订货后,可以对产品的生产过程、发货日期甚至运输公司的运货状况等进行跟踪。

（二）结算系统

消费者在购买产品后,需要方便地进行付款,因此厂家(商家)应提供多种结算方式。目前国内付款结算方式主要有:网上银行、邮局汇款、货到付款、第三方支付等。互联网的迅速发展促进了第三方支付平台的兴盛,其中第三方产业支付交易规模持续扩大,目前已达到百万亿规模,如图6-1所示,主要涉及的产业包含电商、零售、跨境、物流、旅游、航空、教育、保险、数字娱乐、公共事业等领域。

图6-1　2013—2022年中国第三方产业支付交易规模

（资料来源:《2020年中国第三方支付行业研究报告》,艾瑞咨询）

（三）配送系统

一般来说,产品分为有形产品和无形产品,无形产品如服务、软件、音乐等产品可以直接通过网络进行配送;有形产品则要涉及运输和仓储等问题。国外已经形成了专业的配送公司,如著名的美国联邦快递公司,其业务覆盖全球,实现全球的快速专递服务,以至于从事网络直销的戴尔公司将美国货物的配送业务都交给它完成。因此,专业配送公司的存在是国外网上商店发展较为迅速的一个重要原因。委托专业物流配送机构完成商品配送,这种方式比较符合我国国情。具备条件的企业也可以建立自己的配送渠道和设施,依靠自己的能力进行配送。这是具有雄厚实力的电子商务公司常采取的物流策略。比如京东集团2007年开始自建物流,2017年4月正式成立京东物流集团,2021年5月,京东物流于香港联交所主板上市。京东物流建立了包含仓储网络、综合运输网络、最后一公里配送网络、大件网络、冷链物流网络和跨境物流网络在内的高度协同的六大网络。截至2021年9月30日,京东物流运营约 1 300 个仓库,包含京东物流管理的云仓面积在内,京东物流仓储总面积约 2 300 万平方米,在完成对京东商城服务的同时还能为其他企业提供配送服务。此外,企业也可以与百货商店、连锁店、邮政快递等原有配送网络搞联合、协作,共同完成物流配送。这种方式将电子商务配送与传统物流配送一体化,有利于集中使用物流资源,优化物流配送网络。此种方式可进一步向供应链管理发展,但它应先解决传统企业信息化程度低、配送渠道和设施不完善等问题。

四、网络营销渠道的特点

在传统营销渠道中,中间商是重要的组成部分,如图 6-2 所示。中间商之所以在营销渠道中占有重要地位,是因为中间商能够在广泛提供产品和进入目标市场方面发挥最高的效率。营销中间商凭借其业务往来关系、经验、专业化和规模经营,提供给公司的利润通常高于自营商店所能获取的利润。

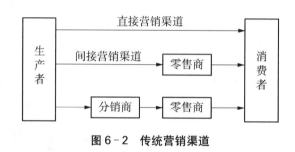

图 6-2 传统营销渠道

但互联网的发展和商业应用,使得传统营销中间商凭借地缘原因获取的优势被互联网的虚拟性所取代,同时互联网的高效率的信息交换,改变了过去传统营销渠道的诸多环节,将错综复杂的关系简化为单一关系,如图 6-3 所示。

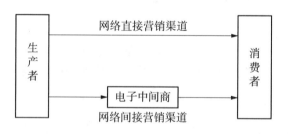

图 6-3 网络营销渠道

(一) 功能多样化

网络营销渠道的功能是多方面的。第一,网络营销渠道是信息发布的渠道;第二,网络营销渠道是销售产品、提供服务的快捷途径;第三,网络营销渠道是企业间洽谈业务、开展商务活动的场所,也是进行客户技术培训和售后服务的理想场地。

(二) 结构简约化

根据有无中间商,传统营销渠道可以分为直接营销渠道和间接营销渠道。在间接营销渠道中,根据中间商数目的多少,可以将其分为若干级别,包括一级、二级、三级乃至级数更高的渠道。网络营销中仅有一级分销渠道,即只存在一个网络零售商沟通买卖双方的信息,而不存在多级代理商、批发商的情况。

（三）费用低廉化

无论是直接营销渠道还是间接营销渠道,网络营销的渠道结构较传统营销都大大简化,减少了流通环节,节省了人员工资、仓库租赁费和差旅费,有效地降低了交易成本。

第二节 网 上 直 销

一、网络直销的内涵

网络直销是指生产厂家借助联机网络、计算机通信和数字交互式媒体且不通过其他中间商,将网络技术的特点和直销的优势巧妙地结合起来进行商品销售,直接实现营销目标的一系列市场营销行为。目前常见的做法有两种:一种做法是企业利用淘宝、天猫等第三方平台直接销售商品,或者在互联网上建立自己独立的站点,申请域名、制作主页和销售网页,由网络管理员专门处理有关产品的销售事务;另一种做法是企业委托信息服务商在其网站发布信息,企业通过有关信息与客户联系,直接销售产品。

网络直销渠道一样也要具有营销渠道中的订货功能、支付功能和配送功能。网络直销与传统直接营销渠道不一样的是,生产企业可以通过第三方平台或建设自己的网络营销站点,让客户可以直接从网站进行订货。通过与一些电子商务服务机构(如网上银行)合作,可以直接提供支付结算功能,简化过去资金流转的问题。对于配送方面,网络直销渠道可以利用互联网技术来构造有效的物流系统,也可以通过互联网与一些专业物流公司进行合作,建立有效的物流体系。

二、网络直销的特点

网络直销没有营销中间商,商品直接从生产者转移给消费者或使用者。网络直销的诱人之处在于它能够有效地减少交易环节,大幅度地降低交易成本,从而降低消费者所得到商品的最终价格。在传统的商业模式中,企业和商家不得不拿出很大一部分资金用于开拓营销渠道。营销渠道的拓展,虽然扩大了企业的分销范围,增加了商品的销售量,但同时也意味着更多的分销商参与利润分配。企业不得不将很大一部分利润分给分销商,用户也不得不承受高昂的最终价格,而这是生产者和消费者都不愿看到的。

经过中国电子商务人员多年的努力,网络购物、消费已经深入人心,逐渐成为主流的生活方式。这个趋势正加速向三、四线城市,甚至中西部地区和农村扩散。

1. 相关服务的便捷性

客户可以直接在网上订货、付款,等着送货上门,这一切大大方便了客户的需求。生产者通过网络直销渠道为客户提供售后服务和技术支持,特别是对于一些技术性比较强的行业,提供网上远程技术支持和培训服务,方便客户的同时,也使生产者降低了为客户服务的成本。

2. 网络直销渠道的高效性

网络直销大大减少了过去传统分销中的流通环节,免除了支付给中间商的费用,有效地降低了成本。生产者可以根据客户的订单按需生产,实现零库存管理。同时网络直销还可以减少过去依靠推销员上门推销的销售费用,最大限度地控制营销成本。

3. 人机互动性和信息的可反馈性

一方面,企业可以在互联网直接发布有关产品的价格、性能、使用方法等信息;另一方面,消费者也可以通过互联网直接访问了解产品信息,进而做出合理的购买决策,同时生产者还可以直接了解消费者对产品购买和使用的反馈。网络直销能改进当前企业与消费者在交流水平方面的不足,借助网络厂家在网上发布有关产品的详细信息,同时使用 E-mail 等工具及时实现与客户一对一的互动交流。企业还可以很容易地获得快速、便宜、易加工的反馈信息,跟踪消费者的需求及变化情况,根据他们的要求安排生产和销售,避免传统企业在接到订单之前就已经完成产品制造的盲目性,使企业能应对消费者较高的可选择性。利用互联网的交互特性,网络直销从过去单向信息传递变成双向直接信息沟通,增强了生产者与消费者的直接双向互动。

4. 市场的广阔性

网络直销有利于企业开拓新市场。网络直销成为企业营销活动的组成部分后,为企业做出的第一大贡献就是加强了企业对外宣传的力度,扩大了产品的销售范围,有利于企业开拓新市场。从某种程度上讲,网络直销拓宽了企业的市场空间,使得销售不再受地域限制。上述特点也使得很多中小企业可以和大企业站在同一起跑线上参与竞争。

网络技术的发展,使企业可以通过遍布全球的网络直接连接到最终消费者;电子商务使消费者能以较低的交易费用与生产者直接交易,这为网络直销提供了条件。需要指出的是,戴尔公司为网络直销树立了典范:它成为领先的个人计算机供货商,主要原因就在于其"网络直销"战略的奏效。戴尔模式取得的巨大成功,使得整个个人计算机行业不得不对它的在线直销模式作出反应。国内企业中,"小狗"吸尘器、"Time100"等企业也在网络直销方面取得了成功。

三、网络直销企业与传统中间商的关系

在传统营销渠道中,中间商是其重要的组成部分,因为中间商能够在广泛提供产品和进入目标市场方面发挥最高的效率。网络直销渠道的建立,使得生产商和最终消费者能直接连接和沟通,传统营销中间商凭借地缘原因获取的优势被互联网虚拟性所取代,同时互联网高效率的信息交换,改变了过去传统营销渠道的诸多环节,将错综复杂的关系简化为单一关系。

通过网络直销,生产商把他们的产品直接送到客户的手上,降低了交易费用,大幅度增加了利润。消费者感觉能控制销售环境,生产商也由于能够与最终用户直接接触而更有效地安排未来的营销活动。这种销售方式把传统的零售商甩在了圈外。对生产商而言,零售商的支持也是不可缺少的,它需要找到一条新路,既贴近消费者又不必疏远现有的销售渠道。大多数零售商确实担心互联网的存在导致其地位的丧失。但是,他们也具备供应商所不具备的优势:他们有信誉和经验的优势,经营的产品范围很广,生产商即便在互联网上为自己的产品建立网上商店,也并不能向消费者提供一种完善的购物环境。因此,生产商只能

以低调的方式创建网络商务，或者只在网站上销售一部分产品。那么什么样的行业、什么样的企业适合做网络直销，而不会造成太大的渠道冲突呢？一些刚刚成立的制造商由于传统的营销渠道没有建立，如果选择电子商务这种新的营销方式，则能较快捷、有效地到达终端用户，同时也不用担心会伤害中间商的利益。

网络营销的发展最终是由消费者对便利和专业化服务的需求所驱动的。因此生产商和销售商只有共同努力才能实现目标、达到双赢。

1. 赋予零售商新的角色

生产商在最前端，零售商在后端，客户在网站上研究、比较、下订单，然后去零售商那里履行交款取货并接受服务。零售商也可以销售附加产品、补充部件和最适合在实体商店购买的产品。这样，生产商不仅不会完全抛开零售商，而且还可以发挥零售商的优势以降低库存成本。

2. 与零售商合伙创建全新的中介方式

现今的零售商是各行业的专家，他们提供的产品来源于不同生产商和销售商。生产商与零售商合作发展并经营一家共同的网上商店可以向客户提供更全面的购物环境，从而产生更高的收益和利润率，这也为利用零售商的品牌创造网络流量提供了机会。例如，中文旅游搜索引擎"去哪儿"网与四川航空股份有限公司携手合作，四川航空股份有限公司的各项服务在"去哪儿"网的平台上向消费者完全开放，这是继"国航""山航"和"上航"之后，与"去哪儿"网合作的第四个国内航空公司。消费者在使用"去哪儿"网的机票搜索功能时，将会有更丰富的选择空间，而"川航"的机票网络直销也会因此增添有效的直销媒介为其助力。此次合作是双方在电子商务领域开创双赢模式的一次有益尝试。一方面，"去哪儿"网通过与川航的合作，丰富了自身的服务内容；另一方面，川航借助"去哪儿"网旅游搜索平台的大力推广，为消费者提供具有竞争力的优势航线产品，提升了在消费者中的知名度和品牌形象。网络直销作为一种营销手段被越来越多的航空公司接受并选择，这已成为一种发展趋势。

3. 在网上提供与商店里不同的产品

生产商可以让零售商销售那些需要实际感受的产品（如需要试用、试穿、试驾驶的产品等），而在自己的网站上提供其他产品，如游戏卡、各种充值卡、软件的注册号等。

4. 对销售商进行奖励

生产商可以在销售商的网站上做自己的网站广告，如果有点击进入并实现成交，则向他们支付一定比例的利润。这样既可以向他们提供奖金以支持其网站，又可以利用他们的知名度创造网站的浏览量。通过这种方式可以基本上解决网站访问量的问题，生产商也可以集中精力到产品开发、客户服务上，从而大大提高工作效率。

5. 为网络直销专门开辟一个产品系列

网络直销比线下销售具有更低的价格，必然会冲击当地经销商的生意，除非企业像戴尔那样完全直销。企业一般都很依靠当地经销商的力量去打开和维持市场，一些销售商还具有担负垫付货款、为企业缓解资金压力的作用，而且很多配送和服务工作也依靠当地的经销商来进行。目前唯一一个被公认比较可行的办法是，为网络直销专门开辟一个产品系列，这样就不会和经销商发生冲突了。例如，OPPO成立了一加品牌，该品牌仅在线上销售，有效避免了与线下经销商的竞争。

第三节　网络时代的中间商

分销渠道的中间环节是由各类中间商组成的,它包括批发商、零售商、代理商或经纪人等。

一、批发商

批发商的最大特点是将商品出售给其他中间商,而不直接向消费者提供服务。批发商的客户一般为消费者市场中的零售商,但很多时候也将其他批发商作为客户。根据业务情况与销售方式的不同,批发商可以分为许多类型。

1. 商业批发商

在批发商中,商业批发商占绝大多数,他们独立拥有企业并独立管理和经营商品。商业批发商有时也被称作分销商,目的是强调他们在销售和储存商品活动中所起的作用。根据批发商品的区别,又有通用商品批发商与专门商品批发商之说,前者业务范围较广,从一般工具、药品一直到服装等。后者业务范围较窄,一般只经营某类商品,例如,经营汽车零件和配件的批发商,它们在其他商品领域里都不再有业务;经营海鲜产品的批发商,其业务也全部围绕在海鲜产品上。

2. 代销品批发商

代销品批发商的特点是将批发商品放在零售商的货架上出售,同时保留对未出售商品的所有权,并定期与零售商结清已售出商品的账目。代销品批发商在商业活动中大大减少了零售商的风险,因此他们的业务被零售商广为接受。代销品范围甚广,化妆品、玩具、家用器皿、图书等,均可采取代销形式。代销品并非市场上不易出售的商品,相反,只有好销的商品才会被零售商接受。中美合资的河北小世界玩具厂生产的系列玩具娃娃是极为畅销的产品,在市场上很抢手,所以它曾经也以代销形式被放在北京燕莎友谊商城的货架上。

3. 机动式批发商

机动式批发商一般都有一个不大的仓库和运输车辆,它们能够将商品迅速送达零售商。这类机动批发商的业务范围为肉类、奶制品、面包等。此外,一些餐馆的食品原料供应也是由机动批发商承担的。每天晚上餐馆厨房的主管检查存货以后,只需要给机动批发商打一个电话,告知所需物品,第二天就可获得经营中需要的肉类、海鲜、蔬菜和调料等。

4. 仓储式批发商

仓储式批发商不负责货物的运输,不提供商业信用,也不向客户传递市场与商品信息,只把产品售给来库购物的客户,并当时结清账目,然后由客户自己负责将所购商品运至目的地。有些仓储式批发商采取会员制并发放会员卡,并允许持会员卡的客户带个别消费者去那里进行私人购买,同去之人也享受会员价格。

5. 经纪人式批发商

经纪人式批发商与经纪人不同,因为这类批发商对货物有所有权。不过经纪人式批发商不承担货物的运输和储存等有关的实体分销活动,而只是从零售商或其他批发商那里寻求订货。一旦有了订货以后,产品直接由制造商送给批发商所联系的客户。

二、零售商

零售商因为在销售活动中把生产商或批发商与消费者连接起来，所以也是一种中间商，尽管零售商最后要把商品销售给消费者。零售商在社会经济活动中起着重要的作用，因为绝大多数消费者的购买，都是在零售商那里完成的。各种不同的零售商使消费者从价格、购物地点、购物时间、商品及售后服务等各个方面得到满足。住宅区的便利商店对消费者提供晚间服务；孩子们在"六一"儿童节买到自己称心的玩具；特殊节日所需的特殊食品或用品，如元宵节的元宵，中秋节的月饼等，所有这些交易一般都是人们在零售商处完成的。

1. 按所有权的关系划分

第一种是私人店。私人店是一种很普遍的零售商店的形式。商店由店主私人拥有，这种店的优点是店的所有者做自己的主人，顾客又多是一些熟人，因此能得到很好的服务。这类店所售的商品有水果、百货、鲜花或音像制品等。

第二种是连锁商店。连锁商店只用一个商店名称，但店的数量多少不等，可以是几家，也可以是成百上千家。连锁店近十年来在中国逐渐变得普遍起来，比如亚都公司在北京开设了多家分店。北京的"时间廊"是一家钟表连锁店，在北京有好几家。北京的"好邻居店"是一家粮食连锁店。超市是分布较广的百货店。同一公司名称下的连锁店归在同一所有者名下，实行所有者集权的决策方式。规模较大的连锁系统的优点是可以与制造商抗衡，因为连锁系统决定着制造商产品的出路。面对连锁商店，消费者可以得到满意的服务，因为连锁商店销货的渠道及政策都比较稳定，同时也有相对固定的供应商。

第三种是消费者合作社。消费者合作社也是商店，商店的所有权属于一批消费者，他们在管理经营这家店的同时，也从店中购买商品。这类组织的目的是将零售商品的价格降低20％～25％左右，保护入会的消费者的利益。不过，消费者合作社的成员在享受低价购物的特权的同时，每周也要花掉一部分时间来管理商店。

第四种是贸易合作社。贸易合作社由多家拥有独立所有权的商店组成，这些商店的经营类似连锁商店。当这些商店联合起来向同一家批发商购货时，他们可以享受为大订货量设置的数量折扣。同时，当这些店联合起来时，也可以给消费者增加安全感，因为消费者一般更信赖基础雄厚的零售商。

第五种是特许专卖系统。面对特许专卖系统，一个企业或个人可以向一个母公司申请特许专卖权，以便建立一个零售店或其他形式的企业。这些有权出售特许权给其他公司的母公司一般都是一些很有名气的企业。取得特许权的企业或商店要向母公司按期支付使用特许权的费用，当然这笔费用要比自己花钱独立建一个企业的投资小得多。此外，获得特许权的企业同时享受母公司的声誉，而使自己的经营变得不那么困难。不过，母公司一般都严格控制使用特许权的那些企业：这些控制有些是通过对材料、产品等的控制来实现的；有些则是根据业务的区别，从其他方面进行控制。著名的特许权系统里的企业有麦当劳、肯德基和假日饭店等。这些公司在世界各地都有很多特许使用者。

2. 按经营方式划分

一是零售商店。零售商店是一种传统的零售方式，顾客到店中挑选和购买自己所需要的商品。这些商店种类繁多，规模差异也很大，加之经营产品的范围各具特色，因此仍是消费者最经常接触的零售方式。

二是网络商铺。网络商铺,一般是指在网络上能够让企业或商家能够通过互联网进行宣传产品的一个网络空间,对应于物理意义上的实际商铺,以在网络上让企业或商家能够展示自己的产品或服务,是进行网上贸易的物理载体。不同电商平台的店铺存在一些差异,一般开设电子商务平台的大型商铺是收费的,如京东、天猫等平台;有的电子商务平台实行免费策略,如淘宝、拼多多等。

三是自动售货机。自动售货机在许多国家已经很普遍,例如,我国许多公司或大学的建筑的走廊里或一些角落,都有自动售货机。出售的商品包括小食品、冰激凌、饮用水等。此外,有些地方还有机器自动出售袋装冰块及报纸。自动售货机定期由公司派人添加货物及取走货款。不过,由于自动售货的成本、金属币的限制与消费者从机内购物时的方便与迫切等因素,机器出售的商品的价格,一般会比其他地方的商品的价格高出 20% 左右。

四是流动售货车。通过流动售货车售货也是零售的方式之一。在夏季,冰激凌车的铃声一响,孩子们和大人们就会从家里跑出来买。在中国,夏季流动的冷食、冷饮车就更为普遍。除冷食外,各类家用杂货或化妆品等也有通过个人推销员进行流动售货的,尤其是公司为了推销一些尚未被消费者认识的新产品时,比较容易选择这种方式进行售货,目的是利用推销员的才干,扩大销售。流动售货车的零售形式目前在中国已经被发展成为地摊形式,而且从事这种行业的人员的规模相当可观。这些人通常摆摊经营,从服装、百货到食品,一应俱全。

3. 按所经营产品的范围划分

从所经营的产品的范围来划分,零售商可以分为三种。这里,产品的范围是指产品的种类及每种产品可供选择的型号、颜色或材料等。

一是专业商店。专业商店是指专门经营某类商品的商店,比如钟表店、服装店、照相器材店、自行车店等。专业商店一般要比百货商店或超级市场中各专门部门所售产品的型号、种类要多,客户的选择性也较宽。另外,专业商店销售人员对有关产品的专业知识要比其他店中的服务员掌握得多一些,能够为买东西的客户提供更详细的信息与指导。

二是百货商店。百货商店经营商品的种类较多,包括文化用品、针织品、五金、电器、服装、体育用品等。不过,百货商店的规模有限,并且不同的店有不同的经营重点。百货商店中的售货方式一般还是传统式的柜台售货,供应商所供应的产品的包装也是为柜台售货设计的,因此,客户在挑选产品时就不怎么方便。

三是超级市场。超级市场一般规模较大,经营的产品的范围既深又广,不仅种类多,而且每种产品中可供选择的型号、式样等也较多。超级市场的售货方式由于是自选,因而使客户感到十分方便。至今为止,超级市场内需要售货员在柜台内提供服务的商品只有手表、首饰、照相机、望远镜等,其余均可由客户自己自由接触与挑选。

三、代理商与经纪人

有些代理商从不拥有分销渠道中流通的商品,有些则不然。经纪人从严格意义上讲是不拥有销售渠道中流通的商品的,因此它们在渠道活动中的实际工作比较少,只是以服务换取佣金或其他付费。

1. 代理商

制造商代理与销售代理是制造商使用的两种典型的代理结构。制造商代理在一个给定地区内可以同时为几个制造商服务,并承担这些企业的销售工作。一般销售代理与企业都要签订协议,并在协议上写明服务地区的地域范围、产品销售价格、销售时间与售后服务、保证期限与交货期限等内容。如日本和美国的许多计算机公司都在中国雇了代理商。

销售代理商只为一个制造商服务并承担一切营销工作,包括促销方案的确定、产品定价、分销策略等,有些销售代理商还为制造商提供产品改进方面的信息。

2. 经纪人

经纪人是独立的企业或个人,它在销售渠道中的主要作用是将买主与卖主的关系沟通,并促成他们完成交易。经纪人活跃在商业的各个领域,工业产品、农业产品、房地产以及演艺界和体育界。经纪人与代理商的不同之处是它与买主和卖主之间没有连续性关系,完成一笔交易后便转向其他工作。使用经纪人的企业因为交易的成功,要向经纪人付一笔佣金。

第四节　网络营销渠道设计

一、渠道的结构

斯特恩认为:"渠道成员的资源与用户需求数量相互作用的结果,就形成了渠道的结构。"罗森布罗姆则从管理学角度把渠道结构定义为"针对一组渠道成员团队分配分销任务。"所谓的营销渠道结构,就是指渠道的参与者彼此结合和相互作用的方式。我们往往把渠道的结构分为长度结构,即层级结构;宽度结构及广度结构三种类型。

1. 渠道的长度结构

渠道的长度结构,也叫"层级结构",是指按照渠道中包含的渠道中间商(购销环节),即渠道层级数量的多少来定义的一种渠道结构。如果中间商层级越多,意味着产品从生产领域转到消费领域所经过的买卖次数越多,渠道就越长;反之,渠道也就越短。一般而言,按照渠道中包含中间商的层级多少,我们把营销渠道分为零级、一级、二级、三级渠道等。

(1)零级渠道。零级渠道又称为直接渠道(Direct Channel),是指有 0 个渠道中间商的一种渠道结构。零级渠道是一种罕见、特殊的情况。在零级渠道中,生产者直接把产品销售给消费者。一般适用于大型或贵重物品,以及技术复杂,需要提供专门服务的产品。戴尔的直销模式就是一种典型的零级渠道。

(2)一级渠道。一级渠道是指包括 1 个渠道中间商的渠道结构。在工业品市场上,这个渠道中间商通常是指代理商、经销商或佣金商;而在消费品市场上,这个渠道中间商通常是指零售商。

(3)二级渠道。二级渠道是指包括 2 个渠道中间商的渠道结构。在工业品市场上,这两个中间商一般是指代理商和批发商;在消费品市场上,则一般是指批发商和零售商。

(4)三级渠道。三级渠道是指包括 3 个渠道中间商的渠道结构。它通常适用于消费面较宽的日用品,比如包装方便面、肉食品等。

2. 渠道的宽度结构

渠道的宽度结构,是根据每一层级渠道中间商的数量的多少来定义的一种渠道结构。企业的销售分宽渠道和窄渠道。

宽渠道是指企业使用的同一层级的中间商很多的渠道。宽渠道的特点是分销面很广，与消费者接触面广，有利于大量地销售产品。它适用于一般日用品，由多家批发商转售给更多的零售商进行销售。

窄渠道是指企业使用的同类中间商很少的渠道。窄渠道的特点是分销面窄，甚至整个地区只由一家中间商来经销。一些专业性较强或比较贵重的耐用消费品则适宜窄渠道。

渠道的宽度结构受产品的性质、市场特征、用户分布以及企业分销战略等因素的影响。实践证明，渠道宽度通常有以下特点：第一，批发层次营销渠道最窄，而零售层次营销渠道较宽。第二，新产品的营销渠道较窄，成熟产品的分销渠道较宽。第三，消耗品、通用零配件的营销渠道较宽。第四，服务业的营销渠道通常较宽，这是为了方便居民使用服务设施、享受服务。

3. 渠道的广度结构

渠道的广度是渠道的一种多元化选择。实际上很多公司针对同一或者不同的分市场，会选择多条渠道，即采用了混合渠道模式来进行销售。也就是说，可以同时采用零级渠道和多级渠道，也可以同时采用宽渠道和短渠道。

随着顾客细分市场的不断增加，可能产生的渠道种类也不断增加，越来越多的公司采用多渠道分销方式。比如格力公司，同时经由经销商和线上渠道向企业、个人消费者销售大型家电产品。

概括地说，渠道结构可以笼统地分为直销和分销两个大类。其中直销又可以细分为几种，比如制造商直接设立的大客户部、行业客户部或制造商直接成立的销售公司及其分支机构等。此外，还包括直接邮购、电话销售、公司网上销售等。分销则可以进一步细分为代理和经销两类。代理和经销均可能选择密集型、选择性和独家等方式。

企业可根据自身相关情况来选择金字塔结构还是扁平化结构，总之，企业要将其产品以最快速度送达消费者的手中，以实现扩大再生产的目的。

二、网络营销渠道的方式

根据网上销售对象的不同，网络销售渠道主要分为以下两种方式。

1. B2B，即企业对企业的方式

这种方式每次交易量很大，交易次数较少，而且购买方比较集中，因此网上销售渠道建设的关键是设好订货系统，方便买方企业进行选择；由于企业一般信用较好，通过网上结算也比较简单。另外，由于交易量大、次数少，因此配送时可以进行专门运送，既可以保证速度也可以保证质量，减少中间环节造成的损耗。

2. B2C，即企业对消费者的方式

这种方式每次交易量少，交易次数多，而且购买者非常分散，因此网上渠道建设的关键是结算系统和配送系统，这也是目前网上购物必须要面对的门槛。我国的消费者信用机制已经较为完善，网购的付款方式很多，采取什么样的方式付款，取决于买卖双方的约定。目前的付款方式有款到发货、货到付款、见面交易、通过购物网站专业支付工具中转等。在美国，网上支付已成为主流结算方式，但中国人更喜欢看到货物完好无缺后再付款。现阶段，网上购物一直受到安全支付问题的困扰，鉴于此，淘宝网率先推出了"支付宝"交易平台。买家可以把货款先打入支付宝账户中，等收到卖家货物后，"支付宝"再把货款交付给卖家。支付宝这个"网购中介"很大程度上规避了交易风险,受到消费者的欢迎。关于配送问题,头部物流企业已完成网络化建设,市场整合度较高。如京东、苏宁等 B2C 网站,不仅自己进货,还管理着全国的物流体系,形成了一整套物流配送体系。

在网络营销渠道方式中,企业把整个营销渠道运作过程看作一个系统,以消费者或用户需求为出发点,从增强营销活动的整体性和系统性,减少环节之间的障碍、矛盾与风险的角度出发,达到降低运营成本,提高营销效率和客户满意度的目的。

基于以上考虑,网络营销渠道建设主要通过整个营销渠道过程的观念创新、并行机制创新与技术创新,实现营销渠道过程的整体优化来构建。

三、网络营销渠道的建设

1. 观念创新

与以生产者或产品为起点的传统营销模式不同,网络营销模式以整个渠道系统过程为起点,以市场用户需求为拉动力。在这种渠道模式下,渠道系统的各方从实现有效率的需求出发,努力减少或降低对实现客户总价值作用不大或不必要的流转成本,从而使用户和营销渠道系统各成员共同受益。

2. 运行组织与机制创新

与渠道系统中企业各自为政、多环节分散管理的传统渠道模式不同,网络营销模式强调超越各个企业的界限,实现供货商与中间商(包括批发商、零售商)的合作,承认供应商和中间商都是营销渠道系统的一部分,以合作、联盟或分销规划的形式达到营销组织的系统化、一体化,从而保证营销渠道的畅通和快捷。

3. 技术手段的创新

网络是以现代信息网络技术和计算机软件技术为支撑的。在网络营销模式下,以建立计算机网络系统为基础,通过中央计算机处理系统组成的内部局域网随时了解各销售点信息,通过全球网及时向供应商提出订货要求,并通过供应商配送系统完成补货,形成整个供应链系统的运作,从而大量减少分销系统的库存,降低成本。由于有了 POS(销售点管理)、EOS(电子订货系统)、ERP(企业资源计划)、EFT(电子转账)、BC(商品条形码)等现代信息技术,使信息传递更加准确,从而提高了营销渠道效率。

在具体建设网络营销渠道时,还要考虑以下几个方面的问题。

首先,从消费者的角度设计渠道。只有采用消费者比较放心、容易接受的方式来建设网络营销渠道才有可能吸引消费者网上购物,以克服网上购物"虚"的感觉。如采取货到付款或第三方支付的方式更让人认可。网络营销中渠道管理的首要因素应当是时间,网上购物的时间观念不再是以分钟来计算,而是以秒来计算。在网上操作时,3 秒钟的等待就已经令人难以忍受。因而进行网络销售的公司必须使自己的信息反馈系统快捷而准确。只有这样才能保证渠道的畅通,提高消费者的满意度。

其次,设计订货系统时,要简单明了,不要让消费者填写太多信息,而应采用现在流行的"购物车"方式模拟超市,让消费者一边看商品一边比较选择。在购物结束后,一次性进行支付结算。另外,订货系统还应该提供商品搜索和分类查找功能,以便消费者在最短的时间内找到需要的商品;同时还应对消费者提供其想了解的有关产品信息,如性能、外观、品牌等重要信息。

再次,在选择结算方式时,应考虑到目前发展状况,尽量提供多种方式方便消费者选择,同时还要考虑网上结算的安全性。不安全的直接结算方式,也应换成间接的安全方式。

最后,关键是建立完善的配送体系。消费者只有看到购买的商品到达自己手中才真正感到踏实,因此建立快速有效的配送系统是非常重要的。在现阶段我国的配送体系还未完全成熟,所以在网上进行销售时就要考虑到该产品是否适合于当前的配送体系。

扩展阅读

天津食品集团　老品牌拥抱营销新模式

"今年是天津食品集团真正意义上的电商元年,集团通过线上资源聚合,尝试电商直播,前三季度实现了近 60% 的销售增长"。天津食品集团副总经理郏雷表示,"集团充分发挥产业、技术、品牌、渠道优势,依托农鲜生活线上平台、线下自有门店,打造集直播带货、电商服务、仓店体验、大数据分析为一体的供应链平台,形成了全新的线上线下新零售营销模式。"

转变思维　以市场为导向

天津食品集团聚集了天津食品产业众多驰名商标、老字号,品牌产品更是享誉津门。过去,大多品牌采用传统销售模式,有时会出现"叫好不叫座"的现象。当下,直播带货成为企业突破线下瓶颈的新出口,天津食品集团也开始通过直播带动数字化转型升级。

产品创新跟得上,满足市场需求。提起利达,人们最熟悉的是利达的面粉,利达馒头等面制品。今年,利达针对年轻人的需求,推出了米糕产品和小包装米。"打小家里边就在利达买米面油。作为消费者,利达的产品,吃着特别放心。"市民郭女士笑着说,"直播看见有新产品,就想着尝尝。"

"作为天津老品牌的食品加工企业,我们既要一如既往地保证产品品质,也要不断创新,紧跟时代潮流,坚持做到推出一批储备一批。"天津利达粮油有限公司党委书记、董事长戈立新说,此次主动试水直播带货,既是对现有产品的检验,也是为今后产品创新找思路。

"线上销售后台的数据也非常重要,反映了消费趋势和产品的研发走向。通过直播带货我们可以测试消费者对产品的反应,从工厂思维转变为市场思维,根据反馈更有针对性地进行产品研发,指导生产。"郏雷说,后续天津食品集团也将以平台大数据为依托,积极掌握线上平台对产品、包装、价格的需求,以市场需要为产品导向,从用户需求出发,从方便快捷出发,研发适合线上销售的品牌产品线,并建立电商专属价格体系。

紧跟时代　让员工当"网红"

"直播带货是市场的发展趋势。从紧张到从容应对,既是对产品加深认知的过程,也更真切地体验了直播带货这种新的销售方式的魅力。"今年,天津食品集团计划培养自己的网红达人,集团市场部的陈禹璇率先尝试直播,"集团专门召开了赛前动员会,鼓励员工参赛。"

对于集团主播的培养,郏雷也有着自己的思考,"在培养天食主播方面,首先要有足够专业的表达能力，能够精彩且直观地带货；其次是对产品的了解和传播能力。我们还计划成立内训机构，从销售技巧、直播技巧和产品知识方面对员工进行培训。"

"集团员工直播带货，成为我们自己的网红代言人更专业，更具有说服力。我们也想通过这种方式，让员工掌握更多的销售技巧和新技能，培养自己的直播团队。"郏雷说，集团还在王朝御苑酒堡建立了天食直播基地。基地也将为集团提供直播场地、设备及相关服务，进一步强化线上推广手段，重点向年轻客户群延伸拓展，助力品牌在用户中进行口碑宣传，提高知名度。

优化服务　打造零售新模式

从线下购物到线上消费，满满当当的货架变成了分类清晰的图片列表，购物车也从推着到处跑变成了点点加号就能轻松"塞满"，快递直达让消费者不需要自己大包小袋抱回家，消费便利对销售者提出了更高的要求，仓储和物流成了"最后一公里"的关键。

为加强天津食品集团全品牌在电商及新零售领域的发展，集团今年在原有电商平台的基础上全面优化升级，重点优化流程体验、提升功能服务。到今年第三季度，集团初步实现了农鲜H5商城、O2O新零售平台、京东天食旗舰店三大线上平台，构筑了食品集团线上营销体系。

此外，着眼于城市社区，以提供更便捷、更高效的消费场景为导向，天津食品集团以规划的农鲜生活100余家门店为基础，在线下门店方面积极布局两个业态：综合类菜市场，11月第一家天食放心菜市场已经开业；农鲜生活社区店，主打生鲜副食产品和集团自营产品，开在社区周边，服务社区百姓，辐射门店三公里半径范围。

资源整合，线上线下一体化，天津食品集团形成天食品牌"人—货—场"的消费场景，全面覆盖市内六区及环城四区，打造两小时城市配送圈布局。"消费者通过O2O新零售平台下单，可以选择在线下门店三公里范围内的配送。线下门店除作为门店的功能以外，也作为线上O2O新零售平台的前置仓、配送仓。这样通过O2O新零售平台打通了线上和线下的连接，形成线上和线下联动。"郏雷表示。

（资料来源：《直播带货　老品牌拥抱营销新模式》，人民网）

任务实训

实训六　制定网络营销渠道策略

一、实训目的

通过本实验的学习，通过对各种网络渠道中所涉及的网络电子中间商等的对比及了解，寻找出适合企业进行网络营销的最佳网络营销渠道组合方案。

二、实训内容

（1）小组选择一个典型企业，查阅相关文献、网络资源，了解该企业的网络市场渠道情况，下载资料并整理。

（2）结合所得的相关市场资料，可选择该企业在某一特定的区域或某个产品上采用的网络营销渠道进行对比讨论，阐述对企业网络营销渠道的选择的看法（可分小组讨论）。

三、实训主要步骤

（1）分组。

（2）明确调研课题。

（3）制订调研计划。

（4）实施调研。

（5）整理调研资料，并撰写调研报告。

（6）交流总结。

四、实训注意事项

（1）小组人数不宜超过 6 人，需积极利用网上市场调研的工具和方法，展开调研，并进行数据资料的回收。

（2）每个小组应撰写一份调研分析报告，调研报告中所给出的相关建议和策略应该有一定的依据。

本章小结

营销渠道，是指某种产品和服务在从生产者向消费者或用户转移的过程中，取得这种产品和服务的所有权或帮助所有权转移的所有企业和个人。建立起一个开放的、高效的、适合市场竞争机制需要的企业新的营销渠道体系和模式是企业制胜的关键。一个完善的网络营销渠道应有三大主要功能：订货功能、结算功能和配送功能。网上直销是网络时代营销活动的显著特征，生产厂家借助联机网络、计算机通信和数字交互式媒体且不通过其他中间商，将网络技术的特点和直销的优势巧妙地结合起来进行商品销售，直接实现营销目标的一系列市场营销，具有便捷性、高效性、人机交互的可反馈性，具有巨大的市场。其中，分销渠道里的中间环节是由各类中间商组成的，包括批发商、零售商、代理商或经纪人等。最后，在网络营销渠道建设中，关键需要通过整个营销渠道过程的观念创新、并行机制创新与技术创新，实现营销渠道过程的整体优化来构建。

思考题

1. 简述网络营销渠道的含义。
2. 简述网上直销的内涵及特点。
3. 网络营销中的中间人有哪些主要类型，在营销渠道中起到了什么作用？
4. 简述在网络营销渠道建设中，应该从哪些方面来考虑？
5. 请结合所学的专业，选择一家企业，对它的营销渠道进行分析。

网络营销促销策略

- 理解网络促销的内涵、功能和形式
- 掌握网络促销的实施流程
- 了解网络广告的概念、特征、类型
- 掌握网络广告的策划流程
- 熟悉网络站点的推广方法
- 掌握网络销售促进的实施流程
- 熟悉网络公共关系的类型
- 掌握网络公共关系的策划

第一节　网络营销促销概述

一、网络营销促销的内涵

促销(Promotion)即促进产品销售。从市场营销的本质来看,促销实质是一种沟通活动,即企业和营销者发出作为刺激的各种信息,把信息传递到一个或更多的目标对象,进而达到引导消费者认识产品,激发消费者的购买需求、影响消费者购买行为的一系列活动。

网络营销促销就是指利用现代化的网络技术向虚拟市场传递有关产品和服务的信息,以启发需求,引起、辅助和促进消费者的购买欲望和购买行为的各种活动。

(1) 从营销角度而言,网络营销促销是指以人员或非人员的方法,帮助或者说服客户购买某种商品或劳务,使之对企业产生好感,引起购买欲望和购买行为的各种活动。所以,从这个角度来说,网络营销促销是一个启发需求、促成消费的过程。

(2) 从信息角度而言,网络营销促销需要将产品或服务的信息传递给目标客户,进而激发其兴趣,促进其购买,实现企业产品销售的一系列活动。所以,从这个角度而言,网络营销促销也是一个传播与沟通信息的过程。

（3）从技术角度而言，网络营销促销是利用现代化的网络技术向虚拟市场传递有关产品和服务的信息，以引起消费者的购买欲望和购买行为的各种活动。所以，从这个角度而言，网络营销促销也是一个涉及现代化网络技术的过程。

一般而言，网络营销促销具有以下三个明显的特点。

第一，网络促销是通过网络技术传递产品和服务的存在、性能、功效及特征等信息的。它是建立在现代计算机与通信技术基础之上的，并且随着计算机和网络技术的不断改进而改进的。网络技术的实时、互动、快捷等特点，使网络促销能够实现与消费者进行无时间地域限制的、一对一的、针对性的沟通。这种建立在计算机与现代通信技术基础上的促销方式还将随着技术的不断发展而改进。

第二，网络促销是在虚拟市场上进行的。这个虚拟市场就是互联网，它集聚了各种拥有不同信仰、不同法律背景的消费群体，也吸收了不同国家的多种文化成分，突破了传统促销所受到的时间和空间限制。由此，随着营销环境的变化，企业在进行网络促销时，应该采用虚拟市场思维方式，大胆突破传统市场实体的局限性，运用适合网络营销环境的思维方式指导网络营销促销策略的策划和实施。

第三，在全球化的统一大市场中进行。全球性竞争的加剧使得企业必须学会在全球统一的大市场上做生意。尤其是互联网这个虚拟市场的出现，让所有的企业都加入了这个统一的市场。而传统的区域性市场正在一步一步被打破。与此同时，消费者的消费思想和行为也发生了很大的变化。对此，企业在进行网络营销促销时，无论是在促销策略还是在促销方法上都应该有所改变，以更好地适应网络消费者购买的理性化和个性化。

与传统的市场营销相比，网络营销促销与传统营销促销的最终目的是一致的，都是为了引导消费者认识商品，最终促使商品和服务的销售。但由于网络营销促销依托于强大的互联网技术，在时空观念、信息沟通方式、消费群体和顾客参与度方面均表现出了与传统促销不一样的特征。具体如表7-1所示。

表7-1 网络营销促销与传统营销促销的比较

	网络营销促销	传统营销促销
时空观念	电子时空观	物理时空观
信息沟通方式	网络传输、形式多样、双向沟通	传统工具、形式单一、单向传递
消费群体	网络消费者、用户群体规模较大	普通大众、有一定区域限制
消费行为	理智型消费	冲动型消费

尽管网络促销与传统促销在观念和手段上有较大的区别，但由于两者在推销产品的目的方面是相同的。因此，无论是网络营销促销还是传统的促销，在促销的过程设计上还是有很多相似之处的。因此，在网络营销促销的理解上，一方面应当立足于全新的角度来认识这一种新型的促销方式，理解这种依赖现代网络技术、与客户不见面、通过互联网进行产品和服务沟通交流的促销形式；另一方面，也应该通过与传统促销的比较来体会两者之间的差别，借鉴和吸纳传统促销方式的整体设计思想和行之有效的促销技巧，打造网络促销的新局面。

二、网络营销促销的功能

网络营销促销的作用主要表现在以下方面。

（1）传播告知功能。网络促销可以将企业的产品、服务、价格等信息通过网络有效地传递给消费者，并引起他们的注意。

（2）诱导说服功能。网络促销的一个主要目的就是通过各种有效的方式，解除消费者对企业产品或者服务存在的疑惑，诱导和说服其坚定购买的决心。尤其在众多的同类产品中，客户往往是很难区分各种产品间的细微差别的。企业通过网络促销活动，可以大力宣传产品的特征，展现和放大产品的优势，使消费者认识到该产品将会给他们带来的特殊利益或效用，坚定消费者选择购买的决心。

（3）创造需求功能。一场精心策划的网络促销活动，不仅可以诱导需求，更可以创造需求，挖掘和吸引潜在消费者，拓宽市场空间，扩大销量，提升盈利水平。

（4）信息反馈功能。结合网络促销活动，企业可以通过电子邮件、微信、小程序、番茄表单等多种在线方式及时地收集和汇总消费者的意见和需求。一般而言，网络促销所获得的信息大多都是准确性和可靠性较高的文字资料，这些对企业的经营决策也具有较大的参考价值。

（5）稳定销售的功能。随着市场竞争激烈程度的增加，企业的产品销量可能会时高时低，出现一定的波动。此时，企业可以通过适当的网络促销活动，树立良好的产品形象和企业形象，这可以改变用户对企业产品的认知，形成更多用户对产品的偏爱，提高产品的知名度和用户对本企业产品的忠诚度，达到稳定销售的功能。

三、网络营销促销的形式

在传统的促销组合中，企业一般会运用广告、人员推销、公关宣传、销售促进四种基本的方式组合为一个策略系统，实现企业全部营销活动的互相配合、协调一致，最大限度地发挥促销的整体效果，进而顺利实现企业的目标。网络营销在网上市场开展促销活动时，相应的形式一般也有四种，具体如下。

（一）网络广告

网络广告是网络营销促销的一种主要方法，是以一种有偿的方式发布企业的产品和服务信息，借助网上的知名站点、自己的网站、免费的电子邮件或一些交互站点（如新闻组、公告栏等），对企业和产品进行宣传推广。随着网络技术的发展，网络广告的形式也日新月异，主要有旗帜广告、电子邮件广告、电子杂志广告、巨型广告、公告栏广告等。

在网络促销中，可以直接采用网络广告这种软营销的模式来代替传统营销模式下的人员促销和直接接触式促销。这种做法不仅可以节省大量的人力、财力支出，还可以通过网络广告的效应挖掘更多潜在消费者，并通过网络的丰富资源与非竞争对手形成异业联盟合作，不断拓宽产品的消费层面。

（二）网络站点推广

站点推广是利用网络营销策略扩大站点的知名度，吸引用户访问网站，增加网上流量，实现宣传和推广企业及企业产品效果的一种促销方法。站点推广的方法主要有两类。一类是通过改进网站的内容和服务，吸引用户，达到推广的目的。这类方法的费用较低，容易形成用户访问的黏度,稳定用户的访问,但推广的速度比较慢。第二类是通过网络广告宣传站点,可以在一段时间内较快地扩大站点的知名度,但成本却比较高。当然企业也可以通过搜索引擎注册、互换链接等方式进行站点推广。

(三) 网络销售促进

销售促进是商家最常用的一种沟通策略,是企业向目标市场传递有关信息以启发、推动或创造对企业产品和服务的需求以及引起消费者购买欲望并促成购买行为的综合性策略活动。根据是否与经济利益刺激相关,可将销售促进分为经济利益销售促进和非经济利益销售促进。常用的降价、特价、特殊事件优惠、折扣、有奖销售甚至免费试用和赠送都主要依赖经济利益促进消费者的购买。这种范式以牺牲利润代价来换取销量的提升,长此以往,很有可能会提高消费者的价格敏感性和损害品牌价值。

(四) 网络公共关系营销

网络公共关系营销是指借助互联网的交互功能吸引用户与企业保持密切的联系,并借助互联网作为媒介和沟通渠道培养客户的忠诚度。通过与供应商、经销商、客户、社会团体等利益相关者建立良好的合作关系,提高企业的收益率。

四、网络营销促销的实施

如何实施网络营销促销是任何一家企业都应该关注的重点问题。企业营销人员也需要在摆正自己位置的基础上,深入了解产品信息的特点,设定清晰的网络营销促销目标,以科学合理的程序进行网络营销促销的实施。

经实践证明,网络营销促销的程序可以分为以下几个步骤。

(一) 确定促销对象

网络营销的促销对象是针对可能在网络虚拟市场中产生购买行为的消费者群体。随着网络信息技术的普及,这一群体的数量也在不断地扩大。对于营销人员而言,除了要明确自己的目标市场外,还要考虑其他相关人员的影响。这些相关人员主要包括了以下三类人员。

(1) 产品的使用者。即实际使用或消费产品的人。这类消费者购买的直接动因是实际的需求。抓住了这部分消费者,网络消费者就有了稳定的市场。

(2) 产品购买的决策者。即实际购决定购买产品的主体。在大多数情况下,产品的使用者和购买的决策者是一致的,尤其是在虚拟市场上更是如此。因为大多数上网人员都有独立决策的能力,也有一定的经济收入。但也存在例外情况,产品购买的决策者和使用者是相分离的。例如,中小学生在网络市场上看到了富有挑战性的游戏,非常希望购买,但实际的购买决策往往需要他们的父母来决定。婴儿用品则更为特殊,产品的使用者毫无疑问是婴儿,但购买的决策者却是他们的母亲或其他相关的成年人。所以,网络促销同样应当把购买决策者放在较重要的位置。

(3) 产品购买的影响者。即对最终购买决策者的建议和意见能产生一定影响的人。在低价、易耗的日用品等购买决策中,产品购买影响者的影响力比较小。但在高价耐用消费品的购买决策上,产品购买影响者的影响力还是比较大的。这主要是因为对于高价耐用品,产品的购买者往往会比较谨慎,希望在广泛征求意见后再做决定。

每个营销人员的时间都是有限的,作为企业的促销人员没有必要将大量的时间浪费给那些无权购买的人。在网络促销中,最行之有效的方法是能够接触到那些做决策的人。所谓的决策者,要么是产品的使用者,要么是产品的购买者。在网络促销中,尝试直接和这些人进行真正的对话,无疑会节省更多的时间和精力。

(二) 设计网络促销的内容

网络营销促销的最终目标是希望引起购买。这个最终目标是要通过设计具体的信息内容来实现的。消费者的购买过程是一个复杂、多阶段的过程,促销内容应当根据购买者目前所处的购买决策过程的不同阶段和产品所处的生命周期的不同阶段来决定。

一般来讲,产品完成试制定型后,从市场的投入到退出,大致要经历四个阶段:引入期、成长期、成熟期和衰退期。在新产品投入市场的开始阶段,消费者对此种产品还非常生疏,促销活动的内容应侧重于宣传产品的特点,引起消费者的注意。当产品在市场上已有了一定的影响力,促销活动的内容则需要偏重于唤起消费者的购买欲望。同时,还需要打造品牌的知名度。当产品进入成熟阶段后,市场竞争变得十分激烈,促销活动的内容除了针对产品本身进行宣传外,还需要对企业形象做大量的宣传工作,树立消费者对企业产品的信心。在产品的衰退期,企业促销活动的重点在于密切联系与消费者之间的情感沟通,通过各种让利促销,尽量延长产品的生命周期。

(三) 决定网络促销组合方式

产品的促销管理是营销管理中最复杂、最富技巧、最具风险的一个环节。一个好的网络促销活动,不仅要有好的创意和促销内容,还要有好的促销整合。网络营销促销活动主要通过网络广告促销和网站、App 促销两种促销方法展开。但由于企业的产品种类不同,销售对象不同,促销方法与产品种类和销售对象之间将会产生多种网络促销的组合方式。企业应当根据网络广告促销和网站、App 促销两种方法各自的特点和优势,根据自己产品的市场情况和客户情况,扬长避短,合理组合,以达到最佳的促销效果。

网络广告促销主要实施"推战略",其主要功能是将企业的产品推向市场,获得广大消费者的认可。网站或 App 促销主要实施"拉战略",其主要功能是将客户牢牢地吸引过来,保持稳定的市场份额。一般来说,对日用消费品,如化妆品、食品饮料、医药制品、家用电器等,网络广告的推战略效果比较明显。而对大型的机械产品、专用品则采用网站、App 营销的拉式战略比较有效。此外,从产品的生命周期考虑,在产品的成长期,可以侧重于网络广告促销,宣传产品的新性能、新特点,以及产品的价值。在产品的成熟期,则可以考虑加强企业自身站点、App 的建设,树立企业的形象,巩固市场。

成功的促销能吸引大量的客户,并诱导客户的购买。而客户之所以被吸引过来,还积极购买,很大部分的原因在于热烈的活动氛围感染了客户,很好地满足了他们的好奇心,刺激了他们的购买欲望,加上消费者本身就有强烈的从众心理,众多因素结合在一起,才能促成网络促销活动的成功。因此,企业也应该积极根据自身的网络促销能力,选择和确定多种网络促销方法的配合使用。

(四) 制定网络促销预算方案

在网络营销促销实施过程中,企业感到最困难的是预算方案的制定。在互联网上促销,对于任何企业来说都是一个新问题。所有的价格、条件都需要在实践中不断学习、比较和体会之后不断地总结经验。只有这样,才可能用有限的精力和资金做到尽可能好的效果,找到促销的投入成本和为吸引客户而损失的利润与最终受益之间的最佳平衡点,达到事半功倍。

第一,必须明确网上的促销方法及组合办法。不同的信息服务商,宣传的价格可能悬殊极大。例如，在中央电视台上做广告的价格远远高于在地方电视台上做广告的价格，而企业自己设立站点宣传的价格虽低，但宣传的覆盖面可能最小。所以，企业应当认真比较投放站点的服务质量和服务价格，从中筛选适合于本企业，且质量和价格相匹配的信息服务站点。

第二，需要确定网络促销的目标是树立企业形象、宣传产品还是宣传售后服务？围绕这些目标再来策划投放内容的多少，包括文案、视频的数量，图形的多少、色彩的复杂程度，投放时间的长短、频率和密度，广告宣传的位置，内容更换的时间间隔以及效果检测的方法等。这些细节确定好了对整体投资数额就有了预算的依据，与信息服务商谈判时也就有了一定的把握。

第三，需要明确希望影响的是哪个群体，哪个阶层，是国外的还是国内的？在服务的对象上，各个站点的侧重点也是有较大差别的。有的站点侧重于中青年，有的站点侧重于学术界，有的站点侧重于商品消费者。一般来说，侧重于学术交流的站点的服务费用较低，专门从事商品推销的站点的服务费用较高，而某些综合性的网站费用最高。在宣传范围上，单纯使用中文促销的费用较低，使用中英文促销的费用较高。企业促销人员应当熟知自己产品的销售对象和销售范围，根据自己的产品选择适当的促销形式。

（五）衡量网络促销效果

网络促销的实施过程到了这一阶段，需要对已经执行的促销内容进行评价，衡量一下促销的实际效果是否达到了预期的促销目标。对促销效果的评价主要依赖于两个方面的数据：一方面，要充分利用互联网上的统计软件，及时对促销活动的好坏做出统计。这些数据包括主页访问人次、点击次数、千人广告成本等。不同于报纸、电视等传统媒体，通过这些统计数据，网络促销人员很容易分析出站点的访问人数，也可以统计出广告的阅览人数，甚至可以知道访问者的访问顺序。利用这些统计数据，网上促销人员可以了解自己的产品在网上的优势和不足，以及与其他促销产品的差距。另一方面，促销效果评价要立足于对实际效果的全面调查。通过调查市场占有率的变化情况、产品销售量的增减情况、利润及促销成本的变化情况等都可以判断出促销决策是否正确。同时，还应注意促销对象、促销内容、促销组合等方面与促销目标的因果关系分析，进而对整个促销工作做出正确的评价。

（六）网络促销过程的综合管理和协调

企业的促销人员经常会陷于这样的苦恼：精心策划的网络促销方案，消费者不买账。一场完美的促销活动，是需要与消费者达成共识的。但为什么许多看似热闹非凡的促销，最后却成了商家的独角戏呢？这就需要对网络促销过程进行综合的管理和协调。在衡量网络促销效果的基础上，对偏离预期促销目标的活动进行调整是保证促销取得最佳效果的必不可少的程序。同时，在促销实施过程中，不断地进行信息沟通的协调，也是保证企业促销连续性、统一性的关键。

第二节　网　络　广　告

"数字化"时代的来临为广告的传播与发展创造了更广阔的空间。近年来，互联网服务提供商（ISP）的服务质量在逐年上升，无论是互联网还是视频广告，网速和流量的问题已经得到很大程度的改善。网络规模的扩大和用户数量的增加使得网络广告也正在逐步人工智能化，这也成为实施现代营销战略的一个重要手段。

一、网络广告的产生与发展

网络广告起源于美国,1994 年 10 月 14 日,美国著名的 Wired 杂志推出了网络版的 Hotwired(www. hotwired. com),在其主页上刊载了 AT&T 等 14 个客户的广告横幅。这是广告史上里程碑式的一个标志,同时也让网络开发商与服务商看到了一条光明的道路。继 Wired 之后,许多传媒如美国的有线电视网 CNN、《华尔街日报》等,无论电视、广播,还是报纸、杂志,也都纷纷上网并设立自己的网站,将自己的资料搬上网络。在提供刊登信息、服务网浏览的同时,它们也在网络媒体上经营广告。自此以后,网络广告作为一种新型的营销手段逐渐成为网络媒体与广告界的热点,成为电子商务及全球互联网市场的重要组成部分。我国的第一个商业性网络广告出现在 1997 年 3 月,传播网站是 Chinabyte,广告的表现为 468×60 像素的动画旗帜广告。IBM 和 Intel 是国内最早在互联网上投放广告的广告主。

网络广告自 20 世纪 90 年代起步以来,就一直呈现高速增长的态势。网络已成为目前全球第二大广告媒体,市场份额从 2006 年的 7% 上升到了 2016 年的 33.80%。虽然以 PC 为传播载体的传统互联网广告依然是网络广告的主体,但在未来几年内,以智能手机为主要传播媒介的移动互联网广告将是网络广告增长的主要动力,传统的互联网广告支出则可能会有所下滑。

电通安吉斯集团根据来自 59 个市场的数据做出的最新广告支出预测显示,在 2018 年增长 4.3% 的基础上,全球广告支出预计将在 2019 年增长 3.6%,全球广告支出总额达到 6 099 亿美元。此外,数字媒体广告支出将继续推动全球广告支出增长,预计将在 2019 年增长 11.5%,达到 2 497 亿美元,在全球广告支出总额中的占比达到 41.8%。数字媒体广告支出将在 2020 年稳步增长,到 2020 年底在全球广告支出总额中的占比达到近 45%。由于数字媒体广告支出持续占据主导地位,传统平面媒体广告支出增幅在 2019 年 1 月预测的基础上大幅下调(报纸广告支出下滑 7.7%,杂志广告支出下滑 7.4%)。

我国网络广告的发展速度更为迅猛。根据艾瑞咨询 2019 年中国网络广告市场年度监测报告核心数据显示,2018 年度中国网络广告的市场规模达到 4 844.0 亿元,同比增长 29.2%。另外,根据 2020 年的《中国网络广告市场年度洞察报告》显示,未来几年广告市场流量红利消退已是大势所趋,在营销工具化发展趋势的影响下,广告主的预算分配也会更多地向营销运营和内容营销分配转移。但从网络广告规模的绝对值来看,中国网络广告产业生命力依然旺盛,2022 年的市场规模有望突破万亿大关。其中,随着电商平台内容电商战略的成熟以及其他媒介形态对电商平台整合的深入发展,其广告份额仍将保持较好的水平。未来,预计 2022 年移动广告占网络广告的比例将超过 85%。如图 7-1 所示。

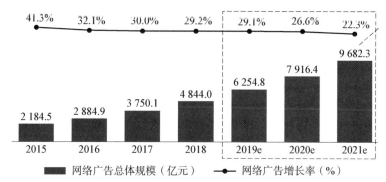

图 7-1 2015—2021 年中国网络广告市场

二、网络广告的概念与特征

(一)网络广告的概念

网络广告,又称在线广告、互联网广告等,是广告业务在计算机网络中的新拓展,也是网络营销领域率先开发的营销技术之一。从技术层面考察,网络广告是指以数字代码为载体,采用先进的电子多媒体技术设计制作的,通过互联网广泛传播,具有良好的交互功能的广告形式。通俗地讲,网络广告是指广告主为了实现商品交换的目的,通过网络媒体所发布和传播的广告。网络广告的传播内容是通过数字技术进行艺术加工和处理的信息,广告主通过互联网传播广告信息,使广告受众对其产品、服务或理念等认同和接受,并诱导受众的兴趣和行为,以达到推销产品、服务和观念的目的。

(二)网络广告的特点

随着信息产业的高速发展,以互联网为媒介的网络广告已成为当今最热门的广告形式。与报纸、广播、杂志、电视四大传统媒体广告及户外广告相比,网络广告具有得天独厚的优势和鲜明特点。

(1)非强迫性。传统广告具有一定的强迫性,无论是广播、电视还是报纸、杂志等广告,均是要千方百计吸引受众的视觉和听觉,将有关信息强行灌输给广告受众。而网络广告属于按需广告,接受与否的主动权掌握在受众手里,有效避免了受众注意力集中的无效性和被动性。

早期的网络广告对于用户的无滋扰性也使其成为适应互联网营销环境、营销手段的一个优点,但随着广告商对用户注意力要求的扩张,网络广告也逐渐发展为具有强制性和用户主导性的双重属性。虽然从理论上讲用户是否浏览和点击广告具有自主性,但越来越多的广告商采用强制性的手段迫使用户不得不浏览和点击,如弹出广告、全屏广告、插播式广告、漂浮广告等,虽然这些广告引起用户的强烈不满。但从客观效果上而言,确实达到了增加浏览量和点击量的目的,因此为许多单纯追求短期可监测效果的广告客户所青睐,这也使得网络广告与传统广告一样具有强制性,而且表现手段越来越多,强制性越来越严重。

(2)实时性与持久性的统一。网络广告另一个突出优点是能按照需要及时变更广告内容,包括改错。而对于在传统媒体上发布的广告而言,一旦广告播(刊)出,就很难再变。例如,某促销商品价格发生了变化,如在互联网上更改广告信息可能瞬间就能完成,并且更改成本可以忽略不计,这是传统广告无法比拟的。网络广告实时性的特点可以帮助企业做到广告变化与经营决策变化的同步性,从而有助于提升企业经营决策的灵活性。另外网络媒体也可以长久保存广告信息,广告主建立起有关产品的网站后,可以一直保留,随时等待消费者的浏览和查阅,很好地实现了实时性与持久性的统一。

(3)互动性。传统媒体的信息沟通是单向的,受众只能被动接受和选择信息。但网络广告是一种交互式的广告,查询起来非常方便。网络广告的载体基本上是多媒体、超文本格式文件,只要受众对某产品感兴趣,仅需轻按鼠标就能了解更多的信息,甚至可以直接与商家进行咨询和洽谈,一步一步深入了解更多、更为详细、更为生动的信息,从而使消费者亲身"体验"产品、服务与品牌,很好地避免了传统"推"式广告中受众的被动性和注意力的无效性。

(4)广泛性。网络广告的广泛性表现在以下几个方面。①传播范围广,无时间地域限制。网络广告通过互联网可以把广告传播到互联网所覆盖的所有区域,受众浏览广告不受时空限制。②内容详尽。传统广告由于受媒体的时间和版面的限制,其内容也必然受限;而网络广告则不存在上述问题,广告主可根据需要将广告做得十分详尽,以便广告受众进一步了解相关信息。③形式多样。网络广告的表现形式包括动态视频、文字、声音、图像、表格、动画、三维空间、虚拟现实等,它们可以根据广告创意需要进行任意的组合创作,从而有助于最大限度地调动各种艺术表现手段,制作出形式多样、生动活泼且能够激发消费者购买欲望的广告。

(5) 可控性和可评估性。对于传统媒体而言,评价广告效果比较困难,因为很难准确地知道有多少人接收到所发布的广告信息和反馈情况。而在互联网上发布的广告可通过权威公正的访客流量统计系统,精确统计出每个客户的广告被多少个用户看过,以及这些用户浏览这些广告的时间分布、地理分布等,从而有助于广告主和广告商正确评估广告效果,审定广告投放策略。此外,广告的收费也可以根据有效访问量进行计费,广告主可以有效评估广告效果并根据广告效果付费,从而控制事前、事中、事后等不同阶段对网络广告进行监控。

(6) 重复性和检索性。网络广告可以将文字、声音、画面完美地结合之后供用户主动检索,重复观看。

(7) 形式多样性。随着多媒体技术、网络技术及编程技术的提高,网络广告可以集文字、动画、全真图像、声音、三维空间、虚拟现实等为一体,创造出身临其境的感觉,既满足了浏览者搜集信息的需要,又提供了视觉、听觉的享受,增加了广告的吸引力。

(8) 价格优势。目前,在互联网上发布广告相对传统媒体而言更为便宜的,相对于电台、电视、报刊、户外等媒体动辄成千上万的广告费,网络广告则具有很高的经济性。网络广告的内容也可以根据企业经营决策的变更随时变化,这也是传统广告媒体无法企及的。

(9) 广告发布方式的多样性。传统广告的发布以广告代理制模式为主,由广告主委托广告公司实施广告计划,广告媒介通过广告公司来承揽广告业务,广告公司同时作为广告客户的代理人和广告媒体的代理人提供双向的服务。而在网络上发布广告对广告主来说有更大的自主权,可以选择自行发布,也可以通过广告代理商发布,还可以通过网络站点的友情链接来实现。

三、网络广告的类型与发布方式

(一) 网络广告的类型

最初的网络广告就是网页本身。随着网络信息技术的发展,网络广告的形式也越来越多。目前,常见的网络广告类型主要有以下几种。

(1) 旗帜广告。旗帜广告是最早的网络广告形式。它是以 GIF、JPG 等格式建立的图像文件,定位在网页中,大多用来表现广告内容,同时还可使用 Java 等语言使其产生交互性,还可通过一些插件工具增强表现力。

旗帜广告也是网络广告的主要形式。通常位于页面顶部,最先映入浏览者眼球,展示形式可以是静态的,也可以是动态的,通过 HTML、Flash 等多种技术实现。旗帜广告能在几秒甚至是零点几秒内抓住访问者的注意力,比较适合发布推广信息、产品推广和庆典活动等。常见的规格为 468×60 像素,但具体的尺寸需根据实际要求调整,访问者单击旗帜广告是为了获得某种产品的信息,而不是某家公司的信息,所以在广告中需突出产品的特性,尽量不要放不相关的信息。

（2）按钮广告又称为标识广告，定位在网页中，尺寸偏小。通常被放置在页面右边缘或被灵活地穿插在各个栏目板块中间。既可以是相关图片的展示，也可以是色块加文字的组合或图文相结合的展示，还可以直接使用产品的矢量图按钮进行展示。

目前，按钮广告的形式多样化，已经由传统简单的按钮样式延伸到豆腐块广告形式。

按钮广告常常带有链接的功能，主要用于提示性广告（如商标），以要求用户点击进入其链接的网页。在制作过程中，应尽量保证广告之间的系统关系和直观内容展示，这样才会给人以赏心悦目的感觉，否则，就会显得凌乱俗气。

（3）对联广告通常使用 JPG 或 GIF 格式的图像文件，也可以使用其他的多媒体。它集动画、声音和文字于一体，多位于页面两边，左右对称，像中国传统的春联，故称之为对联广告，也称为竖式广告。

对联广告具有交互性和娱乐性，通常用于游戏、培训和化妆品等产品的宣传，为各行各业推销产品和服务，传播企业文化和经营理念。对联广告比较强调呼应宣传，有的左右内容一样，有的左右内容则承上启下。最常见的形式有纯图片的对称排列、同样大小的动画对称播放以及文本搭配对称排列等。

（4）悬浮广告。悬浮广告是在页面左右两侧随滚动条上下活动，或在页面自由移动的广告，具有覆盖面广、广告效果持久、制作简洁、互动性强等优点。一般存在悬浮侧栏、悬浮按钮、悬浮视窗三种表现形式。

（5）翻卷广告属于组合文件形式，是将图像以卷回的方式进行作品的展示，一般放在页面顶端，通过翻卷形式在不同的广告图片间进行切换，以展示广告效果。其形式新颖、内容丰富，表现灵活，可以打开也可以关闭。

翻卷广告利用短时间的自动播放快速直观地传递给浏览者信息，可短时间霸占访问者的眼睛。大型的翻卷广告可以说是播放中的旗帜广告，在同一时间段可有效超越旗帜广告的抢眼度。位于网页角落的小型翻卷则比较注重收起来时给浏览者的视觉感受，可促使访问者再次打开网页进行浏览。

（6）弹出式广告。弹出式广告是指当人们浏览某网页时，网页会自动弹出一个很小的对话框。随后，该对话框或在屏幕上不断盘旋、或漂浮到屏幕的某一角落。当试图关闭时，另一个广告又会马上弹出来。

弹出式广告是在已经显示内容的网页上出现、具有独立广告内容的窗口，一般在网页内容下载完成后弹出广告窗口，会直接影响访问者浏览网页内容。所以，关于弹出式广告的争论比较多。但广告商们对这种新颖的广告方式却情有独钟。因为它可以迫使广大用户不得不浏览其广告内容，从而获得较好的广告效果。

（7）文本链接广告。文本链接广告以纯文字作为点击对象，用户点击后进入相应的广告页面。这种广告虽简单，但对浏览者的干扰最少。尽管难以产生图形广告的视觉冲击效果，但对于那些有潜在需求的受众，其广告的效果还是很好的。

（8）移动式广告。移动式广告画面可大可小，它会在整个屏幕里有规律地移动，同时会闪烁一些好看的颜色，具有干扰度低，吸引力强的特点。这也是目前非常流行的一种新型创意表现形式的广告。

（9）网络视频广告。网络视频广告是目前流行的一种广告形式，是利用流媒体技术，将广告客户提供的电视广告转成网络格式,实现在线播放。其画面清晰,声音流畅,效果可以与电视相媲美。常见的视频广告有页面嵌入式、浮动式、弹出式等多种形式。

(10) 电子邮件广告(E-mail)。电子邮件广告是以订阅的方式将广告主的广告信息通过电子邮件发送给所需用户。这是一种精准投放的广告,具有针对性强,费用低廉的特点,并且它的广告内容也不受限制。但需注意必须要得到用户的许可,否则会被视为对用户的骚扰。已有调查表明,电子邮件也是用户们最常使用的互联网工具之一。

(11) 关键词广告。关键字广告是充分利用搜索引擎资源开展网络营销的一种手段,属于按点击次数收费的一种网络广告类型。常见的关键字广告有两种基本形式。一是关键字搜索结果页面上方的广告横幅,可以由客户买断。这种广告针对性强,品牌效应好,点击率高。二是在关键词搜索结果的网站中,客户可根据需要购买相应的排名,以提高自己网站被点击的概率。

随着电子商务的发展,广告类型也在不断丰富,如直邮广告、赞助广告、活动推广式广告、游戏广告等。不同的电商平台对网络广告的设计要求也会不同。

(二) 网络广告的发布方式

伴随着网络技术的不断发展,网络广告发布的渠道也越来越多,各种发布渠道和形式众多,但各有优劣。到底采取哪一种或哪几种网络广告的发布方式,企业应根据自身情况及网络广告的目标,选择合适的发布渠道及方式。就目前而言,网络广告的发布方式主要有四类。

第一种方式是在互联网上建立自己的网站,发布自己公司的产品或服务广告,然后由感兴趣的用户阅读这些广告。这种方式具有比较明显的成本优势,但是限制了客户群体,一般适合应用于对内网络营销活动中。

第二种方式是在热门网站上做网络广告,包括旗帜广告、弹出式广告、视频广告等,这是目前网络上应用最广泛的网络广告推广形式,也是最重要的一种网络广告投放方式。在热门网站投放网络广告需考虑网络广告投放的站点、站点中具体投放页面的位置、投放成本等要素。

第三种方式是利用网络其他渠道发布广告,如电子邮件、网络黄页、新闻组等。使用这种方式比较有针对性,同时又是一种主动营销的方式,比较适合积极的营销策略。

第四种方式是利用广告交换手段发布广告。网络广告交换是网站之间相互链接、交换文字广告或旗帜广告,进而扩大宣传效果的方法。拥有自己主页的用户,通过互相交换广告,或者加入广告交换网,可实现双向乃至多向的相互登载广告。用于交换的广告,可以是自己制作的,也可以是聘请专业广告公司制作的,常见的表现形式为网站或公司的 Logo。广告的大小一般都有特定规格,常见的有 400×60 像素、460×60 像素、468×60 像素、450×70 像素等。如果想在不同的交换站点上登录注册,则需要多准备几种不同规格的广告。广告文件多为 GIF、JPG 格式,大多数网站支持动画的 GIF 文件,偶尔也有网站支持 Java 广告条。

四、网络广告的策划

经过近十年的发展,广告主逐渐从迷茫走向了理性,对网络广告的投放也越来越注重投资回报率,从"购买媒体"向"购买消费者"转变。更多的广告主希望通过良好的策划来扩大广告效果。网络广告策划是根据广告主的网络营销计划和广告目的,在市场调查的基础上对广告活动进行整体的规划和战略策划。它是根据互联网的特征及网络目标受众的特征对广告活动所进行的全局性运筹和规划,在本质上与传统的广告策划思路相似,包括确定网络广告目标、确定网络广告的目标受众、进行广告创意、选择网络广告发布渠道、确定进度安排等一系列的活动。

(一)确定网络广告目标

网络广告是企业营销策划的一个组成部分,企业根据自身的发展及市场竞争的需要,不同时期会有不同的广告目标。比如,在产品开发阶段,广告目标可能为提供信息、说服购买和提醒使用等。在市场开发的不同阶段,广告目标可能为市场渗透、市场扩展、市场保持等类型。其实无论是哪种目标,网络广告的目标都应该落脚于通过信息沟通,实现网络广告的直接目标或者间接目标,从而促进企业营销目标的实现。直接目标,也叫心理目标,是网络广告本身对网络广告对象所发生的直接作用及影响,也就是网络广告对客户的吸引,它表现为知名度、认知度、信任度、偏爱度等。间接目标就是经济目标,也是网络广告的根本目标,是网络广告最终促成的购买行为,与公司一级的赢利目标处于同一层次。间接目标只有通过直接目标才能实现。直接目标因为只依靠网络广告活动本身即可达成,所以代理网络广告业务的网络广告公司就可以做出保证,但间接目标的实现还会受到其他众多因素的影响,如供求关系等。

因此,合理地制订网络广告目标就是指根据网络广告主的经济目标要求,结合市场营销等的各种因素的影响,对网络广告活动能够达成的心理目标的规定和策划。

(二)确定网络广告的目标受众

广告的目标受众(Target Audience)即广告转播的诉求对象。目标受众决定了广告媒体的选择和传播策略,同时也决定了广告文案的内容。因此,发布网络广告必须要根据广告的营销目标来确定目标受众,这样所做的广告才具有针对性。

具体而言,需要分析目标用户的特点与行为,如年龄、性别、文化程度、职业特征,用户的生活习惯、消费习惯、网络行为等;用户主要聚集的网站,或者通过哪些网站寻找和搜集信息或者互相交流,如论坛社区、SNS、博客、网站、搜索引擎等;了解用户喜欢的内容等,这些均有助于网络广告内容的策划。

(三)进行网络广告创意

创意是网络广告策划中极具魅力、体现水平的部分,主要包括两个方面:一是内容、形式、视觉表现、广告诉求的创意;二是技术上的创意。网络广告的创意因素主要来自互联网本身。作为一个超媒体,互联网融合了其他媒介的特点,可以根据不同的传播对象和目的,承载不同的广告创意。同时互联网是计算机科技和网络科技的结合,拥有更加多变的表现方法,为网络广告创意提供了更多的创意方向。在网络广告创意的过程中,要注意以下关键点。

1. 塑造强有力的视觉冲击效果

无论哪一种形式的网络广告,目的都是吸引用户浏览点击和留住用户的注意力。面对浩如烟海的网络信息,如果广告不具有强大的视觉冲击力,必然不能为目标受众所关注。因此,广告创意者一定要创作出瞬间能吸引受众注意的广告作品,才能更好地引起受众的兴趣。

2. 传递简单易懂的信息

在互联网上,简洁而又清晰的文案往往比制作复杂的影音效果更能吸引网络用户点击。由于频宽的限制,图像过大、过多的广告往往传输速度较慢,用户一般会直接放弃,甚至会产生反感。为了确保广告打开的速度能被用户接受,网络广告一般都应该较为简洁。在未来,广告主们愿意付费买单的也一定是用户喜欢并且认可其体验的广告形式。

3. 适度的曝光率

网络用户的一个基本特点就是喜新厌旧,即用户的关注度会随着广告上网时间的增加而降低。当某一则广告的曝光率出现下降倾向时,就必须考虑更换该广告,换用新的广告再次吸引用户的注意力。

4. 发展互动性

随着网络技术的研究和发展,未来网络广告必定朝着互动性方向发展。如能在网络广告上增加游戏活动功能,则点击率会大大提高。2019 年的"双十一"电商节活动期间,京东携手腾讯视频,邀请柳岩通过拍摄互动视频的形式,为用户发放"双十一"购物优惠券。在京东"11.11 好物节"期间,柳岩拍摄的单条视频观看量达到 1 322 万人次,约有 3 万人在线领券。

5. 适当使用动画

为了使广告在网络上更醒目,可以适当使用动态画面,采用 GIF 做动态呈现,或以 Flash 制作动画,并以下拉式画面延伸广告版面等。动画表现可以强化概念,而且不会因图档过大而降低传输速度。网络广告的策划还需注意对网页浏览链接的规划。不同于传统媒体广告的强迫性接受特征,网络媒体广告的许多形式是被动地等待被点击,并且网络广告的版面一般过小,会限制创意的发展空间。所以,成功的网络广告策划需要突破这些限制,化被动为主动,同时突破版面的限制。

(四) 选择网络广告发布渠道

网络广告需要选择合适的网络广告发布渠道进行投放,才能达到更好的效果。可以选择一些热门的网络广告媒体,如新浪、网易等,但媒体的选择不能只考虑网络媒体的流量与知名度,还要考虑网络媒体的用户群和企业目标群的重合度、产品特性、成本及相关服务等因素。如肯德基的富媒体广告的受众面很广,特别是年轻用户基数多,就选择流量大的门户网站——网易作为媒体投放,效果良好。当然,企业发布网络广告的途径有多种,如:企业主页;博客、微博、微信自媒体平台;搜索引擎网站;专类销售网;友情链接;网上报纸、杂志等,广告主可根据自身的需求,本着广告效应最大化原则从中选择一种或几种。对此,最好可以用量化的办法对网站媒体做出评估。对网站的评估可以从三个方面进行。

1. 提供的信息与服务

在提供的信息与服务方面,可分解为三个指标:①网站内容,网络用户是网站的生命,而内容是吸引用户的关键;②网站功能,如是否提供免费的电子邮件、搜索引擎、聊天室、游戏房等;③服务项目,如网络广告专业知识的传播、网络营销策划等。

2. 媒体经营

在媒体经营方面,可分解为五个指标:①广告营业额。一般而言,业绩越好,说明该媒体服务较好或广告效果较佳;②经营团队。团队实力较强,网站的发展前景会更好;③造势能力。造势能力强,可以为广告主提供更多的"搭便车"的机会;④个案执行经验。⑤未来发展。如果拟订有未来发展计划,可以保证合作的长期、有序。

3. 访客情况

在访客情况方面,主要考虑两个指标:①日平均访问人次,每日平均进站的人次越多,广告信息接触到受众的机会就越大;②访客特征,访客的特征越明确,可以更好地提高广告的有效到达率。

(五) 确定进度安排

确定广告在不同投放媒体中展现的进度安排,包括广告在不同媒体出现的连续性、周期性、间接性和密度等。这里需要考虑客户的需求和产品竞争的特点,如在"双十一""双十二"期间投放广告,提前一个月就开始投放,维持一个半月到两个月,可以更好地达到预期的效果。

在网络广告策划中需要对广告设计、广告投入等各个具体环节做到充分考虑并精益求精。网络广告的策划会直接决定网络广告的最终营销效果。那么,在网络广告的策划中,除了遵循一定的流程外,也应遵循以下原则。

(1) 指导性。网络广告策划是对整体活动的指导性方案,策划的结果就成为网络广告活动的蓝图。

(2) 整体性。网络广告策划应该从全局和长远着眼,让局部为全局服务,让眼前利益为长远利益服务。

(3) 差异性。创造性思维是网络广告策划生命力的源泉,也应该贯穿于网络广告策划过程的始终。

(4) 灵活性。网络广告策划的中心要随着市场和消费者的变化而变化。

(5) 效益性。网络广告活动要讲究投入产出,需要以最少的钱取得最大的效果,实现事半功倍。

(6) 合作性。网络广告策划应以集体策划为主,需要集思广益。

(7) 数量化。网络广告策划要对预算、时间、对象、预期销售额等有明确且严格的规定,最好可以将指标量化。

(8) 可行性。网络广告策划中要注意策划目标及整体方案的现实性和可行性。

扩展阅读

网络广告的个性化内容营销塑造立体品牌形象

在信息过载、互联网流量成本渐增的背景下,广告主对用户的营销触达也越来越困难。个性化的内容成为吸引用户的注意、传达品牌价值的重要元素。网络广告主通过个性化内容的持续输出,传达出具有高辨识度的价值观和内涵的品牌形象,可以更好地吸引消费者关注,同时加深企业品牌在消费者心目中的印象。

2019 年 7 月福特围绕 Mustang Day 主题打造线下体验活动,借助线下活动为平台产出 PGC、UGC 内容,利用传统媒体、网络、社交媒体及 KOL,进行内容输出,扩大传播声量,构建了品牌资产。

2019 年 8 月开学季之前,京东打造"818 手机节"不仅继续深化了"18"的概念,也深化了京东手机品牌形象。为了更进一步唤起消费者购买的冲动,京东更策划了"别等以后,现在就换"的营销内容在朋友圈进行投放。

2019年9月,中秋节前夕,支付宝联合上海美术电影制片厂推出了一支混剪动画短片,运用"回忆杀"唤醒70、80、90年代的集体记忆,拉近支付宝产品与不同年代消费群体之间的距离。宣传中秋期间上线的"我的家"产品,邀请家人一起用支付宝支付,共享家庭积分。

伴随流量红利的消失,获取用户的成本也越来越高,网络广告主的中心应不再是简单广告的投放,而应该是加强内容的布局,以内容和创意营造品牌,更好吸引用户。

(资料来源:《2019Q3 中国网络广告市场数据发布报告》,艾瑞网)

五、网络广告的计价方式

网络广告的价格会受到多种因素的影响,如网络广告提供商的知名度、广告幅面的大小、访问人数的多少等。常见的网络广告计价方式有:

(一) 按天或月收费方式

国内的很多网站是按照"一天多少钱"或"一个月多少钱"这种固定收费模式来收费的。这种收费方式的优点是简单明确,不管效果好坏,不管访问量有多少,一律一个价,客户和网站都容易确定自己的权利和义务。正是因为这一点,这种方式已经成为网络广告的主要收费方式。其广告定价的差异则主要是根据各个网站知名度的不同。

(二) 千人广告成本(Cost Per Thousand Impressions, CPM)

这是沿用传统媒体的一个术语,有一个专门的计算公式来计算每千人成本即为该媒体计算广告价格的基础。在互联网上,千人广告成本指网络广告每产生 1 000 个广告印象数的费用。比如说,一个广告横幅的单价是 5 元/CPM 的话,意味着每 1 000 人次看到这个广告的话就收 5 元。依此类推,1 万人次访问的主页就是 50 元。

(三) 每点击成本(Cost Per Click, CPC)

这是指按每发生一次广告点击行动付费的计价方式。广告主为了规避广告费用风险,会选择只有当网络用户点击网络广告,链接广告主网页后,才按照点击次数付给网络站点广告费用。这样的方法加上点击率可以很好地限制作弊,也是宣传网站站点的一种最优方式。比如,太极网站联盟(http://v.textclick.com)就主要是按照 CPC 方式收费。该联盟会员按照送到广告主网站上游客的点击数来收取费用。网站联盟营销管理系统可以记录下每位客人在联盟会员网站上点击广告主的广告,并链接到该广告主网站的次数。广告主就会按每个点击多少钱的方式支付给联盟会员广告费。但也有不少经营广告的网站觉得此类方法不公平。主要在于,虽然浏览者没有点击,但是他已经看到了广告,对于这些看到广告却没有点击的客户来说,网站等于做了无用功。

(四) 每行动成本(Cost Per Action, CPA)

即由于广告所引起的购买行为所产生的费用。这种方法根据广告转化效果收费,如按每增加一张订单,每增加一个注册用户收费。

（五）每购买成本(Cost Per Purchase，CPP)

即指广告主为规避广告费用风险，只有在网络用户点击网络广告且进行在线交易后，才按销售笔数付给广告站点费用。

某些广告主在进行特殊营销专案时，也会采用一些其他的方式来进行计费。如：①CPL(Cost Per Leads)，以收集潜在客户名单多少来收费。②CPS(Cost Per Sales)，以实际销售产品数量来换算广告刊登金额。③PFP(Pay For Performance)，按业绩付费，利用基于业绩的定价计费基准，如点击次数、销售业绩、导航情况等，衡量网络广告的费用。④每回应成本(Cost Per Response，CPR)，以浏览者的每一个回应计费。

第三节　网络站点推广

一、网络站点推广概述

网络营销站点是企业在网络市场进行营销活动的场所，能否吸引大量流量是企业开展网络营销成败的关键。然而建设网站仅是网络营销中的第一步。站点建成后，如何增加站点访问量，尤其是本行业的客户访问，是一个很值得探讨和研究的话题。怎样才能让客户知道企业的网址，并访问企业的网站呢？如果对网站不进行任何的营销推广，想依靠访问者自动地浏览该网站就犹如大海捞针，非常困难。

就本质而言，站点推广是一项系统性工作。网络营销站点推广就是通过对企业网络营销站点的宣传来吸引用户访问，同时树立企业网上品牌形象，为实现企业的营销目标打下坚实基础。与企业营销目标一致，网站推广与传统的产品推广一样，两者都需要进行系统安排和计划，同时需注意以下 3 个原则。

（1）效益/成本原则。该原则是指要对每增加 1 000 个访问者带来的效益（包括短期利益和长期利益）与成本费用进行比较，需进行综合考虑。

（2）稳妥慎重原则。在网站还没有建设好而且不够稳定时，不能急于推广网站。应用管理心理学中的首因效应理论指出，第一印象是非常重要的，用户给你的机会只有一次。网上资源太丰富了，随着信息的丰富，有价值的不是信息而是注意力，这就是通常所说的网上特有的"注意力经济"。

（3）综合安排实施原则。网上推广的手段很多，不同方式也可以吸引不同的用户。要吸引用户访问网站，首先必须让用户知道网站的存在以及它的特点。其次要能让用户很容易找到网站的地址。对于第一个问题就是要扩大网站的知名度；第二个问题就是要建立"访问管道"，让网民能很容易访问站点。一般而言，这两点都是结合在一起进行操作的。扩大网站知名度有传统媒体渠道和网上新兴媒体渠道两种方式，对于传统媒体渠道主要是借助报纸，电视和电台等方式推广网址，如现在一些著名的企业在发布广告时在公司标签栏增加了网址、公众号、小程序二维码等内容，而不再仅仅是传统的电话、地址等。目前比较常用的还是利用网络方式进行推广宣传，这种方式直接有效，可以更加快速地把用户吸引到自己的网站。

二、网络站点推广方法

传统媒体仍然是人们常接触的一种信息传播媒介。在传统媒体上推广企业的营销网站，需要设法在各种传统媒体上宣传企业网站及其特点。这些媒介包括直接信函、报纸杂志、车身路牌、电视广播等。如企业利用各种卡片、手提袋、文化用品、小册子、说明书的流动性，在上面除了注明企业的名称，同时注明企业网站的网址。值得注意的是，介绍的内容一定要集中在用户的兴趣上，网站最重要的内容和对用户最有价值的内容一定要介绍清楚。

另外，在网上推广网站也是一项非常重要的策略。在互联网上推广宣传企业网站的主要方法有：

（一）搜索引擎注册

搜索引擎是专门提供信息查询的网站，主要通过对互联网上的网站进行检索，从中提取相关的信息。搜索引擎注册则是一种最经典、最常用的站点推广方式。当一个网站发布到互联网上之后，如希望别人通过搜索引擎找到你的网站，就需要进行搜索引擎注册。通过搜索引擎注册可以将网站的基本信息（尤其是 URL）提交给搜索引擎数据库，以增加与潜在客户通过互联网建立联系的机会。

（二）建立链接

与不同站点建立链接，可以缩短网页间的距离，提高站点的被访问概率。建立链接的方式主要有三种方式：①在行业站点上申请链接。如果站点属于某些不同的商务组织，而这些组织建有会员站点，应及时向这些会员站点申请一个链接。②申请交互链接。寻找具有互补性的站点，并向它们提出进行交互链接的要求。③在商务链接站点申请链接。当站点提供免费服务的时候，可以向网络上的许多小型商务链接站点申请链接。

（三）发送电子邮件

电子邮件的发送费用非常低，且具有较好的针对性，许多网站都会选择利用电子邮件来宣传站点。利用电子邮件来宣传站点时，首要任务是收集电子邮件地址。常用的一种做法是利用站点的反馈功能记录愿意接收电子邮件的用户的电子邮件地址，或者在企业网站中加入邮件列表功能，让用户免费订阅电子杂志或感兴趣的内容，然后在电子杂志中融入病毒式营销的相关策略。这样不仅可以提高邮件的针对性和有效性，还可以有效避免人们对邮件营销的反感情绪。利用电子邮件进行站点推广时，需注意的是不能滥发邮件，也不能过于频繁，需有发送目标定位，对于用户的邮件也要及时回复。

（四）发布新闻

及时掌握具有新闻性的事件，定期把这样的新闻发送到行业站点和印刷品媒介上，将站点在公告栏和新闻组上加以推广。互联网使得具有相同专业兴趣的人们组成了成千上万的，且具备很强针对性的公告栏和新闻组。可以积极加入这些讨论组，让邮件末尾的"签名档"发挥推广的作用。

（五）提供免费服务

尽管在提供免费服务时需要在时间和精力上付出一定的代价，但其在增加站点流量上的功效却是比较显著的。所提供的免费服务应当与所销售的产品密切相关，这样才能在吸引潜在用户的同时也为企业形象做宣传。此外，也可以在网上展开有奖竞猜或者抽奖活动，提升访问的流量。

（六）发布网络广告

利用网络广告推销站点是一种比较有效的方式。常用的两种做法是进行广告交换和在有影响的网页上购买广告。值得注意的是,在"广告交换"服务中,程序会自动将交换的广告随机投放于网站的主页上。所以,交换广告的网站并不能很好地控制哪些广告会出现在自己的主页上。

（七）鼓励其他站点复制内容

在互联网上,看到你的文章的人越多,意味着你获得客户的概率就越大。当其他站点对你的文章内容进行应用和转载时,无形中也充当了宣传你站点的工具。所以,没有必要总盯在版权上,可以在站点的某些内容上添加必要的说明来更好地鼓励其他站点的引用。

第四节　网络销售促进

营销的基本目的是为增加销售提供帮助,网络营销也不例外。大部分网络营销方法都直接或间接与促进销售有关。但值得注意的是促进销售并不限于促进网上销售。事实上,网络营销在很多情况下对于促进网下销售也发挥了很大的作用。

网络销售促进就是在网络市场上利用销售促进工具刺激客户对产品的购买和消费使用。互联网作为交互的沟通渠道和媒体,在刺激产品销售的同时,还可以与客户建立互动关系,了解与收集客户对产品的评价。

一、网络销售促进的形式

在具体的实践中,企业应该合理利用网络营销销售促进的优势,综合考虑市场环境的各种因素和企业及产品的特点,选择合适的方式进行网络销售促进。一般而言,网络营销销售促进方式主要有。

（一）免费促销

免费促销的手段一直在线下卖场上被广泛采用,在传统的销售促进中有着重要的价值。由于互联网的开发和自由,使得一些易于通过互联网传输的产品非常适合在网上进行促销。如一些软件厂商为了吸引客户购买软件产品,允许客户通过互联网下载产品,在试用一段时间后再决定是否购买。还有一种形式是免费资源促销,旨在进行网站推广,是互联网上一种有效的制胜法宝。

所谓免费资源促销就是指站点通过无偿为访问者提供他们感兴趣的各类资源,吸引访问者访问,提高站点流量并从中获取收益。目前利用提供免费资源获取收益中较常见的是提供某类信息服务的站点。如,提供搜索引擎服务的百度、提供网上实时新闻信息的新浪等。它们通过免费资源的吸引力扩大站点的知名度和吸引力,并通过发布网上广告来进行赢利。由于互联网的主干部分是由国家投资和支持的,因此站点的使用成本不会很大。对于普通的用户而言,获取免费的产品和服务也是最大限度地减少开支的一个方法。所以,在网络促销过程中,为了吸引访问者,应当尽可能地提供一些免费的产品、服务和软件。值得注意的是,这些产品应该是用户感兴趣的,而且客户能够了解到它们的价值。此外,这些免费的产品最好与促销的商品相关联,并且避免与竞争对手提供的免费资源重复。

（二）网络折扣促销

折价又称打折折扣，是目前网上最常见的一种促销方式。由于网上销售商品不能给人全面直观的印象，也不能试用、触摸，再加上配送成本和付款方式的复杂性，使得网上商品价格都要比传统方式销售的低，以吸引人们购买，而较大幅度的折扣可以进一步促进消费者尝试网上购物。

折价券是直接价格打折的变化形式。有些商品在网上直接销售有一定的困难，商家便会结合传统营销方式，吸引顾客从网上下载、打印折价券，到指定地点购买商品时可享受一定的优惠。折扣促销需要所销售的商品有较好的价格优势或比较好的进货渠道。

（三）网络赠品促销

在消费者购买产品或服务时，可以给消费者一些产品或小赠品，以带动主产品的促销。尤其在新产品推出试用产品更新、对抗竞争品牌开辟新市场的情况下，利用赠品促销可以达到比较好的效果。在赠品的选择上，要尽量选择一些有特色、有名气的产品，且与促销的商品有一定关联。

（四）网络抽奖促销

抽奖促销是以一个人或多数人获得超出参加活动成本的奖品为手段的商品或服务促销。网络抽奖的活动主要附加于调查、产品销售、扩大用户群、推广某项活动等。比较常见的有：消费者通过填写网络问卷、注册、购买产品或参加网上活动等方式就可以获得抽奖的机会。网络抽奖促销也是目前网络促销常用的一种方式，抽奖时要注意公正、公平、公开，奖品要对消费者有一定的吸引力，这样才会有更多的用户对促销活动感兴趣。另外，奖品要与商品有关联性，这样才能促成真正的销售。比如，你明明是卖护肤套装的，但为了增加活动的吸引度，选择了苹果手机等奖品，活动热度肯定相对较高；但宣传的方向比较宽泛，很多男性参加，但他们的目的显然只是奖品，而很难成为最后的客户。

（五）积分促销

相较于传统的营销方式，积分促销在网络上的应用更简单且更易操作。网上积分很容易通过编程和数据库等来实现，且可信度高，操作也简便。积分促销一般设置价值较高的奖品，消费者通过多次购买或参加某项活动来增加积分以获得奖品，或在以后的消费中折成现金使用。积分促销可以增加用户访问网站和参加活动的次数，增加用户对网站的忠诚度，提高活动的知名度等。

（六）网络联合促销

随着市场竞争的加剧，企业促销的活动规模和频率正在不断增大，但大量的促销活动存在同质化严重与效率降低等问题。此时，一些不同商家就会相互合作，进行联合的网络促销活动。常见的一种形式为横向联合促销，即企业在进行促销时，基于消费者消费时机或销售渠道的一致性，与合作企业进行的同类或功能互补型产品的交叉促销活动。联合促销的产品或服务在一定程度上可以起到优势互补，相互提升自身价值的作用。网络公司可以和传统商家联合提供网络上无法实现的服务。

（七）节日促销

节日促销是指在节日期间，通过节日的良好氛围来制造商机，这也是网络促销中常用的一种方法。节日促销中应该注意与促销节日的关联性，这样才可以更好地吸引用户关注。目前电商促销节日"双十一"已成为一种行业现象。2019年"双十一"电商活动期间，天猫开展了新一轮"国潮来了"活动,推出"国潮由你造"专场,话题热度从 11 月 1 日至 11 月 11 日持续走高,微博话题"国潮由你风生水起"阅读量达到 1.9 亿。

以上七种是比较常见的网络销售促进方式,其他如纪念日促销、事件促销、集赞促销、限时抢购、转发得奖品、纪念式促销等都可以与以上几种促销方式进行综合应用。

二、网络销售促进的实施

在开展销售促进活动时,可供选择的方式是多种多样的。一般而言,不像网络广告那样需要一个较长的时间,在短期内销售促进就能收到较明显的效果。但是面对各种各样的促销方式,做何种选择和何种方式更好一直是企业营销人员比较头疼的问题。一个较完整的销售促进方案是企业实施销售促进策略的依据。在制定销售促进方案中应该包括以下几个方面的内容。

(一)确定网络销售促进的目标

企业在进行网络销售促进活动之前,必须明确推广目标。因推广对象的不同,推广目标也会有所不同。譬如,对于消费者,推广目标主要是促使他们更多地购买和消费产品,吸引他们试用产品等。对于中间商,推广目标主要是吸引他们经销本企业的产品,进一步调动他们经销产品的积极性,巩固他们对本企业的忠诚度等。对于推销员,推广目标就是激发他们的推销热情,激励他们寻找更多的潜在顾客。

(二)选择恰当的网络销售促进方法

企业可以根据市场类型、销售促进目标、竞争情况、产品类型与特征来灵活地选择推广的工具和方法。

(三)制定合理的销售促进方案

一个完整的销售促进方案必须包括以下内容。

(1)诱因的大小。即确定使企业成本/效益最佳的诱因规模。诱因规模越大,企业的促销成本就越高。诱因规模也不能太小,否则会失去对消费者的吸引力。因此,营销人员必须认真考察销售和成本增加的相对比率,确定最合理的诱因规模。

(2)促销对象的范围。企业需要对促销对象的条件做出明确规定,比如赠送礼品,是赠送给每位消费者还是只赠送给购买量达到一定要求的消费者等。

(3)促销媒体选择。即决定如何将促销方案告诉给促销对象。譬如,企业将要举行一次赠送礼品的推广活动的话,是采用传统的媒介,如印制宣传单、或在大众媒体上宣传;还是采用网络媒介以网络广告的形式进行推广。

(4)促销时机的选择。企业可以灵活地选择节假日、纪念日、重大活动和事件等时机进行促销活动。

(5)确定推广期限。频繁地使用或使用不当,会让消费者怀疑产品的质量、价格等,反而会折损品牌形象。所以,推广期限一定要恰当,不可太短或太长。一般比较理想的推广期限是三周左右。

(6)确定促销预算。常用的两种预算方式为:一是全面分析法,即营销者对各个推广方式进行选择,然后估算它们的总费用;二是总促销预算百分比法。这种比例经常按经验确定,如奶粉的推广预算占总预算的 30% 左右,咖啡的推广预算占总预算的 40% 左右等。

（四）测试销售促进方案

为了确保推广的效果,企业在正式实施推广方案之前,必须对推广方案进行小范围的测试。测试的内容主要是推广诱因对消费者的效力、所选用的工具是否恰当、媒体选择是否恰当、顾客反应是否足够等。若发现不恰当的部分,需要及时进行调整。

（五）执行和控制销售促进方案

实施方案中应明确规定准备时间和实施时间。准备时间是推出方案之前所需的时间,实施时间是从推广活动开始到95%的推广商品已到达消费者手中的这一段时间。

（六）评估销售促进的效果

销售促进的效果体现了销售促进的目的。企业必须高度重视对推广效果的评价。评价推广效果,一般可以采用比较法(比较推广前后销售额的变动情况)、顾客调查法和实验法等方法进行。

使用销售促进开展网络促销活动,虽能在短期内取得较为明显的效果,但一般不能经常使用,也不太适宜单独使用,需要常常配合其他网络促销方式使用。在使用的过程中,也需要综合考虑产品属性、产品的生命周期阶段、网络销售目标、竞争对手等多种因素的影响,这样才能更好地发挥网络销售促进的作用。

第五节　网络公共关系

随着互联网的广泛运用,人类在沟通传播领域经历了一场革命,网络公共关系也应运而生。米德伯格是第一代网络公共关系专家中的典型代表。他认为,现代商业活动,包括公共关系的本质已经因为互联网的出现而发生了根本性变化。从本质上看,公共关系因互联网发展而催生了五个沟通趋势,即快速、途径、交互作用的新规则、品牌的重新界定以及作为沟通的商业伙伴。网络公共关系虽诞生较晚,但近年飞涨的需求量也表明网络公共关系毫不逊色。许多大企业也已经配备了专职人员作为网络媒体代表,专门处理、协调网络媒体传播。深入快捷、成本低廉的网络公关也的确帮助不少企业度过了形象危机,并重塑企业信誉。在互联网时代,正所谓"无企业,不公关",公共关系在当代的企业商战中将发挥越来越重要的作用。

一、网络公共关系概述

（一）网络公共关系的概念

公共关系(PR,Public Relation)是指企业在从事市场营销活动中正确处理企业与社会公众的关系,以便树立企业的良好形象,从而促进产品销售的一种活动。公共关系在树立企业及产品的良好形象、向新公众展示企业及产品、促成与新客户建立良好的关系、协调与巩固老客户之间的关系等都能发挥较好的作用。

与传统的公关功能类似,网络公共关系是在利用网络技术营销时,建立企业与各种客户之间的良好关系,实现促销目标的系列活动,是公共关系在网络技术环境下的新发展与延伸。随着互联网对社会生活影响的日益加深,网络公关已经引起广泛的关注和重视。这种变化主要源于几方面的原因:①互联网可以在极短的时间内将公关信息传播到网络所及的任何一个角落;②网络媒体在降低传播成本的同时大大提高了公共关系的效率;③网络公关在一定程度上实现了传播者和接收者之间的信息平衡和对称。

(二) 网络公共关系与传统公关关系的区别

虽然网络公共关系和传统的公共关系存在很多方面的共性。相较于传统公共关系,网络公共关系更具有一些优势。例如,网络技术能够将公共信息直接传递给目标受众,不受其他媒体的干涉,这也是区别于传统公共关系的一个重要特征。

与传统的公共关系相比,网络公共关系的特征还表现在如下方面。

1. 网络公关要素不同

网络公关一般包括了公关主体、公关客体、公关中介三个要素。

(1) 公关主体,指公关活动的发动者,也就是谁在进行公关活动。网络营销公关活动的主体主要是利用网络开展商务活动的各种网上企业。因为网络具有互动的特性,所以这些网上企业在网络营销公关活动的几乎所有环节中都能发挥主动作用,这是网络公关主体区别于传统公关主体的重要特征之一。这一特征也使得网络营销中的公关与传统营销中的公关相比具有更大的促销优势。

(2) 公关客体,也称公关公众,这是指公关所要影响的对象。网络营销的公关客体是指与网上企业有实际或潜在利害关系或相互影响的个人或群体。网络社区就是一个最典型的网络营销公关客体。网络社区有两种类型,一种是围绕网上企业利益驱动形成的垂直型网络社区,包括投资者、供应商、分销商、客户、雇员和目标市场中的其他成员等。另一种是围绕某一主题形成的横向网络社区,包括生产类似产品和提供相应服务的其他企业,以及同网上企业一样面临类似问题与分享相同价值观的个人、社会团体、行业协会及联合会等其他组织。

(3) 公关中介。即以什么为媒介开展公关活动。网络公关的活动场所是虚拟的网络世界。所以,网络公关的中介也主要以 E-mail,Internet 邮件列表、新闻组、网络论坛、微博和微信公众号等为主。

2. 主动权不同

网络营销的公关能使企业掌握更多的主动权。而在传统的新闻传播中,编辑、记者、导演等人的权力很大,他们扮演了最后裁判的角色,控制着读者能够获取的新闻内容。换句话说,在传统的新闻传播中,企业新闻稿发布的主动权不掌握在企业手中。网络营销中公关活动的新闻传播则可以很好地避免传统营销新闻稿发布的这种缺陷。网络可以使企业直接面对社会公众。企业可以直接通过网上论坛、新闻组、微博、微信公众号等方法发布企业新闻,将企业新闻发布的主动权完全握在企业自己手中。

3. 时限不同

报纸或者杂志的发布都有一个时间周期,月刊一个月发布一次,周刊一周发布一次;即使是日报,其新闻消息也只能每天发布一次。而利用网络进行新闻发布却可以全天 24 小时滚动发布。企业可以随时将有关新闻上网发布。在网络公共关系中,期限的意义越来越不明显。

4. 对象范围不同

传统公关活动都是针对某一特定群体的,其内容也是针对某一特定群体的现状和特点进行设计的。但是网络营销中的公共关系活动却改变了这种状况。网络营销公关的对象可以做到"一对一"。例如，E-mail是网络公关常用的公关中介之一，具有即时互动的特征，企业在利用E-mail进行公关活动时，可以与社会公众建立"一对一"的信息交流与沟通。

（三）网络公关关系的主要功能

作为一种重要的促销工具，公共关系通过与企业利益相关者包括供应商、客户、雇员、股东、社会团体等建立良好的合作关系，为企业的经营管理营造良好的关系。以互联网为沟通和载体的网络公共关系越来越被企业的决策层和管理层所重视和利用，其功能主要体现在以下几个方面。

1. 信息反馈

规模较大的组织可以通过建立自己的网络进行社会调查和信息传播，这种做法成本低廉、速度快捷，往往是组织成功策划与竞争制胜的法宝。小型组织因为财力等问题可以考虑不建网站，通过咨询间接地利用网络获得所需信息。

2. 沟通协调

网络目前已成为组织与内外公众沟通的主要方式之一。而且这种方式比较快捷、自然，实现360度整合沟通，有利于提高内部公关的效能。

3. 新闻营销

组织可以利用网络编发公关软文，诠释企业文化、品牌内涵、产品机理、利益承诺，传播行业资讯，利用媒体的权威性来提高组织与产品的知名度、美誉度，引领消费，促进购买。在2019年国际消费者权益日，曝光了一份"危险的辣条"的视频和名单。当一些涉事品牌还未做出回应的时候，并没有被提及的品牌——麻辣王子的网络公关在其官方微博迅速发布了一则置顶视频，并配文"315'虾扯蛋辣条'令人痛心！"行业有乱象，但总有人在坚守底线，做良心产品！听麻辣王子创始人讲述：为了让消费者吃上正宗、健康的辣条，我们做了什么？"这条带着话题的微博在第一时间发出，就吸引了一大波好感，也极大地提升了"麻辣王子"的品牌形象。

4. 危机管理

在出现危机的时候，虽然有了网络而导致扩散很快，但是组织也可以利用网络获悉公众的反应和舆论倾向，进而通过网络及时向公众表明态度、公布挽救措施，尽快平息事态。例如，在2019年的两会期间，淘宝被权威人士公开点名，称"目前淘宝网上搜索关键词'马可波罗瓷砖''马可波罗卫浴'，搜索结果居然足足有三百多家，但是其中经过集团授权的经销商才两家。"对此，淘宝的网络公关迅速在"双微"上回应《对马可波罗瓷砖董事长黄建平代表三点议题的商榷》。内容显得谦逊有礼，条理清晰，用数据作证据的回应顺利地度过了"一劫"。

5. 教育引导

对组织而言，要想获得良好的社会形象，宣传固然重要，但更重要的还在于自己的工作，需要通过教育和引导来提高美誉度。组织公共关系的教育引导职能主要表现在对内和对外两个方面。对内，公共关系可以传播公关意识的思想和技巧，进行知识的更新和教育。对外，组织公共关系主要是对公众进行教育引导。尽管人们常说："公众永远都是对的"，但从客观层面而言，公众不可能永远是正确的，也是需要加以引导的。

二、网络公共关系的类型

（一）根据组织的发展阶段

根据组织中实施网络公共关系的不同发展阶段，可分为以下四种网络公共关系活动类型。

1. 建设型公关活动

建设型公关活动一般是指在初创时期或新产品、新服务首次推出时期,为打开局面而采用的公共关系工作模式。其目的是提高产品服务的知名度和塑造组织美好"第一印象"的目的。这种公关模式的工作重点是正面宣传,向社会公众介绍组织及产品或服务,使公众对新组织、新产品、新服务有所认识,引起公众兴趣。尽量让更多的公众知晓,并通过公关人员的活动,积极取得公众的信任与支持。

2. 维系型公关活动

维系型公关活动也称巩固性公共关系活动,是组织在稳定发展过程中,为巩固组织良好形象,保持公众关系的持续性协调发展而进行的一种专项公关活动。通过维系性公关活动的开展,可以确保组织能及时适应内外环境的变化,巩固和优化组织对内对外公众关系,保持组织公共关系的动态平衡。

3. 进攻型公关活动

这是一种主动争取公众、创造良好环境时采用的一种公共关系模式,需要组织利用一切可以利用的手段,抓住一切可能的机会和条件,以积极主动的姿态调整自身行为,改变环境,摆脱被动局面,创造有利于组织发展的新局面。例如,运用价格战、服务战积极宣传新的营销理念、发布新产品上市消息、优化现有产品品质等。

4. 防御型公关活动

这是指组织为防止自身的公共关系失调而采取的一种公共关系活动模式,是组织与外部环境出现不协调或与公众发生轻微摩擦时所采用的公共关系活动模式。其特点是防御与引导相结合,变消极为积极。防御型公关活动的重点其实不在于"防"而是"引",在于利用一切不利时机开创有利局面,在战略型决策中有较好的应用。

(二) 根据网络公关活动的功能

根据网络公关活动的不同功能来划分,可分为五种类型。

1. 社会公益型公关活动

这是以提供各类义务服务、社会公益赞助为主要内容的公益性公共关系。其目的是通过积极的社会活动,扩大组织的社会影响,提高社会声誉,赢得特定公众的理解、赞赏和支持,为树立良好的社会形象创造条件。社会公益型公关活动模式主要有两种:一是以组织本身的重要活动为中心旨在增进沟通的庆典活动;二是以支持社会福利事业为中心开展的旨在树立本组织承担社会责任和提高美誉度的赞助活动。这类公益性活动属于组织战略层面的举措,虽然短时期内付出了一定的费用,近期也不会给组织带来直接的经济效益,但因为它潜移默化地加深了公众对组织的良好印象。所以,从长远来看,它的积极作用是会逐步凸显的。

2. 宣传型公关活动

宣传型公关活动是运用各种媒介以信息传播为中心,面向组织的内、外公众开展宣传工作的公关活动方式。基于对组织内外部传播,可以让社会公众知晓组织的特定信息,进而了解组织、理解组织,树立良好组织形象,形成有利于组织发展的社会舆论,使组织获得更多的支持者和合作者,达到促进组织发展的目的。比较常见的方式有:举办新闻发布会(记者招待会)、展会、公共关系广告、印发组织宣传材料以及各类竞赛、演讲和颁奖活动等。

3. 交际型公关活动

交际型公关模式是以获得关键公众或重要公众对组织的支持而实施的社交型公关工作。目的是通过人与人的直接接触与联络,扩大组织的关键公众对组织的感情,为组织的发展广结良缘,以提高本组织的社会地位,形成有利于组织发展的人际环境。常见形式有:招待会、座谈会、联谊会、恳谈会、开放参观等。

4. 服务型公关活动

服务型公关活动是一种以为公众提供完善、优质的服务为主要手段的公共关系活动方式,目的是以实际行动来密切与公众的关系,换取社会公众的了解和赞许,建立组织的良好形象。组织要想获得公众的真正认可,除了强化信息沟通外,更重要的还是要提高服务水准。服务型公共活动方式对所有的社会组织具有普遍意义。国内外优秀的组织都坚持"公众至上""顾客是上帝"的理念,把服务好社会公众放在第一位,不断丰富服务内容,提高服务技巧,对公众提供真诚、实际、有效的服务,从而为组织赢得更大的经济效益和社会效益。

5. 征询型公关活动

征询型公关活动就是通过信息采集、舆论调查、民意测验等手段,了解公众意愿乃至社会发展趋势,以备组织决策咨询的公共关系工作类型。旨在使组织的行为尽可能地与国家的整体利益、市场的发展趋势以及公众的意愿、需求、利益一致。这类公共活动有利于组织深入、全面了解目标公众,公众也能及时有效地反馈相关信息给组织,使组织的政策和行为能得到及时的调整。

三、网络公共关系的策划流程

网络公共关系的策划就是为了逐步实现网络公关活动的目标,在公关活动实施之前,找出组织需要解决的具体公关问题,分析比较各种相关因素和条件,遵循科学的原则与方法,确定公关活动的主题与方案,并制订出最优活动方案的过程。一般而言,网络公共关系的策划主要包含以下几个流程。

(一) 公共关系活动调查研究

这个调查的一般程序主要分为调查准备、资料搜集、整理分析和报告评价四个阶段,为后续的流程奠定基础。

(二) 确定总体目标

一般来说,所要解决的问题就是公关活动的具体目标,指的是组织通过实施公共关系的活动而希望达到的某种状态、预期成果及其衡量标准等。它服从于树立组织形象这一总体目标。在总体目标指导下,确立公关策划活动的目标有多种分类方法。如按照公关目标实施的时间跨度来划分,可以分为长期目标和近期目标;按照规模来划分,可以划分为总目标和分目标;按照公关目标的性质来划分,可以分为一般目标和特殊目标。最常见的做法是按照组织目标的功能来划分,分为信息传播、联络感情、改变态度、改变行为四种目标。

(三) 选定主题

公关活动的主题是对公关活动内容的高度概括,它对整个公关活动起着指导作用。正确确立公共关系活动的主题,是成功策划公关活动的一个核心因素。在网络公关活动的策划中,需要通过创意活动对主题进行要推敲、提炼。要注意的是,公关活动的主题必须与公关活动目标一致,并能充分表现目标。此外,公关活动主题的信息要独特新颖,有鲜明的个性,能突出公关活动的特色,并且要言简意赅,迎合于引导公众心理,这样才易于传播。最后,主题要便于操作,讲究实效,不能让公众感觉"口惠而实不至"。

(四) 分析公众

在确定公共关系目标和主题之后,下一步就是需要根据公关活动所覆盖的范围、对组织的重要程度和组织的现实需要,来确定具体的公关活动应该关注、沟通的目标公众。此外,需要对公众进行分类,确定哪些是顺意公众,哪些是独立公众,哪些是逆意公众,然后鉴别公众的具体权利要求。企业或组织对目标公众的圈定和分析要紧扣公关活动主旨,并且公关活动主题要适应公众心理的需要,最终确定公关活动希望让哪些人来看,确定他们属于哪个群体、哪个阶层、哪个区域。公众的分析与目标公众确定,不仅有利于策划人员收集信息,开展进一步的工作,也有利于组织资源的合理利用,以及媒体的正确选择。

(五) 选择时机

选择时机就是选择机会。现代社会发展日新月异,机遇稍纵即逝,优秀公共关系活动的策划者一定是善于抓时机的。时机主要包括两类,一是自身时机,即组织自身的活动所提供的机会;二是社会时机,即社会提供的重大机遇。抓时机实际上就是搭便车、借势或借题发挥。

在时机的选择中,一个关键的考虑因素就是公众的关注点。如果经过调研发现了某个时机,目标公众会关注、又有新闻报道价值,那就一定要抓住利用。一般来说,节假日、国内外重大事件发生日会吸引公众关注,但这个时候应尽量避免开展公关活动。当然如果所开展的活动与节日、重大事件密切相关,或者可以借势发挥也可以选择在这个时机策划和实施公关活动。

(六) 选择媒介

公共关系的手段是传播,而媒介是传播公共关系信息的主要载体。从理论上讲,公共关系活动可以利用所有的媒介进行传播。但每种媒介的特性、覆盖范围、传播效果、社会影响力各不相同,这就需要公共关系策划人员熟悉各种媒介的优劣势,熟悉目标公众的兴趣所在、接收信息的渠道、习惯和方式,知道何种媒介适合传播何种信息,特别是懂得如何利用多种媒介组合实现信息的有效传播,以及如何选择媒介又高效又省钱等等。总的来说,选择媒介时需要综合考虑公共关系的目标、传播对象、传播内容、经费预算等因素。只有恰当选择好媒介,才能够取得最佳的传播效果。

(七) 编制预算

任何公共关系活动都需要有一定的经费加以保障,否则活动就无从启动。编制经费预算就是公共关系策划过程中一个重要的、不可或缺的环节。编制预算不仅可以保证公共关系策划方案的顺利开展,而且可以作为公共关系活动结束后的评估依据。

公共关系活动的预算主要是对行政费用和项目费用进行预算。一般而言,主要包括:劳务费、办公费(日常行政开支)、专业器材和成品制作费(制作各类宣传品、纪念品所需的设备及材料费用)、宣传费(媒介使用费)、具体活动费(开展具体的公关活动如庆典活动、培训、调研、差旅、招待等费用、赞助费)。在公共关系活动预算的具体确定中,我们可以借助财务管理的方法进行核算,如:固定比率法,按照一定时期内的经营流水(销售额)或利润额的多少,以某种固定百分比提取公关活动经费;投资报酬法,事先设定某一数额的公共关系经费并视之为一项投资,按照相同数额的资金投入的投资回报率的高低来分配经费;量入为出法,即有多少钱办多少事,以组织的经济实力与财务状况作为公关活动经费的支出依据;目标先导法,根据公共关系活动的预定目标,测算出各具体环节所需的基本费用,简单汇总后,再加上一定的机动费即构成公共关系活动总费用。

(八) 审定方案

在该阶段中需要对初步完成的公共关系策划草案(一般都有备选方案)进行再分析,旨在选择、优化和完善方案。常见的做法为,由组织决策层、相关专家组成一个小组,先听取制定方案的策划人员的汇报,然后由这个小组的成员发表意见,提出问题,让策划人员答辩,最后由小组成员对各个草案进行可行性认证。如基本合格,则提出具体的修改意见以备完善;如问题较多,则予以推倒,另选其他方案或让策划人员重新制定方案。

在方案的审定中会重点考虑公关目标和费用的合理性,以及在实施方案过程中各环节(时间、资金、人员、传媒等)可能存在或出现的风险,因为这些因素都会影响该方案的最终可行性。

(九) 撰写策划书

经过方案审定后,就进入了公共关系策划的最后一道程序——撰写策划书。公共关系策划书是一种规范的、反映最终策划成果的书面文件,也是公共关系活动方案的规范载体。一份完整的策划方案应当具备 5W、2H、1E,具体如下。

What(什么)——策划的目的、内容

Who(谁)——策划组织者、策划者、策划所涉及的公众

Where(何处)——策划实施媒介

When(何时)——策划实施时机

Why(为什么)——策划的缘由

How(如何)——策划的方法和实施形式

How much(多少)——策划的预算

Effect(效果)——策划结果的预测

以上八个要素也是一份完整的公共关系策划书的基本骨架。当然,也可以针对不同组织、不同内容与形式的公共关系策划方案,进而丰富和完善。

公共关系策划计划书一般由封面、摘要、目录、前言、正文、署名和附录等部分组成。

(1)封面应有策划项目名称、策划主题名称、完成计划的日期等。策划书的标题必须具体清楚,让人一目了然,字号也可以稍大于正文字体。

(2)摘要是整个计划书中的精华部分,需要对此次公关活动进行一个高度的概述。

(3)前言是计划书的大纲,内容包括:策划计划书的指导思想、此次公共关系活动项目的背景概述、社会意义、操作的可能性等。

(4)正文部分需要描述此次公共关系活动的宗旨、活动的目标、公共关系活动项目、传播方式、开展时间、开展地点、实施步骤、费用估算(以表格形式将各项详尽列出)、策划进度表、各人员责任分配表、效果预测等内容。这部分是策划书的重点,要求行文流畅、层次分明、逻辑性强,篇幅长短适宜。

公共关系策划书撰写程序为:第一,撰写大纲,列出各部分的标题和要点;第二,补充调整大纲和写作要点,增添具体内容,形成初稿;第三,修改完善初稿并定稿。公共关系策划书的写作要求比较高,既要有丰富的想象力,又要有扎实的写作功底,能妙笔生花,还要有严密

的逻辑思维。

当网络公共关系的策划方案被组织决策层采用后,就可以进行实施。但说起来容易做起来难,对公关关系的实施来说尤其如此。在具体的实施过程中,公关人员需要非常谨慎,密切关注社会公众的态度和行为方面的变化情况。在公共关系活动的具体实施过程中,可能还会遇到一些新情况新问题,计划的实施也存在着很多变数。所以,需要公关人员随时修改和调整原来的方案中的某些方法、指标、策略等,针对不断变化的具体情况创造性地开展工作。此外,还需要结合与提升组织的知名度、美誉度和和谐度相关的特定标准,按照一定的程序与方法,对公共关系的计划、实施及效果进行检查和评价,也就是进行公共关系评估,以更好地判断其优劣并提出修改意见。

✳ 扩展阅读

企业官方微博的人性化公关形象包装

2016 年年底到 2017 年年初,随着一些 IP 热剧的播出,许多企业的官方微博平台一改往日传统做产品宣传的呆板形象,俨然转变为一个疯狂追剧的普通粉丝,频繁出现在各大热播剧的官微及主要演员微博下进行互动。

表面上看,企业的官微似乎只是做了普通人会做的事情。但从企业公关营销角度来看,其实际塑造并开拓了一种新的企业微博公关思路。它不再是一个传统的企业产品发布和广告宣传平台,而是更具人性化、粉丝化。从内容上看,受众甚至很难看出这是一个企业的官方微博,博文内容从养生、时尚、生活感悟到心灵鸡汤,应有尽有。夹杂在这些博文中间的当然少不了企业宣传和形象包装内容,但它们风格变得更加贴近受众,淡化了营销和公关的概念。比如,海尔官微里展示海尔总部工作环境的小视频,画面内容是面朝大海春暖花开的景象,配上简单的文字——"我们的工作环境",引来一大批粉丝发出"你们还招人吗"之类的评论。这种和风细雨式的软性企业形象包装,显然比生硬的推介要高明和有效得多。

其实,像海尔这样,剥去功利的外衣,把自己包装成普通人,转嫁热播剧和当红明星的关注度,和大家互动沟通,并以此为切入口进行企业公关,这也是在新媒体语境下企业公关的营销传播新思维的一个很好体现。

(资料来源:《新媒体语境下国内企业微博公关营销新模式探索》,张艳)

四、网络公共关系的开展方式

(一) 开展网络公共关系的方式

企业在网上开展公共关系的活动是形式多样的。一般而言,为实现网络公共关系目标,企业可以利用互联网使用以下几种方法开展公共活动。

1. 与网络新闻媒体合作

网络新闻媒体一般有两大类,一类是传统媒体上网,通过互联网发布媒体信息。其主要模式是将在传统媒体播放的节目进行数字化,转换成能在网上下载和浏览的格式,用户不用依靠传统渠道就可以直接通过互联网了解媒体报道的信息。另一种媒体是新兴的真正的网上媒体,他们没有传统媒体的依托。

不管是哪一类媒体，互联网出现后，企业与新闻媒体的合作都可以更加密切，可以充分利用互联网的信息交互特点，更好地进行沟通。为加强与媒体合作，企业可以通过互联网定期或不定期将企业的信息和有新闻价值的资料通过互联网直接发送给媒体，与媒体保持紧密合作关系。企业也可以通过媒体的网站直接了解媒体关注的热点和报道重点，有计划、主动地制造能够吸引记者报道的有新闻价值的事件，这样可以引起新闻媒介和社会公众的注意，使组织的名字频繁地出现在新闻媒介中，达到提高知名度、树立组织良好形象的目的。

2. 宣传和推广产品

宣传和推广产品是网络公共关系的一个重要职能。互联网最初就是作为一种信息交流和沟通的渠道，因此互联网上建设有许多类似社区性质的新闻组和公告栏。进行促销时，企业可以利用一些直接的促销工具，也可采用一些软性的工具如讨论、介绍、展示等方法来进行产品的宣传推广。在利用新闻组和公告栏宣传和推广产品时，要注意"有礼有节"。

3. 站点宣传

这是网络公关的一个主要任务。站点宣传，也称网站推广，这是网络公关的主要任务之一。对企业网络营销站点的宣传可以吸引用户访问，起到宣传推广企业、企业产品或服务项目的目的。企业网站是网上企业的总部，是企业在网上进行市场营销活动的阵地，建立自己的网站不仅可以起到广告的作用，更是树立企业形象的最佳工具。同时，企业通过网站对企业自身以及产品、服务的介绍，可以让对企业感兴趣的群体充分认识和了解企业，提高企业在公众中的透明度。因此在建立网站后，企业一定要做好网站推广的工作。首先，企业应该在有一定影响的媒体（包括传统的媒体）上宣传网站的地址，以提高站点的知名度进而增加点击率。其次，网站的内容应不断更新，及时补充新的信息，删去过时的新闻，这一点非常重要。如果一家企业网站的主页上还保留着二十年前公司的促销通告，可以想象访问者会对该企业产生什么样的看法。最后，企业应该建立与其他相关站点的友情链接，以使消费者获取更多的信息。

4. 建立公众档案

互联网的便捷性可以让企业更加及时地掌握公众的最新信息，了解需求状况及发展动态，得到最接近现实状况的公众信息。这对于实现企业内部资源共享，描绘未来发展趋势及战略选择，有着不可低估的意义。但是网上信息众多，在信息的利用和管理方面有很大的难度。另外，我们也不可能对所有的公众一视同仁，必须有所侧重。这就要用到 ABC 分析法，区分出首要公众、次要公众和边缘公众，这有利于企业集中主要的人力、物力有效地开展网络公关活动。对登记在案的客户信息，企业需要珍视，不可滥用，恪守对客户负责、为公众服务的信条，赢得客户的深层次信任。这样才能更好地提升企业在网上的知名度和美誉度。

5. 赞助活动

企业通过对一些会议、体育比赛、重大节日庆典、影视节目等活动进行赞助并在网上发布，访问者可以通过赞助页面直接链接到企业的主页，从而提高企业站点的点击率并扩大企业网站的知名度。还记得一档非常经典的大型亲子真人秀综艺节目——《爸爸去哪儿》，一经推出的时候就迅速占据了电视综艺节目的一席之地。同时，在节目中全程出现的汽车SUV 英菲尼迪 JX 也为广大的观众所熟知。作为节目的赞助商，英菲尼迪也借助《爸爸去哪儿》的热度成功收获了品牌和销量上的双赢，一下子成了市场上最为畅销的七座 SUV 之一，迎来了其中国市场的大爆发。企业在进行活动赞助时，一定要注意时机的选择，选择能使公关活动达到最佳效果的时间。如，对于重大事故的处理，需要及时；对于纪念性的活动，需要准时。

6. 电子邮件

企业的公关部门通过给新闻记者、编辑以及广大的消费者发送电子邮件来传递企业的新闻信息，是网络公共关系活动的另一种常见形式。这种方式简便快捷、费用低廉而且易于进行双向沟通，因此可以为企业广泛采用。但企业在发送电子邮件时应该注意，发送的邮件一定要主题明确，标题鲜明，内容简洁。否则，很可能会被认为是垃圾邮件而被删去。

7. 参加或主持网上会议

在网络服务商的网络论坛上会经常举办一些专题研讨会，有的也会吸引许多消费者参加。网络会议的参加者可以看到其他人提交给会议的发言，同时自己的发言也会置于许多人的关注之下。积极参与同企业有关的专题论坛并发表意见，可以很好地提高本企业的形象和知名度。此外，企业也可以利用网络服务商提供的网络会议服务为自己组织网上会议，如果有可能的话，可以邀请一些著名的专家、名人作为客串主持，这样有利于树立企业在公众心目中的良好形象。

(二) 网络公关的主要原则

网络公共关系不能简单地理解为搬到网上进行的传统公共关系活动。网络公共关系的建立其实是一项较为复杂的工程，涉及企业目标、经济环境、社会文化和网络技术等诸多方面。在网络公共关系的具体开展中，需要遵循以下原则。

1. 及时性

企业在进行网络公关活动时，公关信息应及时传播，做到网络公关与营销同步，否则网络市场瞬息万变，活动的稍微延误将使企业错失良机。

2. 一致性

企业所进行的网络公关活动也是市场活动的一部分，应该符合企业整体形象的要求。网络公关与传统公关应该相辅相成，或传递同一个信息，或各有侧重点，但都应该与企业的经营目标一致，不可自相矛盾，否则可能使客户无法正确理解网络公关活动所传达的信息。

3. 针对性

企业所进行的网络公关活动，应遵循承前启后的原则，对不同阶段的客户提供针对性的服务。对于潜在客户，应该把握客户的真正需求，讲述产品的优势；对使用中的客户，应该征询客户对产品的意见；对那些对产品有抱怨的客户，应该要摸清他们抱怨的原因，分析问题是出于客户还是出于企业，并提出解决的办法。

4. 联系性

企业的网络公关也是与客户沟通的一个途径，它应该是一个连续的过程。如果网络公关活动出现长期的中断，将会疏远企业与客户的关系，不利于建立客户的忠诚度。

5. 讲究效益

从本质上而言，公关活动也是一项投资，是需要讲究回报的。那么在网络公关的活动中，需要同时考虑经济效益和社会效益。

 任务实训

实训七 网络营销的促销策略分析

一、实训目的

通过本实验的学习,使学生了解网络营销促销策略的基本概念内涵,掌握网络营销促销策略的具体制定与策划流程,培养学生网络营销促销策略的制定能力。

二、实训内容

(1)以5~6人为一组,全班共分为若干小组。

(2)每个小组任选一家电商网站,收集该电商企业的网络促销情况,并对其进行简要评价。

(3)每个小组在所选的电商网站中选择一件产品。然后以在所在学校进行一次促销活动为主题,拟定具体的网络营销促销方案。

(4)各小组进行最后的汇总,并进行汇报分享。

本章小结

随着网络信息技术的不断完善,网络促销已经取得了很大的进步,并在提高企业管理水平、促进企业信息化等方面显示出越来越重要的作用。网络营销促销是指利用现代化的网络技术向虚拟市场传递有关产品和服务的信息,以启发需求,引起、辅助和促进消费者的购买欲望和购买行为为目的的各种活动。网络营销促销的功能有告知、说服、反馈、创造需求、稳定销量等。网络营销促销的实施程序可以分为确定网络促销对象、设计网络促销内容、决定网络促销组合方式、制定网络促销预算方案、衡量网络促销效果、网络促销过程的综合管理和协调等步骤。常见的网络促销形式有:网络广告、网络站点推广、网络销售促进、网络公共关系。其中,网络广告以其交互性与互动性、实时性、广泛性、可测量性和智能化、针对性等特点成为企业网络营销促销的首选工具。网络营销站点是企业在网络市场进行营销活动的场所,能否吸引大量流量是企业开展网络营销成败的关键。网络营销站点推广在网络营销促销中也发挥了重要的作用,而常见的网络站点推广方法有:搜索引擎注册、建立链接、发送电子邮件、发布新闻、提供免费服务、发布网络广告、鼓励其他站点复制内容等方式。网络销售促进就是在网络市场上利用销售促进工具刺激顾客对产品的购买和消费使用。网络营销销售促进有免费促销、网络折扣促销、网络赠品促销、网络抽奖促销、积分促销、网络联合促销、节日促销七种比较常见的网络销售促进方式,其他如纪念日促销、事件促销、集赞促销、限时抢购、转发得奖品、纪念式促销等都可以与以上几种促销方式进行综合应用。此外,使用销售促进开展网络促销活动,虽能在短期内取得较为明显的效果,但一般不能经常使用,也不太适宜单独使用,需要常常配合其他网络促销方式,并按照一定的流程使用。就网络公关而言,与传统的公共关系相比,其在公关要素、主动权、时限、对象范围方面较传统公关具有其独特之处。网络公关的主要原则有及时性、一致性、针对性、联系性。在具体的网络公关活动中需要遵循科学的原则与方法,确定公关活动的主题与方案,并制订出最优活动

方案。

？ 思 考 题

1. 简述网络促销的含义。

2. 简述网络促销的主要方式。

3. 简述网络促销的主要实施流程。

4. 简述网络广告的特征。

5. 结合实际操作,分析应该如何提高网络广告的效果。

6. 如何进行网络广告的策划。

7. 与传统营销公关相比,网络营销公关具有哪些特征?

8. 网络站点推广的形式有哪些?

9. 任选一个门户网站主页,记录该网页中广告的数量,并分析广告中关于该网站的信息。试分析该门户网站主页有多少种网络广告形式? 针对其中一种进行网络广告策略分析。

第三篇

网络营销的方法应用

第八章

搜索引擎营销

学习目标

- 了解搜索引擎营销的概念、优缺点
- 理解搜索引擎营销的功能
- 理解搜索引擎营销的目标层次
- 掌握搜索引擎营销的流程
- 掌握搜索引擎营销的方法

第一节 搜索引擎营销概述

一、搜索引擎营销的概念

(一) 搜索引擎营销的定义

搜索引擎是指根据一定的策略、运用特定的计算机程序从互联网上采集信息,在对信息进行组织和处理后,为用户提供检索服务,将检索的相关信息展示给用户的系统。搜索引擎是工作于互联网上的一门检索技术,它旨在提高人们获取搜集信息的速度,为人们提供更好的网络使用环境。从功能和原理上搜索引擎被分为全文搜索引擎、元搜索引擎、垂直搜索引擎和目录搜索引擎等四大类。常见的搜索引擎主要包括谷歌搜索、百度搜索、360搜索、搜狗搜索等。

搜索引擎营销(Search Engine Marketing,通常简称为"SEM"),就是当用户利用搜索引擎进行信息搜索时,在搜索结果中展示的信息获得用户的关注,并吸引用户通过单击搜索结果的链接进入网站获取更详细的信息,从而实现网站或者产品的推广。在搜索结果中如果出现企业或者网站信息,获得了用户的关注和点击,就意味着通过搜索引擎实现了推广的目的。

搜索引擎营销并不复杂,更多表现在具体的操作层面上。因为通过一个关键词进行搜索时,在搜索结果页面总是出现众多同类企业的信息,而用户的关注范围是有限的,如何让本企业的信息获得用户关注,通常需要做大量的工作:在网站优化方法及网站内部资源营销方法中提到的网络信息源的创建及优化、重要页面的内部链接及外部链接等。

(二) 搜索引擎营销在网络营销中的价值

搜索引擎营销在网络营销中占有很重要的位置,但是它并不是网络营销的全部,它仅仅是网络营销体系中的一部分,搜索引擎在网络营销中的地位可以从以下几个方面去体现。

第一,从搜索引擎营销对网络营销的作用来看,搜索引擎营销贯穿于网络营销的各个领域。搜索引擎几乎可以应用到各种营销方法中,就目前的网络营销的实际应用来看,网络营销解决的核心问题是企业如何有效地向潜在用户传递信息的问题。在信息传递方面,搜索引擎的重要性更为明显。由此可见,搜索引擎营销在网络营销中占有自己的一席之地。

第二,从网络营销服务市场的构成来看,搜索引擎营销是网络营销市场进步最快并且发展最迅速的一种营销模式,它逐渐成为网络营销体系中的主流模式。现在,网络营销服务市场的主要业务领域包括:以域名注册、网站建设、网站优化为主要内容的基础网络营销服务以及以搜索引擎广告投放为代表的网站推广服务。此外,目前正在形成规模经营的搜索引擎优化服务,也是值得关注的领域。在这些网站建设和网站优化的相关服务中,基础网络营销服务市场增长比较平稳,搜索引擎广告代理已经成为规范市场增长最快的模式之一,也是营销效果最受企业肯定的网络营销服务之一。

第三,从搜索引擎营销的实际效果来看,搜索引擎是引导用户获取网站信息的第一渠道,只要网站设计合理,同时辅助一些搜索引擎关键词广告,通常可以获得非常显著的效果。许多网站凭着搜索引擎自然检索进行推广,足以表明搜索引擎对网站推广的主要效果。近年来,从一般企业网站到大型电子商务网站普遍开始重视包括搜索引擎优化在内的网站优化,则是搜索引擎营销效果的又一佐证。

总之,在网络营销内容体系中,搜索引擎营销的地位比较重要,是网络营销研究发展和网络营销实践应用中不可缺少的组成部分,已成为网络营销体系中重要的分支领域。

(三) 搜索引擎营销的要素

1. 信息源

信息源被搜索引擎收录是搜索引擎营销的基础,这也是网站建设之所以成为互联网营销基础的原因。企业网站中的各种信息是搜索引擎检索的基础。由于用户通过检索之后还要来到信息源获取更多的信息,因此这个信息源的构建不能只是站在搜索引擎友好的角度,也应该包含用户友好,这就是我们在建立互联网营销导向的企业网站中所强调的,网站优化不仅仅是搜索引擎优化,而是包含三个方面:即对用户、对搜索引擎、对网站管理维护的优化。

2. 收录机会

网站建设完成并发布到互联网上并不意味着自然可以达到搜索引擎营销的目的。无论网站设计多么精美,如果不能被搜索引擎收录,用户便无法通过搜索引擎发现这些网站中的信息,当然也就不能实现互联网营销信息传递的目的。

3. 信息靠前

网站仅仅被搜索引擎收录还不够,还需要让企业信息出现在搜索结果中靠前的位置,这就是搜索引擎优化所期望的结果。因为搜索引擎收录的信息通常都很多,当用户输入某个关键词进行检索时会反馈出大量的结果。如果企业信息出现的位置靠后,被用户发现的机会就大为降低,搜索引擎营销的效果也就无法保证。

4. 获得关注

通过对搜索引擎检索结果的观察可以发现,并非所有的检索结果都含有丰富的信息,用户通常并不能点击浏览检索结果中的所有信息,而需要对搜索结果进行判断,从中筛选一些相关性最强、最能引起他们关注的信息进行点击,进入相应网页之后获得更为完整的信息。因此,需要针对每个搜索引擎收集信息的方式进行针对性的研究。

5. 提供方便

用户通过点击搜索结果而进入网站、网页,是搜索引擎营销产生效果的基本表现形式,用户的进一步行为决定了搜索引擎营销是否可以最终获得收益。在网站上,用户可能为了了解某个产品的详细介绍,而成为注册用户。在此阶段,搜索引擎营销将与网站信息发布、客户服务、网站流量统计分析、在线销售等其他互联网营销工作密切相关,在为用户获取信息提供方便的同时,与用户建立密切的关系,使其成为潜在客户或者直接购买产品。

二、搜索引擎营销的特点

(一) 搜索引擎营销的特征

1. 搜索引擎推广方法与企业网站密不可分

一般来说,搜索引擎推广作为网站推广的常用方法,在没有建立网站的情况下很少被采用(有时也可以用来推广网上商店、企业黄页等)。搜索引擎营销需要以企业网站为基础,企业网站设计的专业性对网络营销的效果又产生直接影响。

2. 搜索引擎传递的信息只发挥向导作用

搜索引擎检索出来的是网页信息的索引,一般只是某个网站、网页的简要介绍或者搜索引擎自动抓取的部分内容,而不是网页的全部内容,因此这些搜索结果只能发挥一个"引子"的作用。如何尽可能好地将有吸引力的索引内容展现给用户,是否能吸引用户根据这些简单的信息进入相应的网页继续获取信息,以及该网站、网页是否可以给用户提供给他所期望的信息,这些就是搜索引擎营销所需要研究的主要内容。

3. 搜索引擎营销是用户主导的网络营销方式

没有哪个企业或网站可以强迫或诱导用户的信息检索行为,使用什么搜索引擎、通过搜索引擎检索什么信息完全是由用户自己决定的,在搜索结果中点击哪些网页也取决于用户的判断。因此,搜索引擎营销是由用户所主导的,这最大限度地减少了营销活动对用户的滋扰,最符合网络营销的基本思想。

4. 搜索引擎营销可以实现较高程度的定位

网络营销的主要特点之一就是可以对用户行为进行准确分析并实现高程度定位。搜索引擎营销在用户定位方面具有更好的功能,尤其是在搜索结果页面的关键词广告,完全可以实现与用户检索所使用的关键词高度相关,从而提高营销信息被关注的程度,最终达到增强网络营销效果的目的。

5. 搜索引擎营销的效果表现为网站访问量的增加而不是直接销售

了解这个特点很重要,因为搜索引擎营销的使命就是获得访问量,因此作为网站推广的主要手段,至于访问量是否可以最终转化为收益,这不是搜索引擎营销可以决定的。这说明,提高网站的访问量是网络营销的主要内容,但不是全部内容。

6. 搜索引擎营销需要适应网络服务环境的发展变化

搜索引擎营销是搜索引擎服务在网络营销中的具体应用,因此在应用方式上依赖于搜索引擎的工作原理、提供的服务模式等,当搜索引擎检索方式和服务模式发生变化时,搜索引擎营销方法也应随之变化。因此,搜索引擎营销方法具有一定的阶段性,与网络营销服务环境的协调是搜索引擎营销的基本要求。

(二) 搜索引擎营销的优点

搜索引擎营销所做的就是全面而有效的利用搜索引擎来进行网络营销和推广。搜索引擎营销追求最高的性价比,以最小的投入,获得最大的来自搜索引擎的访问量,并产生商业价值。搜索引擎营销的优势有以下几点。

1. 主动搜索

网络营销"拉"的价值高于"推"的价值。电视、平面时代,广告主要靠推的方式传达信息给消费者,有一定的强迫性。但在网络时代,广告纯靠"推"就很难奏效了。毕竟对于一个消费者而言,如果消费者不主动点击广告,这个广告就无法传达有效的信息。而搜索的行为则是由消费者发起的,是主动性的,其"拉"的作用更为明显。

正是由于消费者接受信息习惯的改变和用户使用搜索引擎的规模不断扩大,而给了搜索营销新的发展空间,更多的应用形式也正在被一一开发。消费者获取信息的途径正在改变,2006 年到 2008 年,消费者使用最多的网络服务,排在前三位的是搜索引擎、浏览互联网和收发邮件,搜索引擎的增长率非常高。而消费者行为同样在发生改变,越来越多的消费者习惯在做出购买决定前先进行搜索。网络搜索已成为消费者获得各种各样信息的首选方式,搜索引擎的营销价值也从 IT、汽车、房产等领域逐步向日用消费品等领域扩张。

2. 定位精准

搜索引擎具有先天的营销优势,与传统媒体被动推送信息不同,在搜索引擎上,消费者在主动寻找感兴趣的产品和信息,其搜索行为本身就表明了对产品的兴趣,因此营销效果就更加精准,而精准无疑是所有广告主最关注的。

"我知道,有一半的广告费浪费了,但是我不知道浪费在哪儿",这句话在广告界流传甚广。越来越多的广告主已经不只是希望能找到精准的目标受众和目标消费者,而是希望能让潜在客户自己轻松找上门。企业营销管理也已经进入了"精准营销"时代,企业比任何时候都需要与目标消费群体进行精准沟通。搜索营销就是让目标客户主动找上门,给客户所需要的信息,牢牢锁住目标客户群体。潜在消费者是"我需要信息所以我点击你",而不是被动接收信息,所以目标客户群体定位非常精准。

3. 覆盖广泛

搜索营销是在全球最大的搜索和网络平台上进行推广,覆盖面广泛。搜索营销的客户群是全世界的,市场具有全球性,针对的目标客户的范围极其广泛。营销的最终目的是占有市场份额,由于互联网能够超越时间约束和空间限制进行信息交换,使得营销脱离时空限制进行信息传播变成可能,企业有了更多时间和更大的空间进行营销,可每天、每小时、随时随地提供全球性营销服务。

4. 成本可控

搜索引擎营销实现了营销费用的可控性。例如,"关键词广告"及其扩展形式"网页内容定位广告",按照每次点击价格付费(Cost Per Click 简称 CPC),不点击不付费,广告主可以设定每次广告点击的费用以及每日的最高花费,还可以设定广告被点击的时间和地域。在另一方面,基于搜索引擎技术特点的营销方式还为广告主提供了可以用来进行效果评估的统计报告。这些报告的内容包括:网站流量、来路、搜索引擎访问、关键词访问、访问地区时间等数据统计。将这些原始数据进行对比,就可以分析出搜索引擎营销在不同时间段、不同地域的效果如何,从而为企业进行科学的营销决策提供依据。

(三) 搜索引擎营销的缺点

(1)搜索引擎传递的信息只发挥向导作用,能否吸引用户获取信息并不确定。搜索引擎检索出来的是网页信息的索引,一般只是某个网站/网页的简要介绍,或者搜索引擎自动抓取的部分内容,而不是网页的全部内容,因此这些搜索结果只能发挥一个"引子"的作用。

(2)搜索引擎营销的效果表现为网站的访问量的增加,而不是直接销售。搜索引擎营销的使命就是获得访问量,因此作为网站推广的主要手段,至于访问量是否可以最终转化为收益,这不是搜索引擎营销可以决定的。

(3)高关键字出价。如果有需求,就会有竞争。竞争性广告的价格是根据设置关键字的当前竞争价格而定的。很多行业流行关键词的点击价格都是几十元、几百元、上千元、甚至上万元/月,每个月要花几千到几十万美元,这无疑是一些中小企业难以承受的。

(4)排名不稳定。只要出价比别人高,网站就可以排在首位,但同样,随着时间的推移,如果预算用完,网站排名也会立即下降。

(5)不可避免的恶意点击。做过竞价促销的公司都知道,当价格太高时,一半的预算可能会被同行或无聊的人恶意点击。

(6)优化周期长。与竞价的快速效应相比,搜索引擎优化的速度要慢得多。一般来说,优化到主页需要1~6个月的时间。

三、搜索引擎营销的功能

(一) 网站推广

从企业网站营销的角度看,搜索功能必不可少;从整个互联网的视角分析,搜索对整个互联网也同样十分重要。在浩渺无边的互联网上,信息实在太多,而每个人的兴趣点又是有限的。如何在大海里捞针,不能没有工具,不能没有搜索引擎。

搜索引擎对网站的推广是利用搜索引擎、分类目录等具有在线检索信息功能的网络工具进行网站推广的方法。搜索引擎的出现,极大地方便了消费者查找信息,同时也给企业推广产品和服务创造了绝佳的机会。随着技术进步,搜索引擎的搜索效率不断提高,用户在查询资料时不仅越来越依赖于搜索引擎,而且对搜索引擎的信任度也日渐提高。

(二) 产品促销

大型网站在搜索引擎检索结果中是否排名第一并不重要,但搜索引擎对于产品推广是很重要的。因为随着时间的推移,大型电子商务网站知名度非常高,因此网址推广对大型电子商务网站已经不重要了,但对于网站上数以百万计的商品,搜索引擎的作用还是比较有效的。如在购买汽车、住房、电器等产品时,用户往往通过搜索引擎在互联网上获取基本信息。

(三) 网络品牌

搜索引擎的网络品牌价值是搜索引擎营销的网络营销功能中的一个组成部分。

(1)搜索引擎营销的首要目标是品牌推广。在搜索引擎营销应用中,61%的企业认为采用搜索引擎营销的首要目标是品牌认知,尤其是大型企业,更加注重搜索引擎对品牌推广的价值,其次体现在产品销售方面(58%),位居第三位的是为其他渠道销售提供支持(54%)。搜索引擎对企业品牌产生影响的表现网站的搜索引擎可见度对网络品牌产生直接影响。搜索引擎是用户发现新网站的主要方式之一,用户从通过某个关键词检索的结果中看到的信息,是一个企业网站网络品牌的第一印象,这一印象的好坏则决定了这一品牌是否有机会进一步被认知。

(2) 搜索引擎进行网络品牌推广的主要方式。利用搜索引擎进行网络品牌推广的主要方式包括在主要搜索引擎中登录网站、搜索引擎优化、关键词广告等。这种品牌推广手段通常并不需要专门进行,而在制定网站推广、产品推广的搜索引擎策略的同时,考虑到网络品牌推广的需求特点,采用"搭便车"的方式即可达到目的。这对搜索引擎营销提出了更高的要求,同时也提高了搜索引擎营销的综合效果。

(四) 网上市场调研

网上市场调研泛指利用互联网手段进行的各种以市场调研为目的的活动,如收集市场信息、了解竞争者情报、调查客户对产品/服务的满意度等。通过网上市场调研既可以获得第一手资料,也可以获得第二手资料。网上市场调研的方法有多种,如通过搜索引擎、网站跟踪法、加入邮件列表、在线调查表等。

利用搜索引擎强大的搜索功能也可以获得大量的第一手资料。例如,在传统的市场调研中,收集一个行业中主要竞争厂家的途径包括参加行业博览会,向厂家索取资料,收集报刊上相关新闻、广告、财务报告等。当然,这其中有一手资料,也有二手资料。现在的一手资料可以通过搜索引擎完成,是因为只要企业建立了自己的网站,并在搜索引擎进行登记,就可以找出该企业的网址,然后通过访问目标企业的网站查询相关信息,而有关该企业的新闻报道等通常也可以直接从网上查询到。

四、搜索引擎营销的目标

在不同的发展阶段,搜索引擎营销具有不同的目标,最终的目标在于将浏览者转化为真正的客户,从而实现销售收入的增加。搜索引擎营销可分为四个目标层次,可分别简单描述为:存在层、表现层、关注层和转化层。图 8-1 描述了搜索引擎营销的目标层次结构,从下到上目标依次提高。

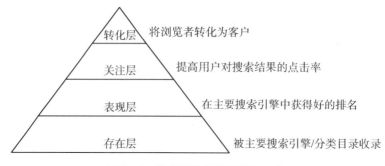

图 8-1 搜索引擎营销的目标层次

第一层是搜索引擎营销的存在层,其目标是在主要的搜索引擎/分类目录中获得被收录的机会,这是搜索引擎营销的基础,离开这个层次,搜索引擎营销的其他目标也就不可能实现。搜索引擎登录包括免费登录、付费登录、搜索引擎关键词广告等形式。存在层的含义就是让网站中尽可能多的网页获得被搜索引擎收录(而不仅仅是网站首页),也就是增加网页的搜索引擎可见性。

第二层的目标则是在被搜索引擎收录的基础上尽可能获得好的排名,即在搜索结果中有良好的表现,因而可称为表现层。因为用户关心的只是搜索结果中靠前的少量内容,如果利用主要的关键词检索时网站在搜索结果中的排名靠后,那么还有必要利用关键词广告、竞价广告等形式作为补充手段来实现这一目标。同样,如果在分类目录中的位置不理想,则需要同时考虑在分类目录中利用付费等方式获得靠前排名。

搜索引擎营销的第三层目标则直接表现在网站访问量指标方面,也就是通过搜索结果点击率的增加来达到提高网站访问量的目的。由于只有受到用户关注,经过用户选择后的信息才可能被点击,因此可称为关注层。从搜索引擎的实际情况来看,仅仅做到被搜索引擎收录并且在搜索结果中排名靠前是不够的,这样并不一定能增加用户的点击率,更不能保证将访问者转化为客户。要通过搜索引擎营销实现访问量增加的目标,则需要从整体上进行网站优化设计,并充分利用关键词广告等有价值的搜索引擎营销专业服务。

搜索引擎营销的第四个目标,即通过访问量的增加转化为企业最终实现收益的提高,可称为转化层。转化层是前面三个目标层次的进一步提升,是各种搜索引擎方法所实现效果的集中体现,但并不是搜索引擎营销的直接效果。从各种搜索引擎策略到产生收益,期间的中间效果表现为网站访问量的增加,网站的收益是由访问量转化而形成的,从访问量转化为收益则是由网站的功能、服务、产品等多种因素共同作用而决定的。因此,第四个目标在搜索引擎营销中属于战略层次的目标。其他三个层次的目标则属于策略范畴,具有可操作性和可控性的特征。实现这些基本目标是搜索引擎营销的主要任务。

第二节 搜索引擎营销的流程

搜索引擎的应用其实很简单,我们都有过使用搜索引擎检索信息的经历。所以,理解搜索引擎营销的基本原理也不困难。只要对用户利用搜索引擎进行检索的过程进行简单的分析并进行推广就可以发现它的基本规律。

一、搜索引擎营销的基本过程

搜索引擎营销得以实现的基本过程如下:第一,企业将信息发布在网站上成为以网页形式存在的信息源;第二,搜索引擎将网站/网页信息收录到索引数据库;第三,用户利用关键词进行检索(对于分类目录则是逐级目录查询);第四,检索结果中罗列相关的索引信息及其链接 URL;第五,根据用户对检索结果的判断选择有兴趣的信息并点击 URL 进入信息源所在网页。

这样便完成了企业从发布信息到用户获取信息的整个过程,这个过程也说明了搜索引擎营销的基本原理,而搜索引擎营销的信息传递过程是:网络营销信息源、搜索引擎收录信息源、用户检索,反馈搜索结果、对检索结果进行判断、点击检索结果 URL、进入网络营销信息源。

在上述搜索引擎营销过程中,包含了五个基本要素:信息源(网页)、搜索引擎信息索引数据库、用户的检索行为和检索结果、用户对检索结果的分析判断、对选中检索结果的点击。对这些因素以及搜索引擎营销信息传递过程的研究和有效实现就构成了搜索引擎营销的基本内容。

扩展阅读

手机百度:"让每一分都有意义"高考项目

2013年年底,中国互联网三大巨头中的阿里和腾讯正式打响了移动端争夺战。在此情景下,百度也急需以领先的技术开发出能够满足刚性需求的产品,获取移动入口流量,增值并巩固用户,增加"手机百度"App的下载量,培养用户并占领未来移动搜索市场。鉴于高考是一个颇受大众青睐的话题,且每年都有一定考生由于信息闭塞、志愿扎堆而致使落榜的情况。对此,百度将此次营销的入口定位于高考项目。

1. 准备阶段

2013年高考之后,百度发现了广大考生在填报志愿时信息获取渠道受限这一问题,便开始筹划利用大数据做出一款帮助2014年高考考生选择志愿的产品。

2. 预热和活动阶段

百度在2014年考前推出《手机百度2014高考蓝皮书》,发布了一系列专业数据,并于高考成绩公布后及时在新浪微博、腾讯网等网络平台上传播平面创意。同时,百度还借势央视等权威媒体及门户类、专业类网站的软文宣传此次活动,突显权威性与公益性,迅速引爆了话题。考生用手机百度搜索"高考""高校热力图"等与高考相关信息时,手机百度会自动进入"高校热力图"的活动页面,获得有关高校的信息、分数分布状况、热门专业等,它还会根据考生的实际情况提供一些建议。

3. 营销效果

"高校热力图"程序PV量超过160万,"高考"百度指数较2013年提升了近3倍,"百度"百度指数上涨40%,手机百度指数上涨31%。

(资料来源:《网络营销与案例分析》,西安电子科技大学出版社)

二、搜索引擎营销的基本任务

完整的搜索引擎营销过程包括下列五个基本任务。

(1)构造适合于搜索引擎检索的信息源。

(2)创造网站、网页被搜索引擎收录的机会。

(3)让网站信息出现在搜索结果中的靠前位置。

(4)以搜索结果中有限的信息获得用户关注。

(5)为用户获取信息提供方便。

三、搜索引擎营销的步骤

(一)目标:营销目的和策略的确定

受到行业差异、市场地位、竞争态势、产品生命周期、消费人群特性等因素的影响,营销目的和策略差异很大,但又对后续工作有着深远的影响。所以在推广流程的开始,需要明确以下信息:推广定位(提升品牌知名度、提升品牌形象或产品促销等)、目标受众(白领、学生、IT从业人员等)、推广策略(是让公司网站获得更多的流量或注册,还是带来更多的订单)等多个方面。

(二) 分析:关键词数据和历史数据分析

根据目标受众确定关键词范围,分类整理,并估算不同类型关键词的搜索量,从而洞察受众在搜索引擎上的特性,并判定搜索营销机会。通过历史数据辅助估算消费、效果和趋势。如通过分析发现原定策略有不足之处,可对策略进行调整。

(三) 计划:词表与网站的确定并制定合理目标

确定费用、时间、资源等限定因素,基于营销目的和策略,选定最佳推广组合方案,确定投放使用的关键词表。通过营销方案和关键词流量、费用、效果预估,再配合历史数据,为推广活动设置合理的效果基准点,如总体访问量、平均单击费用、转化量、转化成本、平均访问停留时间等。如果是较长时间的投放,则需要将标准与推广相关各方达成共识。根据之前对目标受众搜索兴趣点完成网站的设计和制作,撰写相关创意,设定并测试效果监测系统。

(四) 执行:实施及监测广告投放效果

协调各方及时在营销平台上开通账户、上传方案并按时开通上线。实施每日投放数据和效果数据的密切监测和席位调整,保持稳定的投放,避免大幅度波动。

(五) 优化:推广数据分析与优化

每周、每月、每季度或在指定时间跨度进行数据汇总,生成报告,陈述当前形势,进行趋势和效果的数据分析,与推广标准进行比对,指出取得的成绩与不足。

基于历史数据、投放数据、效果数据分析及对市场认识的更新,有步骤地调整关键词、创意、账户结构、网站结构和内容、运营流程等不同层级,以达到或超越之前的推广标准。如有不可控因素存在或预期与实际情况差异较大,需要回到目标制定步骤进行基准点的调整,并与各方达成共识。

基于数据报告和分析得到的结论,制定优化方案,取得各方确认后实施。需要注意的是,优化不仅仅是对最初计划的裁剪,还需要基于新的数据分析和市场洞察设计新的尝试方向,使整个推广活动进入吐故纳新的正向循环,充分挖掘市场的潜力。

第三节 搜索引擎营销的方法

搜索引擎营销策略包括免费搜索引擎推广方法和收费搜索引擎广告,免费方法如分类目录登录、基于自然检索结果的搜索引擎优化排名、网站链接等,付费搜索引擎广告则包括关键词广告及其优化和效果管理,搜索结果页面位次排名等。

一、登录分类目录

(一) 分类目录的概念

分类目录是将网站信息系统地分类整理,提供一个按类别编排的网站目录,在每类中,排列着属于这一类别的网站站名、网址链接、内容提要,以及子分类目录,可以在分类目录中逐级浏览寻找相关的网站,分类目录中往往还提供交叉索引,从而可以方便地在相关的目录之间跳转和浏览。

分类目录和搜索都是用户查找网站信息的工具。区别在于查找信息的方式不同,分类目录是把同一主题网站信息放在一起并按一定顺序排列,通过主题目录层层找到的,如搜狐的分类目录;而搜索是用户不通过目录,直接用关键字词来查询,找出与某关键字词对应的所有网站信息(并按其相关性排列),如百度搜索。

现在的搜索引擎是从早期的分类目录演变而来的,分类目录曾经在网络营销中发挥了巨大的作用。在1998年之前的网络营销中,能够成功地将网站登录到雅虎等著名分类目录,几乎就意味着网络营销的成功。在以前网站信息相对较少的情况下,分类目录网站为用户获取信息提供了极大的方便。分类目录是搜索引擎营销常用的方法之一。

(二) 分类目录的特点

(1) 通常只能收录网站首页(或者若干频道),而不能将大量网页都提交给分类目录。

(2) 网站一旦被收录将在一定时期内保持稳定,有些分类目录允许用户自行修改网站介绍等部分信息。

(3) 无法通过"搜索引擎优化"等手段提高网站在分类目录中的排名。

(4) 对于付费分类目录登录,通常需要交纳年度费用。如果希望继续保持在分类目录中的地位,就不要忘记定期交费。

(5) 在高质量的分类目录登录,对于提高网站在搜索引擎检索结果中的排名有一定价值。

(6) 由于分类目录收录大量同类网站,并且多数用户更习惯于用搜索引擎直接检索,因此仅靠分类目录被用户发现的机会相对较小,难以带来很高的访问量,通常还需要与其他网站推广手段共同使用。

(三) 分类目录对网络营销的价值

(1) 通过分类目录获取的网站基本信息的真实性相对较高。网站信息经过分类目录管理员人工审核,避免了网站描述信息的虚假性,这是分类目录的特点之一。尤其一些大型门户网站的分类目录,对收录网站有明确的规定,只有符合收录标准的网站才可能出现在分类目录中。由于这种可信度高的特点,网站登录在重要分类目录上则成为体现一个网站品牌形象的一种方式。

(2) 分类目录中的网站信息可以作为行业分析和竞争者分析的样本来源。分类目录收录网站是按照行业和地区等特征进行分类的,在同一个目录下收录了具有相关行业特征的同类网站,由于这些网站并不是按照搜索引擎常用的网页级别进行排名,所以网站的排列更具有分散性,以此为基础进行的网站抽样行业分析更具有代表性。

(3) 分类目录对网站推广的价值。高质量的分类目录对网站推广的价值是比较明显的,获得潜在用户也是网站登录分类目录的基本目标。由于分类目录对网站进行排序有自己设定的规则,并不一定像技术型搜索引擎那样按照网站的PR值排,这样就可能为一些在专业优化设计水平不高的网站提供被用户发现的机会。

(4) 分类目录对网站网页排名(PR)值的作用。一些搜索引擎主要以网站PR值作为搜索结果中网页排名的依据,而影响网站PR值的因素之一是网站的外部链接,因此在大型分类目录网站登录可以获得PR值方面的作用,这对于网站在其他基于超链接分析的技术型搜索引擎中增加排名优势是有帮助的。

（四）分类目录对用户获取信息的缺点

（1）用户需要根据目录逐级点击对所期望的信息，但并不一定能发现自己需要的信息。要查找某个网站，用户首先需要估计其所在的目录分类，并逐级点击查询，但各个分类目录的分类方式并不相同，所以在一定类别目录中并不一定有用户期望的信息。

（2）分类目录收录的网页数量有限。尽管从理论上可以将一个网站的多个网页提交给分类目录，但分类目录管理员一般不可能将同一个网站的大量网页分别收录，因此分类目录的网页数量是有限的。而一个网站往往拥有多个网页，这些网页并不一定能通过网站首页的信息体现出来，因此每个网站仅仅收录有限的摘要信息，不可能包括该网站的全部重要信息。

（3）难以在大量同类网站中尽快获得有价值的信息，更无法获得准确信息。同一行业或者同一主题的网站可能很多，用户很难在多个网站中准确判断究竟哪个网站才是最有价值的；当对书籍的具体名称、核心内容、作者或者出版社等信息有限定时，传统的分类目录对此几乎无能为力。

（4）有些网站并不登录分类目录。由于部分分类目录实行收费政策，加上有些网站建成之后缺乏积极推广的意识，导致大量网站并不出现在分类目录中。用户希望查找的网站信息并不一定能够通过分类目录获取，降低了分类目录对用户获取信息的价值。

（5）网站信息无法得到及时更新，网站信息有效性低。网站信息时效性差是分类目录最致命的缺陷，对分类目录的网络营销价值有极大的影响。一个网站一旦被分类目录收录，网站的标题和摘要信息等就无法得到及时更新。因为有些网站经过一段时间的运营之后，可能经营领域同当时提交给分类目录的信息有很大差异，有些网站甚至可能已经关闭，有些域名处于被出售状态或者被重新定向到其他网站等。

所以，分类目录虽然作为搜索引擎营销常用的方法之一，有一定的网站推广价值，但其限制因素也是非常明显的。因此，分类目录往往与其他搜索引擎营销方法同时采用，仅仅依靠分类目录是远远不够的。

（五）登录分类目录的方法

1. 免费登录

免费登录分类目录的模式和目录式搜索引擎相对应，用户按照搜索引擎的页面设置要求，提供相应的信息，存入搜索引擎的分类目录，来达到点击的目的。搜索引擎页面设置主要包括地址链接、网站名称、关键词和联系人的一些基本信息及网站的一些基本介绍。此类营销模式也需要人工进行审核，原理同分类式搜索引擎相对应，企业提交信息到搜索引擎，工作人员用心甄别、复查，如果内容合格，则存入分类库，否则将返回重新修改，等待下一次的提交，但这个周期是漫长的，操作比较烦琐，但这关键的一步不可取消。合格后的网页链接到后台分类库等待目标客户的访问，只要有访问请求，程序就会链接到网页，但排名前后是一定的，要考虑网站自身质量并结合其他的外界因素来排名，以此来确定在网页中的位置。

2. 付费登录

付费登录分类目录属于搜索引擎营销的主要模式之一。尽管搜索引擎营销已经经历了四个发展阶段，但每个阶段的搜索引擎营销方式并非是完全排斥的，通常是在保持前一阶段依然有效的方法的基础上,出现了新的搜索引擎模式。

类似于原有的免费登录,仅仅是当网络交纳费用之后才可以获得被录用的资格。与分类目录网站的总体趋势一样,曾经有一定影响力的付费登录分类目录方式目前也已经越来越少,因而也只是作为一种参考方法。

(六) 登录分类目录的技巧

登录分类目录是网站建成后非常基础、重要的工作,尤其登录几大主要分类目录,其重要性不在于访问者是否通过目录链接找到网站,而主要在于通过这些目录网站获得了重要的、高质量的外部链接,这对于网站提高排名具有重要的作用。

目前,对于中文网站来说,最重要的分类目录有以下几个:开放式目录 ODP、Yahoo!、门户搜索引擎目录搜狐、网易、新浪。可以分为免费登录和付费登录两种情况,无论是免费还是付费,都须通过手工输入登录。

最著名最重要的登录是全球最大的开放式目录库 Open Directory Project(www. dmoz. org)。ODP 的宗旨是:建立网上最全面、权威的目录,以及建立一个被公众认为高质量的资源库。在这一宗旨下,全球志愿编辑员选择高质量内容的网站核准进入分类目录。由于 Google 等重要搜索引擎都采用 ODP 的数据库,是 Google 每月一次深度索引的基础,因此向 ODP 提交网页成为每个网站完成后的首要工作。登录 ODP 目录是免费的,但要接受较为严格的人工审核和较长时间的等待,并且最后可能网站登录不成功,还要经历反复提交的过程。

由于 DMOZ 目录在网站排名中举足轻重的作用,使得越来越多良莠不齐的网站向 DMOZ 提交或违规提交,而志愿加入的人工编辑队伍中出现以权谋私的现象和素质不高的情况,诸多因素使得现在登录 DMOZ 非常困难,没有一个网站敢保证被 DMOZ 收录。因此,要确保登录成功,唯一的办法是小心谨慎地完全遵守 DMOZ 登录条款。以下是必须遵守的提交注意事项。

(1) 确保网站内容是原创而非转载、镜像或复制。如果你的网站内容只是一些会员制产品、服务信息及链接或大量拷贝其他站点内容,那么你的网站极有可能被 DMOZ 拒绝。即使对已经收录的站点,一旦发现它们是镜像、复制或非原创,DMOZ 也会将其从目录中剔除。所以务必在网站中加入产品或服务的原创介绍信息。

(2) 不要采用虚假、作弊和夸张的手段。被搜索机器人反感的做法,同样被目录编辑拒之门外。下文将有专门章节讲到什么是搜索引擎作弊行为。网站说明中任何虚假、夸张的文字都会遭到拒绝。对违法性内容,也是不会收录的。

(3) 确保网站外观的良好性。如果网站内容出现大量拼写错误、死链接或"正在建设中"的字样,或者下载缓慢,都会阻碍编辑对你的网站的收录。此外,对于来自免费主机的网站,被 DMOZ 收录的机会很少。

(4) 确保网站中包含具体联系信息。一个 DMOZ 编辑称,如果他在网站中找不到实际联系地址或电话号码,他就会认为这个网站不具备可信度。因此,如果你的网站中只有一个 E-mail 地址作为联系信息,是极不利于收录成功的。

(5) 确保网站提交到正确的目录。选择合适的分类目录及子目录是网站提交的核心。很多网站登录失败只是由于提交选择的目录不正确所致。所以在提交网站之前,必须先浏览整个目录,最好也了解一下竞争对手的网站都放在哪个目录下。确认之后,才可在该目录页面右上角点击"提交网页"。

（6）记下提交日期、目录名和编辑邮箱。向 ODP 提交完你的网站后，记下提交的日期及目录。如果你提交的那个目录下有编辑员信息，最好把编辑的名字和邮箱也记下来。这些信息，对于你需要询问提交网站的处理状态或再次提交时，非常有用。

（7）不要多次重复提交网站。因为编辑是根据网站的提交日期顺序进行处理的，一个目录下往往有很多网站在队列中等候审批。从提交成功到最后收录，最快也要两周时间，最晚的甚至要等到半年以后。因此，你需要耐心等待结果。如果网站非常庞大，且拥有很多不同内容的分支时，你可以尝试将不同内容的网页分别向 DMOZ 下的相应目录进行提交。

一旦 DMOZ 收录了你的网站，那很快就可以被 Google、Lycos、Netscape、AOL、HotBot DirectHit 等一些大型搜索引擎和门户网站收录。其他的重要免费目录包括 Yahoo! 目录。Yahoo! 是最早开始做分类目录的网站，直到今天登录 Yahoo! 目录也是网站推广的重要环节。Google 把来自 Yahoo! 目录的链接作为网站排名的重要分值。

二、搜索引擎优化

（一）搜索引擎优化的概念

搜索引擎优化，又称为 SEO，即 Search Engine Optimization，它是一种通过分析搜索引擎的排名规律，了解各种搜索引擎怎样进行搜索、怎样抓取互联网页面、怎样确定特定关键词的搜索结果排名的技术。搜索引擎采用易于被搜索引用的手段，对网站进行有针对性的优化，提高网站在搜索引擎中的自然排名，吸引更多的用户访问网站，提高网站的访问量，提高网站的销售能力和宣传能力，从而提升网站的品牌效应。

网站搜索引擎优化任务主要是认识与了解其他搜索引擎怎样紧抓网页、怎样索引、怎样确定搜索关键词等相关技术后，以此优化本网站内容，确保其能够与用户浏览习惯相符合，并且在不影响用户体验的前提下使其搜索引擎排名得以提升，进而使该网站访问量得以提升，最终提高本网站宣传能力或者销售能力的一种现代技术。基于搜索引擎优化处理，其实就是为让搜索引擎更易接受本网站，搜索引擎往往会比对不同网站的内容，再通过浏览器把内容以最完整、直接及最快的速度提供给网络用户。

（二）搜索引擎优化的优势

1. 价格优势

长期看来，相比于关键词推广来说，搜索引擎优化需要做的只是维护网站，保证网站具有关键词优势的过程，并不需要为用户的每一次点击付费，因此比竞价排名要便宜许多。另外，搜索引擎优化可以忽略搜索引擎之间的独立性，即使只针对某一个搜索引擎进行优化，网站在其他搜索引擎中排名也会相应提高，达到了企业在关键词推广中重复付费才能达到的效果。

2. 管理简单

如果企业将网站搜索引擎优化的任务交给专业服务商，那么企业在网站管理上基本不需要再投入人力，只需不定期观察企业在搜索引擎中的排名是否稳定即可。而且，这种通过修改自身达到的自然排名效果，让企业不需担心恶意点击的问题。

3. 稳定性强

企业网站进行搜索引擎优化之后,只要网站维护得当,那么在搜索引擎中排名的稳定性也非常强,很长时间都不会变动。

(三) 搜索引擎优化的流程

搜索引擎优化就是通过对网站栏目结构和网站内容等基本要素的优化设计,提高网站对搜索引擎的友好性,使网页能够尽可能多的被搜索引擎抓取收录,并使网站在搜索结果中获得较好的排名。在网站进行搜索引擎优化时,大致要经过以下几个流程。

(1) 确定网站的关键词:关键词的选择是优化过程中极为重要的一个环节,关键词分析包括:关键词关注量分析、竞争对手分析、关键词与网站相关性分析、关键词布置、关键词排名预测。

(2) 关键字词密度的控制:最好使用语句和短语来包含关键词,关键词一定要在网站内容页中出现。

(3) 添加特定的标签:标签里最好能包含关键词,对于不同的网页内容,需要琢磨出合适的标签以提高搜索引擎的机器人对网站的覆盖范围,并据此分辨出网站的有效主题。

(4) 网站架构分析:网站结构符合搜索引擎的爬虫喜好则有利于 SEO 优化,网站架构分析包括:剔除网站架构不良设计、实现树状目录结构、网站导航与链接优化。

(5) 简化网站的链接层次及结构:对于网站 URL 的结构应当十分谨慎,应避免使用带有问号及其他长串字符,不然不利于搜索引擎的抓取,当然也就不大可能获得好的排名了。

(6) 网站目录和页面优化:SEO 不只是让网站首页在搜索引擎有好的排名,更重要的是让网站的每个页面都带来流量。

(7) 内容发布和链接布置:搜索引擎喜欢有规律的网站内容更新,所以合理安排网站内容发布日程是 SEO 优化的重要技巧之一。链接布置则把整个网站有机地串联起来,让搜索引擎明白每个网页的重要性和关键词,实施的参考是第一点的关键词布置。友情链接战役也是这个时候展开。

(8) 与搜索引擎对话:向各大搜索引擎登录入口提交尚未收录站点。在搜索引擎看SEO 的效果,通过"site:域名"查询站点的收录和更新情况。通过"domain:域名"或者"link:域名"查询站点的反向链接情况。

(9) 做好链接的导入与导出:最好不要将所有的外部链接全部都指向网站的主页,这样会导致搜索引擎重复的检索同一网页,而造成资源的浪费。

(10) 建立网站地图:根据自网站结构,制作网站地图,让网站对搜索引擎更加友好化。让搜索引擎通过 Site Map 就可以访问整个站点上的所有网页和栏目。

(11) 高质量的友情链接:建立高质量的友情链接,对于 SEO 优化来说,可以提高网站PR 值以及网站的更新率,这是非常关键性的问题。

(12) 网站流量分析:网站流量的分析从 SEO 结果上指导下一步的 SEO 策略,同时对网站的用户体验优化也有指导意义。

(四) 搜索引擎优化的方法

1. 内部优化

SEO 是个系统工程,需要大量的积累和尝试。网址内部优化主要有以下几个方面。

(1) 网站内部的链接结构。尽量改变原来的图像链接和 flash 链接,而使用纯文本链接,并定义全局统一链接位置。

（2）标题 title 的重新定位。标题中需要包含有优化关键字的内容,同时网站中的多个页面标题不能雷同,起码要能显示"关键字——网站首页——一段简单的含关键字的描述"类型。标题一旦确定就不要再做修改。

（3）每个页面包含有关键字并保持一定的频率。简单做好了内容结构的调整之后,立即到搜索引擎登录,希望能尽早收录新标题和新描述。

（4）网站结构做细节调整。假设因为原有网站为形象页面,使用了较多的 flash 和图像,这些网页元素不利于搜索引擎的收录,所以需要在该网页的下方加了三栏,分别是相关的公司简介、关键字产品新闻和公司的关键词产品列表,并对该三栏的内容添加 URL。当然,最好的方法是使用新闻系统更新关键词产品新闻。可以做一个从首页链接跳转至一个单页面作为关键字的详细描述,该页面的描述内容包含了公司关键词产品列表链接。这些都是为了形成企业站点内的网状结构。

（5）资源应用。对网站结构大致调整好了以后,就可以利用一些资源扩展外部链接了。首先是可以开通百度空间,空间域名就使用公司产品的关键字,同时进行公司原网站信息的转载,附带公司网址,让百度 robot 在第一时间访问本站点。其中还有一个技巧:使用该空间的用户账号去随机访问百度空间内的其他用户,以获得回访,这样蜘蛛到达的效果会更好。提示:在百度空间、贴吧、知道发表的时候记得要附带链接信息,方便互访,提高访问量。

2. 外部优化

外部 SEO 也称为站外优化,也可以说是脱离站点的搜索引擎技术,命名源自外部站点对网站在搜索引擎排名进行影响,而这些外部的因素是超出网站的控制的。最有用、功能最强大的外部站点因素就是反向链接,即我们所说的外部链接。毫无疑问,外部链接对于一个站点被收录进搜索引擎结果页面起到了重要作用。那么如何产生高质量的反向链接呢?

（1）外部链接类别:友情链接、博客、论坛、B2B、新闻、分类信息、贴吧、知道、百科、站群、相关信息网等,应尽量保持链接的多样性。

（2）外链运营:每天添加一定数量的外部链接,使关键词排名稳定提升。

（3）外链选择:与一些和网站相关性比较高,整体质量比较好的网站交换友情链接,巩固稳定关键词排名。

（4）利用问答平台:知乎问答、搜狗问答、360 问答、天涯问答、百度知道等。

3. 网站数据统计分析

（1）网站流量统计分析:利用 CNZZ 数据专家或者百度统计工具,分析和统计网站流量。

（2）网站浏览页面和入口分析:分析网站中浏览量最高的页面,并查看客流是从哪个页面进入到网站的。

（3）搜索引擎和关键词分析:分析各个搜索引擎所带来流量的占比,并分析客流是通过什么关键词来到网站的。

（4）网站收录情况监控:总收录量、近期收录、收录速度、关键次排名、蜘蛛抓取是否正常。

（五）搜索引擎优化的策略

（1）主题要明确,内容要丰富。在设计制作网站之前,要清晰设定网络的主题、用途和内容。根据不同的用途来定位网站特性,可以是销售 SEO 平台也可以是宣传网站,网站主题须明确突出,内容丰富饱满,以符合用户体验为原则。对于一个网站来说,优化网站的主题与实际内容才是最为重要的。一个网站需要有鲜明的主题,丰富的与主题相关的内容,专注于某些领域的变化,及时更新。

(2) 引出链接要人气化。搜索引擎判断网站的好坏的一个标准是外部链接的多少以及所链接的网站质量。创建有人气化的、有意义的引出链接,提高链接广泛度,既能提高在搜索引擎的排名,同时也可以起到互相宣传的作用。研究表明:当一个网站的链接 PR 值达到 4~6,那么这个网页的访问量比较好;当链接 PR 值达到 7 以上,那么网站的质量与知名度就都很优秀了。如果一个网页被其他网页链接得越多,那么该网页越有可能有最新和最有价值的高质量网页。尽可能增加与行业网站、地区商务平台和合作伙伴网站之间的链接,被 PR 值高的网站引用能更快地提高本站的 PR 值;同时开发人员可以在访问量较大、PR 值较高的网站上发表与网站主题以及业务相关的信息,用户在别的网站看到这些信息,进而访问该网站,即可通过外部链接来提高该网站的访问量。

(3) 关键词设定要突出。网站的关键词非常重要,它决定了网站是否能被用户搜索到,因此在关键词的选择上要特别注意。关键词的选择必须突出,遵循一定的原则,如:关键词要与网站主题相关,不要一味追求热门词汇;避免使用含义很广的一般性词汇;根据产品的种类及特性,尽可能选取具体的词;选取人们在使用搜索引擎时常用到与网站所需推广的产品及服务相关的词。5~10 个关键词数量是比较适中的,密度可为 2%~8%。要重视在标题(Page Title)、段落标题(Heading)这两个网页中最重要最显眼的位置体现关键词,还须在网页内容、图片的 alt 属性、META 标签等网页描述上均可不同的程度设置突出关键词。

(4) 网站架构层次要清晰。网站结构上尽量避免采用框架结构,导航条尽量不使用 FLASH 按钮。首先要重视网站首页的设计,因为网站的首页被搜索引擎检测到的概率要比其他网页大得多。通常要将网站的首页文件放在网站的根目录下,因为根目录下的检索速度最快。其次要注意网站的层次(即子目录)不宜太多,一级目录不超过两个层次,详细目录也不要超过四个层次。最后,网站的导航尽量使用纯文字,因为文本要比图片表达的信息更多。

(5) 页面容量要合理化。网页分为静态网页与动态网页两种,动态网页即具有交互功能的网页,也就是通过数据库搜索返回数据,这样搜索引擎在搜索时所费的时间较长,而且一旦数据库中的内容更新,搜索引擎抓取的数据也不再准确,所以搜索引擎很少收录动态网页,它的排名结果也不太好。而静态网页不具备交互功能,即单纯的信息介绍,搜索引擎搜索时所费时间短,而且准确,所以它愿意收录,排名结果也比较好。所以网站要尽量使用静态网页,减少使用动态网页。网页容量越小、显示速度越快,对搜索引擎蜘蛛程序的友好度越高,因而在制作网页的时候要尽量精简 HTML 代码,通常网页容量不超过 15 kB。网页中的 Java Script 和 CSS 尽可能和网页分离。应该鼓励遵循 W3C 的规范使用,更规范的 XHTML 和 XML 作为显示格式。

(6) 网站导航要清晰化。搜索引擎是通过专有的蜘蛛程序来查找出每一个网页上的 HTML 代码的,当网页上有链接时就逐个搜索,直到没有指向任何页面的链接。蜘蛛程序需要访问完所有的页面,需要花费很长的时间,所以网站的导航需要便于蜘蛛程序进行索引收录。可根据自己的网站结构,制作网站地图 sitemap. html,在网页地图中列出网站所有子栏目的链接,并将网站中所有的文件放在网站的根目录下。网站地图可增加搜索引擎友好度,可让蜘蛛程序快速访问整个站点上的所有网页和栏目。

（7）网站发布要更新。为了更好地实现与搜索引擎对话,可以将经过优化的企业网站主动提交到各搜索引擎,让其免费收录,争取较好的自然排名。一个网站如果能够进行有规律地更新,那么搜索引擎更容易收录。因而合理地更新网站也是搜索引擎优化的一个重要方法。

（六）搜索引擎优化的发展问题

搜索引擎优化技术随着互联网的发展迅速崛起,但是搜索引擎优化到底路在何方,却让很多站长迷茫彷徨。中国的搜索引擎优化技术发展道路上,尚存在着诸多的盲点,具体如下。

（1）关键词排名乱收费。搜索引擎优化行业刚刚起步发展,竞价关键词没有统一的标准,于是就会出现乱收费的现象。从而导致恶意竞争,把整个行业收费标准搞得一片混乱。一般的搜索引擎优化服务公司都会发誓保证网站的排名,但是网络变幻无常,谁也不知道它会变成怎样,砸出去的广告费很多时候都成了"肉包子打狗"。

（2）SEO效果不稳定。做过搜索引擎优化排名的站长都清楚,排名上下浮动是很正常的。比如,今天给一个客户优化网站,它排在首页,第二天让客户验收的时候它却跑到第二页去了,出现这样情况的时候很多。搜索引擎在不断地变换自身的排名算法,这也相对增加了搜索引擎优化的难度。

（3）首页排名的局限性。搜索引擎首页的位置是有局限的,首页的自然排名就10个位置,要竞争的就是这10个位置。具体来说没有10个位置,比如百度:百度自己的产品要占1～2个位置,有时候会占到3个位置,全是百度的产品。最多也就是7～8个位置是用优化方式能达到的。所有的人都在竞争这几个位置,比如一共有11家在做优化,不管怎么优化都会有成功的,有不成功的。这是做搜索引擎优化的一个不足之处。

（4）面临遭受惩罚的风险。网站优化稍有不慎就会被搜索引擎惩罚。所以对于搜索引擎优化技术,还需要加强,避免不当的手段而导致不必要的后果。

鉴于种种困境因素,对于搜索引擎优化工作的执行,在未来一段时间内可能都会处于摸索迷茫状态,因此面临各种困境,搜索引擎优化工作人员能否顺利度过困难期,决定着中国搜索引擎优化能否在未来取得更好的发展。

三、关键词广告

（一）关键词广告的概念

关键词广告(adwords)也称为"关键词检索",是指显示在搜索结果页面的网站链接广告,属于CPC(cost per click)收费制,即按点击次数收取广告费。简单来说,就是当用户利用某一关键词进行检索,在检索结果页面会出现与该关键词相关的广告内容。由于关键词广告是在特定关键词的检索时,关键词广告才出现在搜索结果页面的显著位置,所以其针对性非常高,被称为性价比较高的网络推广方式。

关键词广告是搜索引擎服务商的主要盈利模式。广告本质上属于网络广告的范畴,是网络广告的一种特殊形式。关键词广告具有较高的定位程度,可以提供即时的点击率效果,可以随时修改关键词,收费也比较合理,因而逐渐成为搜索引擎营销的常用形式。开展关键词广告,最重要的是选好关键词,关键词选得好,不但可使广告费花在刀刃上,而且能最大限度地吸引专业客户。打关键词广告,客户可以自定每天的点击次数,一旦超过,就自动停止,以便控制广告费预算。

(二) 关键词广告的特点

关键词广告是目前最广泛的付费搜索引擎推广模式,这与关键词广告自身的特点密不可分。

(1) 关键词广告是"立竿见影"的网络推广模式。搜索引擎是目前用户获取信息的主要渠道,只要投放了关键词广告,当用户搜索时,企业的推广信息会立刻出现在搜索结果页面,广告显效快,远比搜索引擎优化效果更为直接。而且由于广告展示在自然搜索结果前列,用户关注程度更高,对于竞争性激烈的行业,关键词广告的优势更为显著。

(2) 搜索引擎关键词广告的灵活自主性。由于关键词广告管理系统的功能越来越强大,广告用户可以实现灵活自主地广告投放,包括广告投放的区域、时段、每天每月最多消费金额等。

(3) 按有效点击次数付费,推广费用相对较低。按点击付费是搜索引擎关键词广告模式最大的特点之一,对于用户浏览而没有点击的信息,将不必为此支付费用,相对于传统展示类网页网络广告按照千人印象收费的模式来说,更加符合广告用户的利益,使得网络推广费用相对较低,而且完全可以自行控制。因此搜索引擎广告成为各种规模的企业都可以利用的网络推广手段。

(4) 关键词广告的用户定位程度较高。由于关键词广告信息出现在用户检索结果页面,与用户获取信息的相关性较强,因而搜索引擎广告的定位程度高于其他形式的网络广告。而且由于用户是主动检索并获取相应的信息,具有更强的主动性,符合网络营销用户决定营销规则的思想,属于绿色健康的网络营销模式。

(5) 关键词广告形式简单,降低了广告制作成本。关键词竞价的形式比较简单,通常是文字内容,包括标题、摘要信息和网址等要素。关键词不需要复杂的广告设计,因此降低了广告设计制作成本,使得小企业、小网站,甚至个人网站、网上店铺等都可以方便地利用关键词竞价方式进行推广。

(6) 关键词广告投放及管理效率较高。关键词广告推广信息不仅形式简单,而且整个投放过程也快捷,大大提高了投放广告的效率,与其他广告模式相比,关键词广告管理更为高效。

(7) 关键词广告引导用户到达页面的针对性更强。关键词广告所链接的页面,通常被称为着陆页,即广告用户到达的第一个页面。关键词广告所链接的 URL 由广告主自行设定,可以引导用户来到任何一个期望的网页,当然更加理想的方式是广告设置一个专门的着陆页。在自然检索结果中,搜索引擎收录的网页信息是网站运营人员无法自行确定的,出现哪个网页无法自行选择,因而这也是关键词广告针对性更强的一个原因所在。

(8) 关键词广告效果易于统计。当购买了关键词广告服务之后,服务商会为广告用户提供一个管理入口,可以实时在线查看推广信息的展示、点击情况以及广告费用消息信息,经常对广告效果统计报告进行记录和分析,对于积累搜索引擎广告推广的经验、进一步提高推广效果具有积极意义。

(9) 关键词广告是搜索引擎优化的补充。搜索引擎优化是网站基本要素优化的反映,通常无法保证很多关键词都能在搜索引擎检索结果中获得好的排名优势,尤其是当一个企业拥有很多产品线时,搜索引擎优化难以做到覆盖面很广,这时采用关键词广告推广是对搜索引擎自然检索推广的有效补充,综合利用关键词广告与搜索引擎优化更有利于提升搜索引擎营销的效果。

(10) 关键词广告可增加网络营销竞争壁垒。搜索引擎营销的竞争是对搜索引擎可见度资源的竞争。利用关键词广告及搜索引擎优化的搜索引擎营销组合策略占据有限的搜索结果推广空间,也是一种合理的网络竞争方式,有助于增加网络营销的竞争壁垒。因此,策略性关键词广告投放也是企业竞争战争的需要。

(三) 关键词广告的分类

1. 固定排名广告

1) 固定排名广告的概念

固定排名广告是指当用户进行关键词检索时,企业按照预先支付给搜索引擎的固定排名广告费,在用户检索结果的相关固定位置出现企业的网站。

2) 固定排名广告的优势

固定排名广告作为一种付费的搜索引擎营销模式,有它的优势。

第一,操作简单,管理方便。不需要过多的搜索引擎营销专业知识。广告信息出现在搜索结果页面的固定位置,定期支付固定的费用,只要定期查看统计报告、分析推广效果即可,而且不用担心点击次数的多少是否会引来营销费用的增减。这为营销预算充裕但缺乏搜索引擎营销专业人员的企业提供了便利。买的词少,管理起来比较方便。一般固定排名,费用较高,企业不会大规模购买关键词,一般会购买行业通用词,因此购买的数量不会太大,管理起来比较容易。

第二,对竞争对手在关键位置的推广起到阻击作用。企业用户一旦购买了某个广告位置,将在整个购买期间(通常为一年)内一直占据该位置。这样企业的竞争对手就无法在这个位置做推广。

3) 固定排名广告的弊端

当然固定排名的弊端也很明显。主要表现就是固定排名的灵活性差。企业购买搜索引擎关键词固定排名的服务期限是固定的,通常为一年。企业即使在购买期限内发现某些关键词效果不好,也将无法更改。根据关键词的购买期限和热门程度,固定排名的关键词费用一般较高。如果企业购买的某个关键词被用户检索的机会少,实际上就造成了营销费用的浪费。由于固定排名的单个关键词价格一般较高,企业为了提高点击率节省营销费用一般会选择行业性和含义较广的关键词。而随着用户使用搜索引擎经验的增加,为了搜索到更加精确的信息,越来越多的用户使用各种各样的含义狭窄的个性化的关键词进行检索。这样固定排名就很难把握到用户的搜索习惯,而达不到较好的营销推广效果。

固定排名广告不是搜索引擎营销的主要模式,企业要想获得较好的营销效果,应和其他的搜索引擎营销模式结合起来使用。

2. 竞价排名广告

1) 竞价排名广告的概念

竞价排名广告是一种按效果付费的网络推广方式,它的营销方式由百度在国内率先推出,之后包括谷歌、雅虎在内的国内著名搜索引擎网站全部使用了竞价排名的营销模式,其中百度的竞价排名收入已经达到了其总收入的 90% 以上。

竞价排名按付费最高者排名靠前的原则,对购买了同一关键词的网站进行排名的一种方式。其具体做法是,广告主在购买该项服务后,通过注册一定数量的关键词,按付费最高者排名靠前的原则,购买了同一关键词的网站按不同的顺序进行排名,出现在用户相应的搜索结果中。搜索引擎用户需要浏览分类目录或输入关键词才能找到其想要的信息,这是一个对用户自然分流及筛选的过程,因此这些用户最具有针对性。竞价排名服务一次点击只需按系统针对分类目录和关键词自动给出的起始竞价价格出价,提交的竞价信息就可能出现在指定分类目录和关键词的前列,将得到大多数用户的点击和访问。

2)竞价排名广告的发展背景

自从 Oveture 最先创造并应用了关键字广告竞价拍卖的盈利模式之后,搜索引擎彻底解决了只有用户而没有客户的问题。企业在购买竞价排名服务之后通过注册一定数量的关键词,其推广信息就会率先出现在用户相应的搜索结果中。吸引一个潜在的客户访问,企业只需为此支付最低 0.3 元的费用。

竞价排名的优势在于参与竞价排名的企业通过把自己的信息排在显著的页面上而达到"让客户找到你"的效果。搜索引擎实现了对客户的自然分流,使客户和企业之间形成了一种互动,摆脱了传统电视、报纸广告的一对多的形式,更加有针对性地向有需要的客户推广自己的产品。同时,竞价排名的价格相对于电视的黄金时段、报纸的显著版面来说价格更加低廉。

随着网络发展及用户数量的增多,更多的中小企业认识到网络对于自我发展的重要性并开始参与到竞价排名当中来。竞价排名制度应用于搜索引擎一度被业界誉为中小企业发展的利器,创造了包括淘宝网在内的一个又一个的辉煌业绩。

3)竞价排名广告的优点

竞价排名的基本特点是按点击付费,广告出现在搜索结果中(一般是靠前的位置),如果没有被用户点击,不收取广告费。在同一关键词的广告中,支付每次点击价格最高的广告排列在第一位,其他位置同样按照广告主自己设定的广告点击价格来决定其广告的排名位置。在搜索引擎营销中,竞价排名的特点和主要作用如下。

第一,按效果付费,广告费用相对较低。

第二,广告出现在搜索结果页面,与用户检索内容高度相关,增加了广告的定位程度。

第三,竞价广告出现在搜索结果靠前的位置,容易引起用户的关注和点击,因而效果比较显著。

第四,搜索引擎自然搜索结果排名的推广效果是有限的,尤其对于自然排名效果不好的网站,采用竞价排名可以很好地弥补这种劣势。

第五,广告主可以自己控制广告价格和广告费用。

第六,广告主可以对用户点击广告情况进行统计分析。

4)竞价排名广告的缺点

第一,竞价排名会相当昂贵,尤其是对希望开拓国际市场的中国企业来说,需要在英文搜索引擎上与国际厂家竞争,在价格都以美元计算的比赛中,显然或多或少地处于不利地位。有些企业或许一开始不觉得有什么,但是随着竞争网站的不断加码,为了保持在顶端的位置不得不跟着加码。有些关键词在 Google 上的价格达到 20~30 美元/点击一次。在这个价位上,企业在回报率得不到相应提高的情况下,可能会开始亏损。

第二,竞价排名只能是暂时性的措施。企业不可能有太充足的预算来支付年复一年的广告费,而一旦广告费停付,所有的搜索引擎流量就自然消失。

第三,竞价排名具有局限性,目标针对的关键词因为着陆页的限制而受限,无法应对更广泛的关键词的搜索,要么就要以巨额广告费做代价。

第四,竞价排名会遭遇竞争对手的恶意点击,来消耗企业的广告经费。这个现象在中国很严重,在美国同样也很常见。比如,美国一家公司在印度雇用 10 个人每天点击企业的广告 100 次,就足够消耗企业的经费了。

第五,目前国内能够承担英文搜索引擎的广告公司普遍对英语的竞价广告缺乏操作经验,而且不具备 Google 和 Yahoo! 所颁发的适应英文广告的专业证书。所以,竞价排名广告是具有相当挑战性的国际营销手段,需要妥善经营,精心筹划和研究。

5) 竞价排名的选用时机

竞价排名的选用时机一般是在以下几种情况下。

第一,在搜索引擎优化的效果没有出现之前或者仅部分出现之前。为了让网站尽快地投产,竞价排名是个相对可以控制的广告支出。通过竞价排名的点击情况,我们可以为搜索引擎优化提供参考性的数据。

第二,在搜索引擎优化的效果出现之后的适当时期,可以同时展开竞价排名的广告。这个时期一般是节假日的时候,比如圣诞节到春节这样的消费旺季。在网站举行短期促销活动的时候,使用 SEO 可能来不及,这个时候使用竞价排名就是一个很好的方法。

第三,在使用 SEO 进行努力后,如果有些核心的关键字仍然不能获得较好的位置,那么就需要采用竞价排名作为补充,以免失掉重要的潜在消费者。

第四,在搜索引擎自然波动的时候,如果某些核心的关键字自然排名下降,这个时候适时地使用竞价排名来弥补,等到下一轮 SEO 工作后自然排名重新上去时再把竞价排名撤下来节省成本,这样就可以稳定网站的业务量,对各个方面都有好处。

第五,如果网站资金充裕,可以同时进行,自然排名和竞价排名同时出现并不会减低推广的效果,而且还会有一加一大于二的更好效果的出现。

第六,因为搜索引擎公司的规定和限制,有些关键字并不开通竞价排名,如品牌类关键字,这个时候只能使用 SEO 方法来进行这些特殊关键字的推广。

第七,如果是新出现的网上销售项目,并不确定是否可行或并不清楚市场的大小的时候,针对这些试验性的项目,采用竞价排名会是一个很好的市场调查方法。

3. 固定排名广告与竞价排名广告的区别

固定排名广告是相对于竞价排名广告而言的,区别就在于固定排名广告的费用固定、位置固定。固定排名广告和竞价排名广告都是关键词广告的一种形式。不同的搜索引擎服务商会采用不同的广告排名模式。有的采用固定排名广告模式,有的采用竞价排名广告模式,有的两种模式都采用。一般来说,市场占有率高,企业广告资源丰富的搜索引擎服务商采用竞价广告排名模式:而市场占有率低,企业广告资源匮乏的搜索引擎服务商采用固定广告排名模式。

(四) 关键词广告的投放流程

1. 目标：制定关键词广告的目标和策略

受行业差异、市场地位、竞争态势、产品生命周期、消费人群特性等因素的影响，关键词广告的目标和策略差异很大，所以要明确以下两点。

推广定位：塑造品牌形象、口碑、知名度或产品促销等；

目标受众：针对目标人群的精准营销，可以让关键词广告事半功倍。

2. 分析：分析关键词和历史数据

根据目标受众划分关键词范围、分类，筛选出有价值的关键词，可以发挥主观能动性或借助辅助工具来选择，节省推广成本，提高效率；

分析关键词的历史数据，通过对比、评测，预估搜索引擎营销的消费、效果和趋势，提升广告投放效果；

通过对关键词的分析，如果发现初始策略的不足之处，可以及时调整，这样不会影响到将来的广告投放计划。

3. 计划：制订推广计划

基于目标受众，完成网站设计和制作；

通过关键词和历史数据的分析，为网站推广活动设置合理的关键指标，即推广目标，比如总体访问量、平均点击费用、转化量、转化成本、平均访问停留时间等。如果是较长时间的投放，则需要将关键指标与推广与相关各方达成共识；

基于关键词广告目标和策略，考虑推广费用、时间、资源等客观因素，确定广告投放使用的关键词表，制定符合关键指标的最佳推广组合方案；

完成广告推广效果监测系统的设定与测试。

4. 执行：实施及监测广告投放效果

跟踪、评估广告投放效果，也是每天必做的功课之一。收集来自各方的数据报告，第一时间发现问题、解决问题，保持稳定的广告投放和关键词排名，避免大幅波动。

5. 优化：推广数据分析与优化

每周、每月、每季度或在指定时间跨度进行数据汇总，生成报告，陈述当前形势，进行趋势和效果的数据分析，与推广关键指标进行比对，指出取得的成绩与不足；

基于历史数据、投放数据、效果数据分析及对市场认识的更新，有步骤地调整关键词、创意、账户结构、网站构架和内容、运营流程等不同层级，以达到或超越之前制定的推广关键指标；

如有不可控因素存在或预期与实际情况差异较大，就需要调整策略或基准点，并与各方达成共识；

基于数据报告和分析得到结论，制定优化方案，取得各方确认后实施。

(五) 关键词广告的撰写技巧

用户搜索触发关键词广告推广结果时，展现在用户面前的关键词广告推广内容包括标题、描述，以及访问 URL 和显示 URL。可以从下面十个方面考虑关键词广告的撰写技巧。

（1）突出产品/服务特色、公司优势等。标题可以突出地域性标记、产品服务特点、价钱等，描述可以突出产品服务特点、公司许诺等。

（2）环绕单元主题撰写，突出检索词和实际业务之间的关系。创意撰写时要特别注意突出培训业务与推广词的关联,找到一个符合点。

(3) 包含的信息越多越详细越好,尽量避免一些无本质意义的形容语句,给用户明白的信息,帮助他们判断是否应当点击,以提高转化率。

(4) 适当添加一些号召性的词语或诉求点。例:欢迎抢购、折扣、优惠等。但相似的词语不要过多,免得占用过多有限的字符位置。

(5) 针对统一产品或服务,围绕单元主题从不同卖点撰写。针对同一种产品或服务,从不同卖点撰写,抓住潜在受众的心理,并结合点击率的研讨结果撰写。

(6) 恰当添加吻合语法的"!""?""–"等标点符号。特殊标点符号的使用对于提升点击率有一定的帮助,可以吸引用户的关注,但注意一定要合理使用,优先确保用户体验。

(7) 采取精炼的短句。避免让过长的公司全称或网站全称占用字符。撰写创意时,可以多写短句,言简意赅,同时这也符合个别用户的搜索习惯。

(8) 多种创意展现形式。可以应用创意的三行形式进行变化组合,如箭形(短是非)、矩形(同长)或梯形(正梯、倒梯)等。

(9) 插入通配符,保证飘红。当创意文字包含的词语与用户搜索词包含的词语完整一致或意思相近时,在展现时将以红色字体显示,这样的款式称为飘红。飘红词语有助于吸引潜在受众的关注,良好的效果有助于提升创意的点击率和转化率。

(10) 使用断句符,创意右侧显示意思完整。当创意展现在右侧的时候,题目只能展现28 个字符(14 个汉字),为了保障语义完全,提倡大家应用断句符"＾",保证了语义通顺。

(六) 关键词广告的发展问题

关键词广告是收费搜索引擎营销的主要模式之一,是目前发展最快的网络广告形式。搜索引擎的关键词广告虽然具有很多独特的优点和特点,但也存在着一些很突出的问题,有些问题甚至对搜索引擎营销的发展造成了一定的影响。

(1) 关键词广告中无效点击比例过高。无效点击是搜索引擎广告中最突出的问题之一,无效点击包括恶意点击和非目标用户的无意点击。因为关键词广告费用很高,所以有些竞争对手就会恶意点击,从而消耗对手的预算费用使得自己的广告排名上升。也有可能是一些用户随意点击进去看看,而不是潜在客户的点击。这类问题提高了广告主无效投入的成本,并给企业造成经济损失。

(2) 广告信息与自然检索结果可能对用户获取信息产生误导。通常目标用户搜索自己需要的产品时,都会把排在网页前几位的网站当作是最优秀的那几家,这样就会使客户产生巨大的误解。

(3) 专业的搜索引擎关键词广告投放和管理并非易事。虽然关键词广告推广信息看起来好像很简单,不就是简单的标题和摘要信息吗? 但实际上真正有效的竞价排名广告并不是表面看到的这么简单。

(4) 关键词广告每次点击费用不断上涨。因为越来越多的企业认识到搜索引擎营销的重要性,所以为了在有效的展示空间获得用户尽可能高的关注,许多企业纷纷采用增加每次点击费用的方式期望获得好的排名,从而使得关键词广告的每次点击费用不断的上涨,这给一些中小型企业造成了很大的负担。

任务实训

实训八 设计关键词广告

一、实训目的

通过本实训的学习,使学生掌握搜索引擎营销的常用方法关键词广告,将本单元所学习的关键词广告方法运用于实际的场景中,评价学生对关键词广告方法的掌握情况。

二、实训内容

某企业打算为夏天将要上市的防晒霜设计应用于百度搜索引擎的广告语,请为该企业设计三个不同的关键词广告,即当用户在百度搜索引擎搜索"防晒霜"时,搜索结果所呈现的关键词广告语。注意,防晒霜的定位不限,建议使用"百度指数"关键词工具。

三、实训主要步骤

(1) 确定分组和分工。

(2) 确定本小组的防晒霜定位,可自行发挥这是一款有什么功能、特点的防晒霜。

(3) 使用"百度指数"关键词工具,了解用户对于防晒霜的关注点和需求。

(4) 设计三个不同的关键词广告语。

(5) 整理相关资料,并撰写关键词广告语实训报告。

(6) 交流总结。

四、实训注意事项

(1) 小组人数不宜超过 6 人,应做好分工,并在实训报告中标明每位成员所负责的工作。

(2) 每个小组撰写一份实训报告,要在报告中列出关键词广告语的设计依据,具体格式可参考"实训报告格式"。

五、实训报告格式

1.1 关键词广告语一:
1.2 相关依据资料(截图＋文字分析)
2.1 关键词广告语二:
2.2 相关依据资料(截图＋文字分析)
3.1 关键词广告语三:
3.2 相关依据资料(截图＋文字分析)
4. 小组分工情况

本章小结

搜索引擎营销就是当用户利用搜索引擎进行信息搜索时,在搜索结果中展示的信息获得用户的关注,并吸引用户通过单击搜索结果的链接进入网站获取更详细的信息,从而实现网站或者产品的推广。在网络营销内容体系中,搜索引擎营销的地位比较重要,是网络营销研究发展和网络营销实践应用中不可缺少的组成部分,其具有主动搜索、定位精准、覆盖广泛、成本可控等优点,同时又有只发挥向导作用、效果仅表现为网站的访问量的增加而不是直接销售、高关键字出价、排名不稳定、不可避免的恶意点击、优化周期长等缺点。搜索引擎营销的功能包括网站推广、产品促销、网络品牌、网上市场调研等,可分为存在层、表现层、关注层和转化层四个目标层次,包括构造适合于搜索引擎检索的信息源、创造网站/网页被搜索引擎收录的机会、让网站信息出现在搜索结果中的靠前位置、以搜索结果中有限的信息获得用户关注、为用户获取信息提供方便五个基本任务,包括确定目标、数据分析、制订计划、执行和优化等五个步骤,常用方法有登录分类目录、搜索引擎优化和关键词广告。

？思考题

1. 搜索引擎营销的优点和缺点分别是什么?
2. 搜索引擎营销的功能有哪些?
3. 搜索引擎营销的目标层次是什么?
4. 搜索引擎营销的流程是什么?
5. 搜索引擎营销的方法有哪些?
6. 关键词选择的策略有哪些?

第九章

内 容 营 销

学习目标

- 了解内容营销的概念和内涵
- 理解内容营销的价值
- 理解内容营销的策略
- 理解内容营销策划的要素
- 掌握内容营销策划的步骤和实施

第一节 内容营销概述

一、内容营销的概念

(一)内容营销的定义

内容营销,指的是以图片、文字、动画等介质传达有关企业的相关内容给客户,促进销售,通过合理的内容创建、发布及传播,向用户传递有价值的信息,从而实现网络营销的目的。内容营销是一个总称,包括所有的营销方式,涉及建立或共享的内容,目的是接触影响现有的和潜在的消费者。做好内容营销的关键是做好有价值的信息工作,通过这些信息传达企业理解他们的需要并愿意与他们建立某种联系。内容营销包含以下要素。

(1)内容营销适用于所有媒介渠道和平台。

(2)内容营销要转化成为用户提供一种有价值的服务,能吸引用户、打动用户、影响用户和品牌及产品间的正面关系。

(3)内容营销要有可衡量的成果,最终能产生盈利行为。

内容营销这一概念由内容和营销两个核心部分组成。有价值的内容是内容营销的基础,这里的价值内容不仅要对内容传播者即企业有价值,更重要的是要对内容接收者即客户有价值。对于内容传播者而言,有价值的内容包括基于产品与服务、企业品牌文化、传播者价值观的内容,强调专业性、持续性和深耕细作。而对内容接收者来说,有助于个人成长的学习资料、让人开心的娱乐产品、满足消费需求并值得信任的内容才是有价值的内容,并且他们更乐于分享这些内容。

例如,为了给旗下的美容品牌(比如美宝莲、契尔氏等)提供实时的好内容,欧莱雅在内部创建了一个"内容工厂",专门就美妆教程、社交媒体上的照片等,进行视觉和文本内容的创造。欧莱雅还和 YouTube 密切合作,创建了和产品相关的干货视频。YouTube 透露,美容美发教程视频是化妆品类别中的最高搜索项。比如:"内容工厂"为欧莱雅旗下的护肤品牌 Shu Uemura(植村秀)制作了 8 个《How To》的干货视频。其中,《如何塑造你的眉毛》这个视频,反响尤为强烈。在没有任何付费媒体报道的情况下,积累了近万的浏览量。

以价值内容为基础,跨媒介、场景化、互动性营销手段的运用是内容营销有别于传统营销方式之处。一是跨媒介平台营销,多媒体内容发布。利用微信、微博、博客、论坛等众多平台构建垂直社群,发布新闻稿、视频、软文、案例分析、课题报告、电子书等有助于体现品牌信息的任何形式的作品内容。二是立足场景与沉浸感,优化客户体验。2012 年《褚橙进京》一文通过讲述老当益壮的褚时健历经磨难、东山再起的艰辛历程,提升了其所售橙子的故事性和场景感,带给用户沉浸体验,促进了品牌的营销推广。三是激发与客户的互动,触发用户自主扩散裂变。可口可乐在电子屏幕的广告上播放可乐瓶碰杯的欢庆画面,使用户在潜意识中将可口可乐打上"欢乐""庆祝"的标签。在消费过程中带给用户参与感和互动体验,有助于提升广告的传播效果。

(二) 内容营销的内涵

1. 让用户接受营销,是营销的共同追求

内容营销,讲求的是通过将营销信息与内容紧密结合,让用户在获取内容的过程中,基于对内容的认可、偏好、信赖,进而更大程度地接受营销信息。所有营销都致力于让用户更加接受品牌,而内容营销是通过内容价值让用户产生对品牌的认可和接受。

2. 不是所有的营销内容,都叫内容营销

所有的营销都在努力让自己看起来像一个好内容,不代表所有的营销内容都可以称之为内容营销。内容营销本质是让用户在接收到真正有用或感兴趣的内容的同时,进而去接收包含在内容中的营销信息。

内容营销发展到现在已经是非常普及的营销模式,尤其是互联网背景下的全民内容生产时代,内容营销的参与门槛也越来越低,因此也造成营销从业者错把所有的营销内容都当作内容营销,而忽略了内容营销的边界,造成效果缺位。营销内容是所有营销传播活动的必要组成部分,所有的营销信息都需要以内容的方式呈现。比如一段广告文案、一张广告图片、一个广告视频等等。而当内容的作用仅仅是为了传递营销信息,那么用户对内容的兴趣和信赖就会大大下降。因此,通过内容营销的方式,将营销信息合理地放在一段有价值的内容中,用户才会对内容产生兴趣和认可,进而接收到营销信息,实现营销触达甚至转化。

3. 内容营销的终极目标,是且仅是营销

好的内容是内容营销成功的前提,但不是目标,如果没有人接收到其中营销信息的传递,那这仅仅只是一个好内容。从执行目标来看,内容营销是用内容服务于营销,最终帮助企业实现营销目标和价值;而内容运营则是通过运营的手段服务于内容,最终帮助平台方建立更好的内容生态。而企业营销人员在内容营销实践中,常常会混淆两者的概念,把内容运营当作内容营销,过度关注内容本身的传播声量和话题热度,而忽略了是不是通过内容有效地将营销信息传递到消费者心中,实现品牌认知甚至销售转化的营销效果。另一方面,内容运营也是内容营销的基础,好的内容运营可以带来更好的内容生态和用户黏性,也会为内容营销的开展提供更优质的土壤。

（三）内容营销的分类

第一类侧重讲基于自媒体和电商平台的内容营销,其主要特点和终极目标是直接通过内容来卖货。从理论上讲,倾向于把这种内容营销称之为内容电商。

第二类侧重讲基于社交媒体的自媒体创业,这一派以新榜为代表。这种内容营销通过微信或微博等社交媒体的公众账号持续输出内容,形成魅力人格后吸引一批粉丝,最终通过广告或者其他形式的变现达成销售。

第三类侧重传统的大、中、小企业,在新的媒介和消费环境下,对传统的基于广告思维的营销思路、逻辑、流程和做法进行调整,从而通过持续输出符合品牌调性的价值观、又让消费者或用户喜欢并且乐于互动的内容,达到促进销售的目的。

由于第三类中的企业占中国整个企业生态有生力量的绝大部分,因此,更倾向于把这类内容营销称为真正意义上的内容营销。对于这类企业,内容营销就是在战略层面上进行设计,通过对理念、架构、组织、预算、渠道和评估手段的调整,培养自己的内容营销思维和能力,通过内容营销完成品牌知名度、认知度和美誉度的维系或重塑,并且最终助力销售。

内容营销是一个系统,更多的是企业或者自媒体出于商业目的的一种营销行为。内容营销从了解受众开始,在熟悉内容分发渠道、各种内容可能的表现形式和品牌自身的调性及定位之后,才开始制定内容营销策略,然后采集、制作和发布内容,最后对内容传播的效果进行评估,并且把评估的经验当作调整后期内容营销的依据。

二、内容营销的起源与发展

社会化媒介时代传统营销方式遭遇壁垒,每一次新的传播平台、新的技术手段的更迭,都对企业传播带来深远影响。在信息垄断的年代,传统媒体的传播对象无法回避营销信息,只能被动接受。对于硬性广告,传播对象普遍存在着厌烦、抵触的情绪却又无计可施只能被迫接受。现今,随着科学技术的飞速发展,信息泛滥成灾。在互联网上,只要鼠标轻松一点,各种信息就会纷至沓来,因此新媒介时代传统传播效果开始失灵了。究其原因主要在于,受众对营销内容的选择构成了三个防卫圈——通过插件等技术过滤营销内容、忽视营销内容、选择性遗忘营销内容,即:通过技术手段过滤硬广告,通过忽视或选择性遗忘过滤软广告。如何突破这三层壁垒,抓住用户眼球,进而实现企业营销目标,是每个企业现如今面临的问题,因此企业唯有创作出满足受众需求的信息才能到达受众从而达到营销效果。

内容营销并非一个新领域。从内容营销的关键——"讲故事"(story telling)来看,很多品牌在上百年前就已经开始通过讲故事吸引客户和维护客户关系。从 John Deere(约翰迪尔投资有限公司)最初的定向出版,到可口可乐新推出的"2020 内容战略",故事对于品牌和消费者的影响不但一直没有减弱,而且还有不断增强的趋势。唯一不同的是,过去企业通过第三方媒体(纸质媒体、电视、广播媒体等)进行信息发布,但是随着受众对信息接受程度的提高、内容创作人才的增加以及内容创作科技的发展,企业自主发布内容的难度不断降低,这使得企业能够越过第三方(付费媒体),直接与他们的客户进行沟通。越来越多的企业成为内容的生产者和发布者,开始发行看上去跟一般专业媒体无异的出版物以及影视作品,作为体现他们品牌特性的强有力的视觉表现。

总的来说,内容营销的发展分为以下三个阶段。

(1) 印刷传播时代:让营销信息和内容一样有价值。印刷传播时代的内容主要以书籍、报刊等方式存在,传播范围极其有限,营销也面临着同样的困境。因此,企业开始尝试将营销信息包装为对消费者有价值的内容,引起消费者的关注。例如,1895 年,约翰迪尔公司开始发行客户杂志《耕》(*The Furrow*),在介绍农业知识的同时,植入自家的产品的相关信息。

(2) 大众传播时代:让营销信息和头部内容结合在一起。大众传播时代的内容以广播、电视为主,传播范围广,头部内容逐渐出现,吸引着大量的受众。因此,企业开始尝试将营销信息与这些头部内容有机结合在一起,来引起消费者的关注。例如,1929 年,Popeye 牌罐头装菠菜在美国卡通片《大力水手》中进行内容植入,让其菠菜罐头的卖点随着卡通片内容一起传递给观众。

(3) 网络传播时代:让营销信息成为不断生产和流动的内容。网络传播时代的内容开始逐渐走向去中心化的传播模式,尤其是社会化媒体出现后,很难有单一的内容能吸引到所有的受众。因此,企业开始尝试将营销信息打造为内容入口,通过话题性、互动性的设计,吸引用户自发地参与进来,实现营销内容的不断创造和流动传播。例如,2014 年,"冰桶挑战"内容在世界各地的社交媒体广泛传播,名人和普通用户都参与到"冰桶挑战"中,并将挑战视频内容发到社交网络上。渐冻症(ALS)患者及相关知识得到了极大的传播,相关公益组织也得到了更多的募资和关注。

三、内容营销与相关领域的联系与区别

内容营销是伴随新媒体的发展而得到众多关注的,因此,业界经常把它与时下盛行的社会化媒体营销及病毒营销混为一谈。此外,品牌娱乐和植入广告也因为与内容营销有部分重合之处而影响了学界和业界对内容营销概念的认识。本部分将通过分析内容营销与这些领域的区别与联系,来进一步厘清内容营销概念。

(一) 内容营销与品牌娱乐、植入广告

通过对比发现,国内和国外对内容营销的定义有着明显区别。由于内容营销和植入广告的目的同样是为了更好地促进客户互动参与,因此国内业界和学界有时会将内容营销与植入广告联系在一起,认为内容营销是植入广告的一种新的表现形式。

比如,有学者认为内容营销是一种新形式的广告,属于隐性广告,并将内容营销与"植入营销"(product placement marketing)画上等号,认为内容营销将内容作为品牌营销的载体,借助具有娱乐性、话题性的内容产品,达到宣传品牌、赋予品牌额外价值的目的。植入广告借助电影、电视剧、电视节目、体育赛事、游戏、博客等载体,将产品或品牌以道具、对白、场景或者形象等方式"放置"在节目的内容中。

而"品牌娱乐"(branded entertainment)的品牌植入则比"植入广告"更胜一筹,不再是简单的"放置",而是"融入"娱乐内容。品牌娱乐虽然同样旨在通过将娱乐性的品牌信息融入相关内容来达到营销目的,但是把焦点放在"娱乐性"上,而完全忽视了更重要的"有价值"这一性质。从这个角度来看,内容营销的"内容"范畴比植入广告和品牌娱乐要广泛,不能简单将它们等同。

更值得注意的是,内容营销和植入广告在发布媒体上有着本质区别。首先,广告通过付

费媒体来实现,而内容营销则不通过这种方式,而是通过"内容"发布于企业自有媒体赢得的公众媒体。其次,内容营销使用的是拉式策略,即吸引受众;而广告使用的则是推式策略,即通过打扰的方式引起注意。

(二) 内容营销与社会化媒体营销

社会化媒体营销强调通过与客户建立关系以及客户互动参与来形成社区,"内容"在这一过程中的鼓励消费者对话方面起着重要推动作用;另外,社会化媒体营销更加强调进行营销沟通的渠道和平台是社会化媒体。近年来在网络上可以观察到,企业在内容方面投入大量精力,期望符合社会化媒体使用者口味的内容能够被广泛分享出去。很多内容营销相关文献因此将内容营销与社会化媒体营销混为一谈。社会化媒体营销的确和内容营销有着许多重合之处,尤其是在内容营销使用的自有媒体很大一部分来源于社会化媒体如Facebook、Twitter、YouTube等的情况下。现今,众多社会化媒体成为内容营销的渠道,尽管如此,内容营销和社会化媒体营销并非同一个概念。

首先,两者所强调的重点不同。内容营销将社会化媒体视为内容传播渠道。有学者认为,企业进行内容营销时最关注的媒体是自己拥有的官方网站。因此,虽然社会化媒体对于成功的内容营销发挥着很重要的作用,但是归根结底,企业使用它们的最终目的都是导向品牌官方网站。虽然这一观点可能存在一定偏颇,但内容营销更加强调企业对内容的创作和发布,而社会化媒体营销更加强调在社会化媒体这种渠道平台上做出的营销努力,其营销手段不仅包括内容,而且包括各种促销活动(抽奖、赠券等)以及售后服务等。

其次,内容营销所涉及内容的形式和发布渠道要比社会化媒体营销广泛。社会化媒体只是企业自有媒体的一部分,除此之外企业的自有媒体还包括网站、podcast、博客等非社会化在线媒体以及白皮书、杂志等纸质媒体。从这一点来看,社会化媒体涵盖了内容营销活动渠道的大部分。

(三) 内容营销与病毒营销、网络口碑营销

病毒营销是近年来的新兴研究领域,它关注人们的口碑传播在新媒体技术下如何形成热点话题,也叫蜂鸣营销(buzz marketing)、网络口碑营销(e-WOM)。病毒营销更加注重"传播",其本质是一种"传播机制"。在这种营销模式下,信息通过用户的口碑传播网络,像病毒一样传播和扩散,通过快速复制传向数以千计甚至数以百万计的受众。病毒营销的关注点在于如何将品牌或产品信息的传播范围扩大,因此病毒营销研究聚焦于探讨影响人们是否进行转发的因素,因为转发是决定信息传播广度的关键。

社会化媒体时代的内容营销虽会借力病毒营销的传播机制,但是其目的并不仅在于扩大传播范围,更重要的是增加传播的深度,如培养品牌意识、提高客户品牌忠诚度、与消费者直接对话等。内容营销不仅要让消费者进行病毒式的传播,而且重视内容对于消费者深入理解品牌和产品的作用,有些品牌甚至会放弃传播广度,而专注于传播深度的挖掘,如一些奢侈品品牌。

除了传播目的的不同之外,内容营销还更重视与消费者之间的对话和互动以及品牌价值的塑造等战略层面的问题,而病毒营销更多是在传播策略层面发挥价值。

综上所述,内容营销与植入广告、病毒营销以及社会化媒体营销都有交叉之处,但也有其不同于这些营销方式的独特部分,是一个独立的研究主题。

四、内容营销的价值

(一) 内容营销通过内容触达用户,再驱动用户再生产和再传播

内容营销经历三个传播时代发展的丰富和融会贯通后,已经形成比较成熟的营销路径和营销思维。一种是中心化的营销路径,借助内容的影响力和传播力,搭载营销信息对受众群体进行触达,该路径下企业通常更加注重生产更有价值的内容,或者寻找优质的头部内容合作,以扩大营销影响力和传播力。另一种是去中心化的营销路径,借助内容的互动性和再生产能力,把营销信息策划为一个话题、一场活动,吸引用户自发传播甚至二次生产相关内容,该路径下企业通常更加注重对内容趣味性和互动性的设计,通常选择社交媒体以及合适的 KOL 辅助内容的互动、传播和裂变。互联网时代,两种营销路径已经相辅相成,有机结合在一起,为企业提供更大的内容营销效果和价值。

(二) 内容营销是企业建立品牌形象的长期营销战略

内容营销的价值不仅在于单次营销活动所带来的效果,更在于通过持续不断的内容营销输出,与用户产生深度的情感链接,建立稳固的品牌形象。因此,对于广告主来讲,内容营销不仅是一种容易吸引关注的营销玩法,更是可以与全员营销、客户数字化、私域流量等概念并肩的营销战略,而在这些战略关键词中,内容营销被认为是最具有长期营销价值的战略目标。这也是在疫情影响下,营销环境充满不确定性的 2020 年,仍有 41.8% 的受访广告主愿意增加内容营销预算的主要原因之一。

(三) 信息过载的营销环境,内容营销更加受到广告主青睐

在广告预算的视角,相比电商广告、信息流广告等其他热门广告形式,广告主对内容营销的投放热情依然是最高的。主要原因也是因为互联网时代下的信息过载,导致用户接收到的营销信息过于纷繁复杂,进而产生抵触心理,使得营销失效。而内容营销则很好地帮助用户和广告主解决了这一痛点,一方面帮助用户筛选优质内容,与其产生链接;另一方面帮助广告主将营销信息通过优质内容传递给用户。

第二节　内容营销的规划

内容营销必备的特点是"有价值""有关联""持续性",它是一种战略营销方法,一种媒体资产,适用于所有内容载体、媒介渠道和平台,是可以吸引受众自动关注与获取的内容。内容营销的目的,是通过内容,将潜在顾客拉入购买旅程,并最终购买。内容营销伊始,即通过内容规划保证目标和策略的一致性。一方面,通过有吸引力的内容,吸引潜在顾客。另一方面,内容营销并不是直接售卖产品,而是将销售加速,通过内容,将顾客引入销售渠道的下一步。

一、内容的形式

内容营销的内容表现形式非常丰富与多样化,文字、图片、视频、音频等元素都是常见的内容表现形式,这些元素都具有不同的表现力与特点,可以充分满足内容营销的内容呈现,下面分别对其进行介绍。

(一) 文字

文字是内容信息最直观的表达，可以准确传递内容的核心价值，不容易使用户产生理解错误。同时，文字的表现手法多样，不同的文字写作方法可以带来不同的营销效果，可以快速吸引用户的注意并引起用户的共鸣。标题、微博、文章等形式的内容中就常采用纯文字的形式进行展示。

以文字形式表达长内容时一般字数较多，篇幅较长，此时要注意文字描述准确，用语简洁，注意每个段落的文字不要太长，要以方便用户阅读为宜。这种大篇幅的文字很容易造成用户的阅读疲劳及反感，因此除了专业性较强或需要提供较多文字说明的内容外，一般不建议采用大段的文字说明。

(二) 图片

图片比文字具有更强的视觉冲击力，可在展示内容的同时给予用户一定的想象空间。新媒体营销中的图片内容展示可以全部是图片；也可以将文字作为图片的一部分融合到图片中，使图片既能更鲜明地表达主题，又能快速提升用户的阅读体验。

但要注意文字在图片中的比例以及文字的大小要适宜，以保证查看图片时文字内容能清晰展示且不遮挡图片的效果。微信公众号中的封面图、电商中的宣传推广图就常采用图文结合方式的图片内容来展示信息。

(三) 视频

与文字、图片等较"旧"的内容相比，视频是目前较为主流的新媒体内容形式，它能够更加生动、形象地展现内容，具有很强的即视感和吸引力，能增加用户对营销内容的信任。在使用视频作为新媒体内容的表现形式时，可以直接拍摄内容信息，也可以对视频进行编辑，但要保证视频内容的真实性，不能为了营销效果拼接虚假视频片段。

例如，"papi酱"就是以视频方式进行内容营销的典型代表，其视频内容定位以搞笑为主，通过微博这个新媒体平台获得了大量粉丝与人气。

(四) 音频

除了文本、图片和视频外，音频也是常用的内容表现形式。音频更加具有亲和力，能够快速拉近与用户之间的距离，可以让用户感到亲切且加深与用户之间的互动。但音频收录过程中可能由于外界的干扰使信息收录不完整，影响用户对信息的接收，导致错失重要的内容。因此，以音频方式进行新媒体营销时，要保证录音环境没有多余的噪声，要吐词清晰，语速适当，用语简明，以让用户容易理解和接受为重点。

综合以上几种新媒体内容的表现形式可以发现，不同的表现元素有不同的优缺点，营销人员可以综合利用不同的表现形式，集合多种内容的特点，降低用户阅读内容时的疲劳感和枯燥乏味。但需要注意，并非要将每种内容表现形式都集中在同一篇内容中，要注意合理搭配各种内容元素，尽量为用户带来一种极致的阅读体验，这样才会让用户喜欢阅读所提供的内容。

二、内容的类型

（1）热点性内容。热点性内容即某段时间内搜索量迅速提高，人气关注度节节攀升。合理利用热门事件能够迅速带动网站流量的提升，当然热门事件的利用一定要恰到好处。对于何为热门事件，营销者们都可以借助平台通过数据进行分析，比如：百度搜索风云榜和搜狗热搜榜等都是不错的利用工具,当然热点性内容可以根据自身网站权重而定,了解竞争力大小,是否符合网站主题这非常重要。利用热点性内容能够在短时间内为网站创造流量,获得非常不错的利益。

(2)时效性内容。时效性内容是指在特定的某段时间内具有最高价值的内容。时效性内容越来越被营销者们所重视,并且逐渐被加以利用使其效益最大化。发生的事物是具备一定时效性的,在特定的时间段拥有一定的人气关注度,作为一名合格的营销者,必须合理把握以及利用该时间段,创造丰富的主题内容。时效性内容对于百度搜索引擎而言也是十分受重视的,搜索结果页面中也充分利用了时效性。

(3)即时性内容。即时性内容是指内容充分展现当下所发生的物和事。当然,即时性内容策略上一定要做到及时有效,若发生的事物有记录的价值,必须第一时间完成内容写作,其原因在于第一时间报道和第二时间报道的区别比我们想象的要大很多,其所带来的价值就更不一样了。就软文投稿而言,即时性内容审核通过率比较高,比较容易得到认可与支持。不仅如此,就搜索引擎而言,即时性内容时间无论是排名效果还是带来的流量都远远大于转载或相同类型的文章。

(4)持续性内容。持续性内容是指内容含金量不受时间变化而变化,无论在哪个时间段内容都不受时效性限制。持续性内容作为内容策略中的中流砥柱,不得不引起高度重视。持续性内容带来的价值是连续持久性的,持续性内容已经作为丰富网站内容的主打,在众多不同类型的内容中占据一定份额。就百度搜索引擎而言,内容时间越长久,获得的排名效果相比而言较好,带来的流量也是不可估量的,因此营销者们越来越关注持续性内容的发展以及充实。

(5)方案性内容。方案性内容即具有一定逻辑符合营销策略的方案内容,方案的制定需要考虑很多因素,其中受众人群的定位、目标的把握、主题的确定、营销平台、预期效果等都必须在方案中有所体现,然而这些因素必须通过市场调查,通过数据对比分析,并且需要依靠丰富的经验。作为方案性内容而言,它的价值是非常大的,对于用户来说,内容含金量非常高,用户能够从中学习经验,充实自我,提升自身行业综合竞争力。缺点是方案性内容写作上存在难点,需要经验丰富的营销者才能够很好把握。在互联网上方案性内容相比而言较少,因此获得的关注更多。

(6)实战性内容。实战性内容是指在实战过程中通过不断实践积累的丰富经验而产生的内容。实战性内容的创造需要营销者具有一定的实战功底,具有丰富经验的营销人员才能够做到真实性,内容中能够充分展现实践过程中遇到的问题,让读者从中获得有价值的信息,能够得到学习锻炼的机会。实战性内容能够获得更多用户的关注,因为这是实战,这是真正的分享经验。

(7)促销性内容。促销性内容即在特点时间内进行促销活动产生的营销内容,特定时间主要把握在节日前后,促销性内容主要是营销者利用人们的需求心理而制定的方案内容,内容中能够充分体现优惠活动,利用人们普遍贪便宜的心理做好促销活动。促销性内容往往能使企业更加快速促销产品,提升企业形象。

三、内容营销的模式

内容营销的常见模式可分为下列类型。

(一) 信息发布模式:内容基础型

由企业制作和发布内容,用户通过访问网站、博客等方式获取信息,是传统网络营销基础的内容营销模式。这种模式多用于企业官方信息发布及传递,是企业网络营销的基础工作和长期工作,为其他类型的内容营销模式提供基础信息源和发布渠道。

典型方法:企业网站内容营销、博客营销、关联网站营销等。

(二) 信息引导模式:信息引导型

用户通过第三方网站或服务的引导来到企业网站获取基础信息,基础信息源经搜索引擎搜索,或通过第三方网站的广告、内容中的超级链接等方式获得用户的访问。企业发布的基础内容、第三方网站的引导与用户的选择性点击共同实现了信息传递的完整流程。

典型方法:搜索引擎营销、博客营销、内容合作。

(三) 信息订阅模式:用户许可型

企业提供的订阅内容,用户主动订阅,以适当的方式将信息发送给用户。这是许可营销的典型应用,是用户主动获取信息的模式。

典型方法:许可 E-mail 营销、微信公众号营销、短信营销等。

(四) 社交分享模式:关系传播型

企业通过社交平台或其他方式发布的信息,用户通过参与评论、转发等互动实现浏览和再次传播。用户自愿利用自己的社会化关系网络主动传播企业的信息,这是内容营销的社会化形态。社交关系传播是移动互联网中最重要的内容营销方式。

典型方法:微博营销、微信朋友圈营销、病毒性营销等。

(五) 资源分享模式:长期价值型

知识是有价的,知识营销具有网络营销的天然属性。通过有价值的内容资源分享,可获得长期的网络营销效果。

典型方法:电子书下载、文档分享、图片分享、视频分享等。

四、内容营销的策略

综合当前发展趋势,基于消费者(consumer)、内容(content)、渠道(channel)、培育(cultivation)、技术(technology)五个层面,有人分别提出消费者精细化、内容场景化、渠道整合化、培育精准化、技术智能化等营销策略,进一步提升品牌的内容营销效果。

(一) 消费者精细化

消费者精细化是指通过对消费者精神层次更深的探索,对消费者进行人群细分,针对这些目标人群的特性,选择适合的内容进行推送,推送目标也会因人群不同而存在差别。

互联网网民集中分布在各类社交圈中,其中游戏圈、明星圈、感情圈及兴趣爱好圈的网民所占比例均超过30%。因此,过去基于人口特征基本属性的传统人群细分方法已经很难让营销者对消费者有一个清晰的认知。为了更精准地识别和送达目标人群,营销者需要顺应环境的变化,探索消费者更深层次的精神领域。内容本身就是价值观的载体,要根据用户消费的内容,从中获取消费者的价值观、情感、兴趣偏向等作为未来内容营销的方向。

(二) 内容场景化

内容场景化是指构建内容虚拟环境,通过内容环境元素让用户感同身受,并触发他们购买、分享、转发的行为。不同于传统营销的实体场景设置,内容场景化强调的是网络营销中的虚拟场景设置,将为内容创造更立体的空间和时间维度。例如,《魔兽》电影上映期间,品牌 Jeep 围绕目标人群的消费场景,通过《魔兽》片花、活动等授权进行场景化内容营销。电影上映期间,Jeep 线上品牌曝光指数同比增长 465%,其官网 75 辆 jeep 自由侠在 15 分钟内被一抢而空。

随着内容营销的发展,营销人员只聚焦内容的打造和传播已无法满足消费者日益升级的需求。消费者对内容的质量和体验要求越来越高,也越来越倾向于在场景中感受品牌和产品。营销内容在场景氛围的衬托下更容易激发消费者的行为,营销商要为其提供更好的互动体验,进而带动消费者与品牌互动,建立品牌联结。当前智能技术的进步为内容营销场景的搭建提供了条件,场景化成为当前内容营销的增强器,将再次引领内容营销行业革新。

(三) 渠道整合化

渠道整合化是指对传播渠道和平台的整合。首先,新媒体崛起的背景下,传统媒体(电视、报刊、广播等)的主导地位被逐渐削弱,信息传播渠道不再单一。内容营销通过整合移动端、PC 端和电视端等多个渠道,根据不同渠道的特性和优势,对内容进行整合分屏传播,全方位扩大品牌传播范围。

其次,当前消费逐渐呈现平台化的趋势,消费者越来越向几个大的平台靠拢,内容也在向平台化发展。过去媒体内容的生产、分发、消费是分开的,现在这三个环节可以集中在一个平台上实现,并且同一平台中的反馈更加及时和直接,可以更好导向内容的创造,甚至内容的生产可以基于分发和消费的特性,从而提升内容质量。

(四) 培育精准化

内容营销是为消费者提供有价值或者有趣的信息,从而获得消费者的青睐。但有效的内容应该是传播给当前需要这些内容的人。在进行内容营销过程中,品牌与消费者的关系可以分为"泛关系""弱关系""强关系"三个层次。

"泛关系"指对品牌或产品没有认知和接触的目标人群,对该层次人群的传播主要以有趣、鼓励性内容为主,例如,可以传播吸引消费者的热点内容,重在让消费者建立品牌关联。

"弱关系"指对品牌或产品接触和认知,但是没有形成黏性的目标人群,对该层次的人群主要提供品牌或产品的相关信息、品牌文化和解决方案等相关信息,主要对消费者进行培育。

"强关系"指对品牌和产品有深入的了解和接触或者消费过的目标人群,对该层次的人群应展示与消费服务相关的信息,为消费者提供购买渠道,促成交易。

简言之,营销人员需要针对目标对象的不同,创建出恰当的内容满足他们的需求,促使消费者向强关系方向转化,最终做出购买的决策。此外,针对性的内容仍然需要考虑恰当的时间、适合的传播渠道、内容的形式等因素。

(五) 技术智能化

技术智能化的进步全面影响着内容营销,推动着内容营销进入一场新的革命,其应用贯穿于内容营销的始终,即市场调研、内容生产、内容分发、反馈和优化等每个环节。

在市场调研环节,智能技术通过对网络数据的提取和处理,使内容主题挖掘得更加准确,更容易在适当的空间和时间上打造出成功的"主题传播型沟通元",显著提升传播效果。在内容生产环节,智能技术已投入营销内容的规模化制作。

当下传播媒介的多样性使得内容传播的多样态、跨媒介成为必然,使得内容营销的制作和传播变得复杂多变。而自动化的内容信息采集、智能化写作则为营销人员解决了内容的制作成本的问题。

在内容分发环节,运用算法技术让内容精准到达特定目标人群、搜寻打动消费者的"心理落点"以及内容消费与其他有关因素的"关联落点",从而提高内容的匹配度、提升内容的传播动力、拓展内容的扩张力。

在反馈环节,未来或将使用基于传感器的生理信息反馈。不同于消费者以往问答式的消费者调查,这一智能化运用可以实施监测消费者在获取内容时的情绪状态,减少反馈偏差。

在优化环节,在大数据对传播环境、用户反馈、传播路径、流量等因素的分析基础上,可以随时对产出的内容进行调整。

如今,以智能技术为基础的新内容营销体系正在生成,为品牌营销提供了很多便利。但面对新的技术形态,如何获取复合化的专业内容营销人才、如何避免实践中的失误也是品牌需要关注的问题。

五、内容营销规划的步骤

内容营销的前期规划主要包括以下七个步骤。

(一) 购买人群画像

人群画像是从企业的众多购买者中抽象出来的典型客户的形象,在形成这些角色的过程中,企业将更加深刻了解到客户是谁,明晰受众的关注点、消费偏好和目标,从而可以学会如何更好地展开营销活动。

1. 为什么需要人群画像

(1) 帮助企业明确品牌需要何种内容,制定内容组织策略。根据人群画像的类型切分内容,明确品牌针对哪一类人群已经有足够多的内容供给,而哪些人群需要提供更多内容。

(2) 人群画像决定了品牌内容的调性、风格。不同类型的受众喜欢不同的表达方式,用受众的风格与受众交流更容易引起共鸣,人群画像让你找到最适合受众的风格。

(3) 基于人群画像,企业将更有目的性地规划内容主题。受众关心什么,往往是个多维的复杂问题,抽象的人群画像让企业更清晰地理解受众的核心诉求。

2. 如何刻画画像

通过直接调研消费者、潜在客户或者采访与消费者直接接触的人,如公司销售团队、服务团队、经销商等,全方位了解企业服务的客户,从而刻画出完整的人群画像,以下几个维度是关注重点。

(1) 背景:目标人群的基础信息,包括公司、职务、兴趣等。

(2) 职业信息:重要的工作职责和内容,对目前工作满意和不满意的地方。

(3) 信息来源:目标人群通过何种途径获取信息。

(4) 挑战、痛点:面临什么挑战和问题,以及面对这些所表现的反应和情绪。

(5) 内容媒介偏好:对何种类型的内容、什么样的风格会感兴趣或引起互动。

(6) 购买过程中的角色:具体目标人群对于他人购买决策产生何种影响。

(7) 营销信息:希望直接传递给目标人群的品牌信息。

如果企业的产品服务于几类不同客户,那还需要刻画出多个人群画像,一般来说,4～6

个形象是较为合理的选择。

　　企业收集到足够多的消费者的信息后,不能将这些数据直接给工作团队。企业的用户是由一群活生生的人所组成的,而非一堆生硬的没有情感的数据。当企业将用户更加生动地展现在团队面前的时候,对于消费者的分析将会更加有效。因此,尽量将信息精简,构成一个或多个能让整个团队容易记住的、更富人性化的形象。如果想达到这些效果,建议描述中包含以下几个方面。

　　(1) 目标人群的职责。

　　(2) 典型一天/一周/一个季度的常规生活。

　　(3) 目标人群的性格。

　　(4) 最大的挑战。

　　举个例子,销售软件的企业,为解决企业社会化营销问题,那么一个典型客户可能是这样的:Emily,社会化营销经理,活泼开朗的女孩,主要负责运营和管理品牌社会媒体渠道。她需要和负责品牌推广、公关、内容以及销售的同事合作共事;在典型的一周工作中,将会监督公司各个社交媒体的内容发布和运营情况;与内部的设计团队、内容编辑团队,还有外部技术开发商,数据供应商沟通;最大的挑战是……

　　人群画像,一方面是信息和数据的有机组合,另一方面,它也是一个活生生的人物角色。

(二) 绘制购买流程

　　购买流程依据不同行业属性会有一定的差异,这里主要介绍 Market Profs 提出的 APA 模型,以及电通提出的 AISAS 模型。

　　1. APA 模型描述

　　(1) 意识阶段:潜在购买者,他们需要关于企业的产品较为详细的信息。

　　(2) 购买阶段:建立品牌信任的过程,这个过程会通过他们对购买产品是否愉快或舒适来决定。

　　(3) 拥护阶段:这个时候消费者对企业的产品相当熟悉,这个时候需要提供更具创造性的信息给消费者。

　　2. AISAS 模型描述

　　(1) Attention 阶段:注重传播和到达,要让受众知道企业。

　　(2) Interest 阶段:抓住目标人群的痛点,内容制胜。

　　(3) Search 阶段:让受众充分了解企业,企业需要做好品牌展示的基础建设。

　　(4) Action 阶段:尽可能降低准客户的行动成本,避免不必要的流失。

　　(5) Share 阶段:贯穿于整个 Customer Journey 的阶段,受众在任意阶段都可能产生分享行为;企业应该明确这一点,并设置简单参与的分享机制。

　　以上的两个模型仅供参考,企业可以根据品牌自身的情况加以调整。完成了购买流程的绘制,你还应该了解这样的事实:消费者并非买了就买了,我们还需要对消费者进行持续的沟通和调查研究。根据消费者类型,可以把消费者分成新的消费者(New Customer),持续的消费者(On-going Customer)和忠实的消费者(Loyal Customer)。

　　(1) 新的消费者:需要用内容去活跃他们,激发有效的互动。比如在线问答、消费者社区交流。

　　(2) 持续的消费者:当内容开始取悦他们后,可以尝试提供更加详细的产品信息让他们全方位了解产品,从而把一次性消费者转型为持续性消费者。

(3) 忠实的消费者:他们会强烈支持企业的品牌,并带来新的客户流。为了强化忠实消费者的口碑传播行为,有必要给予忠实消费者超出预期的奖赏。

通过对购买流程的绘制和消费者分层,将有助于企业更有目的性地制订内容营销计划。

(三) 建立品牌形象

通过各种渠道来展现持续的影响力是很重要的,这就需要对企业的品牌形象进行定义。不管是在社交媒体上、博客上或者大众媒体上发布内容,所书写的风格都将成为品牌的形象,同时需要保持一致性,而且要考虑到内容所对应的用户需求。

可将品牌形象分为以下几个部分:性格(友好、温暖、激励人心、好玩、权威等);语调(私人、谦虚、诚实、直接、科学等);语言(简单、复杂、严谨、专业等);意图(传播、互动、告知、教育、娱乐、销售等)。

确定企业的形象后,需要保持风格一致,这里有两个小提示。

(1) 保持内容写作者风格的高度一致。需要从一开始就注意这个问题,保证所有作者被有效地组织,以保证风格一致。在差异化明显的情况下,应该通过经常性的见面和交流,复盘和提高。

(2) 让更多的人参与内容检查。每天都让内容团队在固定的时间,将计划发布的社交媒体、博客等渠道的内容,发送给跨部门的团队(PR、销售,甚至研发等),让他们有机会参与到内容检查的工作中。

以 STC 推送的文章为例,向 STC 投稿的作者有很多,文风迥异是很普遍的事情,但是由于大家都是从事新媒体的工作,对营销有一定的心得体会和工作经验,基于这样的信任基础,平时通过一些线下活动加强交流在很大程度上解决了一致性的问题。另外,在 STC 的 VI 设计上,也非常注重风格一致的问题,由专门的设计师把握所有配图和文章格式,全体成员都参与内容的检查。

(四) 团队内部头脑风暴

所谓头脑风暴(Brain storming)最早是精神病理学上的用语,指精神病患者的精神错乱状态,如今意为无限制的自由联想和讨论,其目的在于产生新观念或激发创新设想。以下是几个推荐的方法。

(1) 自由写作。准备一张没有任何点线元素的白纸,一支你喜欢的笔。设定手机的计时器,15分钟。在白纸的顶部,用肯定句写下你要解决的问题,比如"我现在要制造一个多功能的时间机器。"一字一句地大声说出这句话,目的是加深这句话在你大脑中的印象。开始计时,写下在你脑海中出现的任何内容,记得忘记语法、语言、标点、拼写这些无关紧要的东西,还有那些现实中明显相关的,合理的、不合理的东西也通通不去考虑。时间到了,读出你所写的内容,绝妙的想法可能就隐藏在里面。

(2) 自由演讲。如果你对声音更加有感觉,你可以尝试自由演讲。它跟自由写作的流程一样,不同的是,你需要准备一个录影设备记录你的演讲内容。唯一需要提醒的是:不要在意自己说的话有没有意义,跟着意识的自然流动,你只负责说。

(3) 关键词联想。列出与问题相关的关键词,基于关键词进行"自由写作"。

(4) "门外汉"的头脑风暴。当你走投无路时,不妨让身处问题以外、专业以外的朋友帮你解决,有时会有意想不到的效果。

（5）问题本身的头脑风暴。有时候找不到解决方案的原因在于,你并没有找到风暴的中心——关键问题,如果你连需要解决的问题都没界定清楚,谈何解决呢? 这时候你应该进行一次针对问题本身的头脑风暴,找出并正确定义你要解决的问题。

（五）选择合适的内容载体

内容的载体可以有很多种,如视频、电子书、信息图、档案、报告、滑动页面（H5 或 ppt）、案例研究、博客等。不同的载体会对不同人群和场合有完全不一样的作用,以下将简单对几种载体做剖析。

1. 电子书

最常见的一种内容营销手段,特别是在 B2B 世界里。目前最为常用的电子书格式是 epub,能在 pc 端或移动端根据屏幕等自动调整,实现翻页,插图等功能,目前可以制作此类电子书的软件有 Sigil、epubBuilder、epuSTAR 等软件。

（1）Sigil:跨平台的开源 epub 电子书编辑器,支持 Windows、Linux 和 Mac 系统。

（2）epubBuilder:功能强大的 epub 电子书制作软件,多种格式导入,支持 Stanza,Sony505,AdobeDE 等多种阅读器。

（3）EpubSTAR:可以利用现成的 word 文档（word97/2003/2007/2010）或纯文字的 text 文档,自动生成 epub 格式电子书。其特色是简单易学,一键转换,操作方便。

2. 信息图

使用图片和文本的合并来呈现并简化复杂的信息,使得内容更加生动,营销人员一般采用这种载体来吸引消费者,简化信息,如说明书等。

3. HTML5

可以直接在移动端打开,交互性强,适用多种场景,制作成本视展示效果而定,受移动端接口限制性较大。现免费制作 H5 的平台有:

MAKA:有丰富的静态和动态模板样式,MAKA2.0 已经上线,增加了数据统计、在线支付等功能,操作更加人性化,平台稳定有保障;

秀米:支持动态模板,功能全面,案例翔实丰富;

品趣:操作较为简单,适合刚上手尝试 H5 的同学。

4. 视频

能实现多种功能,提高品牌知名度,回答问题,论证说明等。但是花费成本较高,周期较长,需要与其他载体相互搭配使用,才能发挥最大化效用。

菜鸟级玩家可使用 Windows 系统的 moviemaker,ios 系统可用 iMovie,简言之就是将你的素材（图片和视频）做一定的拼接,再加上一些滤镜的效果,配上合适的音乐,并不涉及剪辑等"烧脑"劳动。

普通玩家可使用绘声绘影,操作简单,适合家庭日常使用,可提供完整的影片编辑流程解决方案、从拍摄到分享均可实现。

骨灰级玩家可使用 Adobe 公司的 Premium,它提供了采集、剪辑、调色、美化音频、字幕添加、输出、DVD 刻录的一整套流程,并和其他 Adobe 软件高效集成,足以胜任在编辑、制作、工作流程上遇到的所有挑战,并能完成高质量的产品。

5. 博客

一个展示品牌的很好的平台,但是维持一个博客与其他载体存在一定的不同,你更需要考虑到品牌风格的一致性。

一般来说,最有说服力的故事来自最新的消费者,案例研究虽然是传统的内容媒介,但这并不意味着我们应该忽略其作用。最好的案例研究并非讲述产品,而是讲述品牌的价值观。

(六) 内容"食谱"

每天企业都会推送大量内容给用户,但是否考虑过消费者接收到内容是会欣然接受,还是会忽略,还是愤而拒之? 因此,如何更好搭配自己的内容,以更加易于接受的方式呈现给用户,是十分重要的。如果我们可以将内容想象成一道盛宴,那么我们要给用户呈现的,是怎样一个食谱呢?

早餐:我们每天都要吃早餐。在内容营销中的早餐,指的是那些每天都推送给消费者的内容,这部分内容必须保证简单、易于消化、风格一致,目的是让消费者保持活力。

主食:这部分内容传递品牌的价值主张,应该占据内容的绝大份额,必须将大部分精力花在这个上面,并用主要的营销渠道来推广和宣传。以 STC 为例,线上推送的文章头条以及线下的分享会沙龙,都是为 STC 粉丝精心准备的主食,为了让大家能吃饱,这部分内容的准备和筹划会占据 STC 管理团队近 70% 的时间和精力。

蔬菜:蔬菜是为了让膳食更为营养和健康。时不时推送对用户有价值、富含维生素的内容,这些内容并非经常有产出,却是对消费者很有价值的内容。例如行业报告、商业洞察等,也是非常必要的。

甜点:甜点的存在将会让营销菜谱更加人性化;也会吸引更多"吃货"聚集到品牌上,尽情享受各种甜点美食。

调味品:想象一下,要是没有油盐醋,我们的菜将是多么乏味。内容营销同样需要类似的调味品,可以通过设置与品牌相关的高难度挑战、具有争议性的话题等来刺激受众的味蕾,从而提高用户兴趣,那么,内容阅读量和转发率的提高也是指日可待之事。

(七) 内容推送时间规划表

时间规划表可以是一个共享表格,也可以只简单写在黑板上,重要的是这个日程表可以给企业一个视角,让企业检查所做内容的方向是否正确,时间是否可控,是要在几个月内完成还是一年内完成? 总的来说,规划表可以让企业达到以下目标。

(1) 有效组织:时间规划表不仅能让企业对未来计划心中有数,也能对以前的营销纪录了然于胸。

(2) 可视化:让团队成员清晰地了解需要做什么事情,有效实施多渠道营销战役的组织和管理。

(3) 权责分明:制定截止日期,并经常性翻阅,可以确保团队都对日期有明确的概念,减少不必要的烦琐工作。

以下是制定内容规划时间表需要考虑的几个问题和建议:

(1) 需求激发:内容是否能激发目标人群的兴趣? 哪些内容最有可能产生销售线索?

(2) 产品 & 市场:内容是否充分支持各个产品线的市场推广需求?

(3) 公共关系:内容是否与新闻稿、官方声明、品牌宣传相协同?

(4) 社会化:哪些内容能提高社会化媒体的用户活跃度? 哪些能形成社会化传播?

不要承诺在预计最快的时间点完成任务,留些余地,以防不可预见的突发情况。

如果企业与外部的团队(技术、设计、作者等)共事,务必提前制定好严格的时间表,并确保他们严格执行。

每隔几天检查一遍时间表,确保所有事项在正确的轨道上。

第三节　内容营销的策划

内容营销是建立在以满足用户需求的基础上的,因此企业在进行内容营销的策划时应结合企业的品牌本身及多站在用户的角度去思考问题。能够实现品牌、运营、服务差异化的有力方式,是依托于社交网络、社会化媒体的网络时代特点,打造优质可传播的内容,然后有策略、有计划地通过内容和渠道的整合,实现高效的内容营销。

一、内容营销策划的要素

很多企业在做网络营销初期,会选择开辟微信公众号,做企业官网或者在自媒体平台推广。但随着一段时间之后,内容输出方面逐渐变得不温不火,粉丝增长也陷于停滞,用户的互动性也日趋平淡,就连做运营的人员也找不到方向与感觉。

那么企业应该怎样把控内容以及营销方向? 建议可以从基础开始,主要表现在内容营销的核心根基:核心内容、相关内容、发布频率及传播渠道。

(1)营销的核心内容。核心内容是内容营销很重要的组成部分,也是关于企业的核心产品的营销输出。用户以及阅读者,在了解相关信息的同时,其另外关注的点就是产品或你所能提供的服务。比如你是做什么的? 你的产品有什么优势? 如果企业在内容发布的时候,没有很好地把产品和服务融合,这样,有需求的客户就无法直接与其联系。

(2)与企业相关的内容。另一种情况就是,如果企业只顾发产品和服务,那么在营销上就显得单一也缺乏创意,且可读性与传播性不高,不利于塑造客观的行业形象。因此,企业在发布内容时,应扩大内容范围,从产品到服务,到行业资讯、行业模式等,甚至与生活相关的各种信息。目的只有一个,就是要让用户觉得你的内容很有用。

(3)内容的发布频率。当运营人员的营销推广工作逐渐稳定之后,内容的发布频次以及发布时间,就应该保持有规律、有时间段的发布。

(4)内容传播的渠道。目前,内容传播的渠道,主要集中在官网、社交媒体、自媒体等平台。官网的及时更新,微博、微信、博客等的每天推送,今日头条、搜狐、网易等媒体平台的发布,都能增加内容的曝光度以及被阅读的可能性。企业应该多从用户的角度,发现、思考问题,就能了解自家企业的用户规律以及兴趣关注点。在内容发布时,掌握好内容的核心就是自家的产品和服务;其次,也不要忘记把内容面覆盖的更广,保持有规律、有效率的发布频率;最后,选择合适的传播渠道。只要做好这些基础的工作,企业的内容营销策划才能有更好的良性发展。

二、内容营销策划的步骤

内容营销虽然不如硬广告投放可标准化、程序化,在策略和章法上也变化无穷,但其执行流程和链条依然有迹可循。通常来说,企业在内容营销执行过程中,需要经过四个步骤,最终形成完整的内容营销触达用户。第一步,企业需要考虑,在当前营销需求中,内容营销能带来的价值是什么,是否真的需要选择内容营销的形式? 第二步,企业需要结合营销诉求,选择最为契合的内容形式。第三步,企业需要同时考虑媒体和内容的双重选择,二者都直接决定了其主要的受众群体以及营销调性,可能因为某一具体内容而直接选择拥有该独家内容的媒体,也可能先确认了某一媒体再在其内容库里选择合适的内容。第四步,企业需要考虑以何种方式去呈现内容营销,在保证用户本身的内容体验下还能够接收到营销信息。

(一) 需求评估,厘清自身营销目标

内容营销的主要目标在于增强认知、加深理解和促进转化。企业在开展任何一项营销计划时,首先需要明确该计划是为了满足何种营销目标。通常来说,企业营销目标可以为效果层目标和品牌层目标,前者注重通过营销活动直接带来可见的销量增长、市场扩张、用户增加等收益,效果反馈时间短,影响直接;后者注重通过营销活动带来品牌文化、企业文化、社会责任方面的正面价值输出,提高用户乃至社会的认知度和认可度,效果更多作用于态度层面,反馈周期长。

内容营销在效果层和品牌层都有着自身的营销价值和优势,具体通常可以表现为增强认知、加深理解和促进转化三大营销目标。

(1) 增强认知:扩大品牌的影响力,让更多用户形成品牌认知和品牌记忆。

(2) 加深理解:传递品牌理念和价值观,让用户更加深度地理解品牌、认可品牌,进而产生情感层的链接。

(3) 促进转化。营造内容消费场景,让用户直接产生购买下单行为,帮助企业实现销售转化。

(二) 选择内容形式,确认营销体量和预期

结合目标受众和执行难度,选择单一或多种内容形式。内容形式是内容营销策略的出发点,在确认选择内容营销后,首先应该讨论选择何种内容形式。通常在内容形式的选择中,目标受众和执行难易程度是主要的两个决策点。

(1) 目标受众:不同内容形式覆盖的受众群体不同,其中图文和视频内容是当前主流的内容形式,覆盖受众范围广,适合作为大范围营销推广的内容形式。而音乐、游戏等内容则相对垂直,覆盖受众具有一定的圈层性,兴趣和特征显著,适合针对游戏、音乐受众群体展开精细化的定制内容营销。

(2) 执行难易程度:不同内容形式的生产周期、内容成本及合作条件也不尽相同,在具体的执行门槛上难易程度也不一样。如长视频内容制作周期长,头部内容稀缺,合作价格也比较高;而图文内容不管是自我生产还是与社交媒体 KOL 合作,生产周期快,成本也相对较低,可同时开展多个图文内容营销活动。因此企业需要根据自身实力、预算和预期营销规模,来选择更加合理的内容形式。

在内容营销中,内容形式选择绝对不是单选题,企业可根据自身需求和资源,灵活进行多种内容形式的组合,实现营销策略上的相互助力、相互补充。

(三) 选择媒体,搭建内容营销传播渠道

类型选择注重用户画像和触媒场景,平台选择注重内容生态。在内容营销的执行链条中,媒体平台主要扮演着传播渠道的角色,因此对媒体的选择,较大程度上决定了内容营销覆盖受众的类型和范围。在具体的选择过程中,主要包括类别选择(媒体契合度)和平台选择(媒体价值)两个决策点。

（1）类别选择：基于营销目标，选择对应的媒体类型。当企业的营销目标受众垂直属性明显，可以用户画像为主要标准，选择对应的用户画像垂直的媒体平台，如母婴群体、二次元群体、音乐爱好者群体等等；当企业的营销诉求明显，可选择契合的用户触媒场景垂直的媒体平台，如以直接销售促进为营销目标，可侧重选择电商及相关媒体平台。

（2）平台选择：基于内容生态，选择合适的媒体平台。确定媒体类型后，企业需要结合自身需求，以及对媒体方在内容生态方面的布局评估，选择最终的一个或多个媒体平台，展开内容营销合作。媒体平台内容生态的主要评估点。

① 内容数量与质量：媒体平台在内容布局上是否兼顾内容生产数量和质量，是否有稳定的内容供给和奖励机制。

② 内容触点的丰富度：媒体平台是否开发了丰富多样的内容形式和入口，能够让用户有多个触点的内容体验。

③ 内容交互的活跃度：媒体平台的用户对内容的阅读量、评论量、转发量以及用户原创内容（user generated content，UGC）内容生产量和用户互动频率等。

（四）选择内容，奠定内容营销基调

破除头部内容迷信，挖掘内容的社交传播潜力和品牌契合度。内容选择，既包括对外部合作内容的选择，也包括 BGC 内容的选择，选对了内容，也就基本确定了这次内容营销所最终覆盖的受众范围和影响力。在具体的选择过程中，内容价值和内容契合度是最重要的两个决策点。

（1）内容价值：内容价值分为可见和不可见，可见的内容价值体现在已经获得较高关注和认可的头部内容，是内容营销十分热门的内容资源，合作成本高，广告主话语权低，可遇不可求。而企业更应该关注的是不可见的内容价值，即除了内容本身的直接受众之外，是不是有可能引发更大范围的二次传播甚至再生产，实现在社交传播上的"出圈"现象。

（2）内容契合度：除了内容价值本身引起的关注度和认可度，企业还应该关注内容与品牌的契合度，包括受众偏好的契合、品牌调性的契合和内容场景的契合等。当优质的内容碰上不合适的品牌，反而会放大负面效果，产生营销"车祸"。内容与品牌契合度评估点。

① 内容面向的受众。内容的热度和传播度仍然需要基于受众群体去讨论，如果核心受众不是品牌目标群体，即使是热到"出圈"的内容，也不如直接面向目标受众的基础内容影响力大。

② 内容调性。无论面向什么受众群体，内容都会有不同的调性，如搞笑娱乐、深度严肃、感性情怀等，而营销信息在与内容结合的时候，一定会产生相互力，当诉求娱乐化的品牌形象与严肃内容合作时，显然会产生较大的违和感。

③ 内容场景。即使内容面向受众和调性都相符，也要考虑内容场景是不是适合植入相关营销信息。比如在教育内容场景中出现游戏的营销信息，可能会引发社会伦理方面的抵触风险。

（五）选择呈现方式，触达目标用户

显著度即营销信息在内容中的可见程度。通常来说，呈现方式越高频、越直接、越有创意，营销信息的显著度越高，受众对其的关注度和记忆度则越高。但过高或过于简单粗暴的显著度，容易打破原本的内容体验，让受众产生厌恶、抵触等负面情绪。

契合度即营销信息在内容中的原生程度。通常来说,呈现方式越克制、越委婉、越贴合内容主题和场景,营销信息与内容的契合度越高,受众的内容体验越高,对营销信息的认可度、接受度和好感度越高。但契合度过高也面临着受众难以感知的情况,导致"叫好不叫座",没有完成营销信息的传播诉求,同样是一场失败的内容营销。

平衡好显著度和契合度,从受众体验出发,建立正向效果。经过内容形式、内容、媒体等一系列的选择后,最终需要进行的是内容营销呈现方式的选择,是直接决定受众体验的关键步骤,同时也是企业有最大创意空间的环节。在各种丰富多彩、创新有趣的呈现方式抉择中,企业始终要遵循的两个原则是显著度和契合度以及二者之间的平衡。

三、内容营销策划的实施

(一) 内容营销策划

在内容营销策划阶段,一般包括营销背景、产品受众、营销目标和策略与应对四大方面。

(二) 内容营销的实施

(1) 内容策划:从用户遇到的问题出发策划内容,了解用户遇到了什么问题,这里的关键点在于:给用户提供解决方案。

(2) 内容的组织:考虑给用户带来什么利益,很直接、很简洁地把它提出来。(注意内容的友好性、简洁、有趣)

(3) 内容的投放:把自有媒体变成品类的入口,用内容吸引用户,让他们到企业的自有平台上来。多渠道推广,投放的渠道不一定要大,但是一定是越精准越好,比如一些垂直类账号和大号。

(4) 内容的传播:第一点是吸引用户搜索信息,让他们主动获取信息,尽量避免强制推送;第二点是刺激用户去分享,当设置一个环节、一个机制,让粉丝、用户去分享的时候,传播就有了一个自营销的能力。

(三) 内容营销效果分析

可以通过查看各发布平台的相关数据,如阅读数、转发量、点赞数等,分析内容营销的总体效果,并总结实施过程中出现的问题及收获的经验。以下是一些用于分析评估内容营销效果的指标。

(1) 网站流量。每天追踪网站流量数据,并将数据与内容发布时间表进行比对,寻找内容发布时间与流量波动之间的相关性。当发布某种类型的内容(质量)或发布文章达到一定数量时,判断网站流量是否有所增加。

(2) 订阅者。电子邮件营销显然是内容营销的一个重要组成部分。通过追踪订阅者数量的增长,可以看到随着时间推移接触了多少新的受众,同时还应该追踪取消订阅和其他参与度指标。

(3) 平均页面停留时间。谷歌 Analytics 有一个简洁的指标,允许品牌追踪人们在每个页面上花费的平均时间。关注这个指标,通过它可以很好地了解人们是否对页面一扫而过。

(4) 点击率。点击率表示一个页面的访问者中有多少百分比点击了内容并进入了网站上的其他页面。

(5) 社交分享。社交媒体上的评论和点赞是一回事,但内容能否引起共鸣,真正的考验是它得到了多少分享。这些数据可以从各种来源获得,包括谷歌网站分析、电子邮件分析、社交媒体分析以及所使用的独立工具和追踪器组合。

（6）检查反向链接。分享内容并通过各种社交渠道传播出去是一回事，但如果想让内容影响力增至两倍或三倍，需要一个反向链接策略，鼓励其他网站链接到此内容。使用反向链接检查器来识别所有到站点的入站链接，并始终如一地测量增长和损耗。理想情况下，应该每年获取几十个（或数百个）反向链接。这不仅会增加网站的推荐流量，还会提高搜索排名。如果发现某个网站经常链接到自己的品牌内容，那么，给他们发一条信息，感谢他们的支持是完全值得的。在适当的时候，链接回他们的网站也是明智的做法。

（7）研究搜索排名趋势。内容营销的主要目标之一是将网站的搜索引擎优化最大化并提高搜索排名，从而提升内容的可发现性，进而增加让真实流量流回至自己品牌的 URL（Uniform Resource Locator，全球资源定位器）的机会。应该追踪网站的搜索排名趋势以及个别内容和它们在特定搜索关键字下的排名，这可以通过谷歌 Analytics、Moz、href 等工具组合来完成。

（8）找寻用户参与度的轶事证据。如果说搜索排名和搜索引擎优化代表了内容营销的技术层面，那么用户参与度则与软实力息息相关。用户参与度的轶事性质并非意味着它缺乏评估指标。实际上，研究内容参与度是取得成功的关键之一，以下是一些不同的评估分析因素。

① 博客评论。博客下方的评论（来自用户的真实评论而非垃圾评论）是内容正在有效运行的一个信号。无需担心这些评论是正面还是负面的，推动与用户之间的对话才是关键。

② 邮件回复。人们会回复资讯邮件或者群发邮件吗？这个问题的答案将告诉很多关于内容有效性的信息。没有回复并不一定表明邮件没有效果，但大量的回复绝对表明出色地完成了工作。

③ 页面滚动。人们在博客文章和内容页面上下滚动了多远？有各种各样的工具，可以嵌入到您的网站，以收集相关洞察。如果在这些领域布局出色，那么用户参与度将会非常之高，这或许是内容营销正在良好运行的最清晰的标志。

总之，不要被大量的数据或者几十种不同的关键绩效指标和测量数据淹没了，不必一次解决所有问题。最好的方法是从一个目标开始，然后用一周的时间来追踪它，然后在下周加入另一个目标和该目标的评估。逐渐会愈发熟悉如何对自己的内容开展研究，同时对自己的内容进行更多的分析，最终将对当前局面以及可以改善的领域形成更为清晰的认识。

四、内容营销策划的注意事项

（1）开展之前，制定明确的商业目标。我们给用户提供的报告、白皮书是想获得什么？用户购买前，影响他们决定的内容是哪些？只有目标明确的营销活动，才能获得优秀的效果。

（2）用客户的用语来描述内容。曾有不少企业的内容用生硬的术语表述，很少顾及用户是使用什么样的语言来获取信息的，更有甚者企业直接将自己产品讨论会或内部行话写了出来，这样的内容效果对终端客户的影响是非常有限的。

（3）关注垂直领域的价值和需求。如果企业想吸引垂直领域的用户，那么我们需要关注行业的话题并且提供相关的内容，比如数码相机、智能手机、汽车等领域。

（4）创意的表达。要想在内容充填的网站上获得用户关注，创意的表达是一个明智的方法。因此,企业需要:其一,写好标题,但是切记成为标题党;其二,关注内容的创意呈现形式,可以是图表、图片、视频等;其三,内容的有趣,创意描述。

　　（5）雇用优秀的写手。此处的写手并非网上所说的"五毛党",企业在活动中有时候需要雇用一定的网络内容写手。可以说雇用优秀的写手来提供优秀的内容是锦上添花,但这并非是主题。

　　（6）引用用户的评语、论调。用户的话很具有说服力、煽动力,其会让用户感同身受,感觉与企业更亲密。相对意见领袖或者专家的语录而言,用户的评论更具草根性,也更生活化一些。

　　（7）让内容更容易被找到。企业提供的优秀内容发布平台也很重要,我们可以将内容发布在企业的网站上,也可以将内容发布到垂直的论坛上,也可以将内容发布到大众平台上。我们在发布内容的时候要选择好平台,平衡好投入产出比的问题。另外一方面我们需要对发布的内容进行优化,让其更加适应搜索引擎爬虫的算法。我们需要对内容作精准的标签或备注。

　　（8）让内容分享更容易。在内容的发布传播渠道中,企业需要考虑用户传播的需求,提供类似分享到微信、微博等社交媒体平台的按钮。

 **任务实训**

实训九　内容营销策划

一、实训目的

通过本实训的学习,使学生掌握内容营销的规划和策划,将本单元所学习的内容营销相关知识运用于实际的场景中,评价学生对内容营销策划的掌握情况。

二、实训内容

临近儿童节,"可爱多"冰淇淋打算面向某高校策划一次营销活动,请你利用本单元所学习到的内容营销的规划和策划的相关知识,为其撰写一份内容营销策划书。

三、实训主要步骤

(1)确定分组和分工。

(2)整理相关资料,并撰写内容营销策划实训报告。

(3)交流总结。

四、实训注意事项

(1)小组人数不宜超过 6 人,应做好分工,在实训报告中标明每位成员所负责的工作。

(2)每个小组撰写一份实训报告。

本章小结

内容营销,指的是以图片、文字、动画等介质传达有关企业的相关内容给客户,促进销售,通过合理的内容创建、发布及传播,向用户传递有价值的信息,从而实现网络营销的目的。内容营销通过内容触达用户,再驱动用户再生产和再传播;内容营销是企业建立品牌形象的长期营销战略;信息过载的营销环境,内容营销更加受到广告主青睐。内容的形式包括文字、图片、视频和音频;内容的类型包括热点性内容、时效性内容、及时性内容、持续性内容、方案性内容、实战性内容和促销性内容;内容营销的模式包括信息发布模式、信息引导模式、信息订阅模式、社交分享模式和资源分享模式。通常来说,企业在内容营销执行过程中,需要经过四个步骤,最终形成完整的内容营销触达用户。第一步,企业需要考虑,在当前营销需求中,内容营销能带来的价值是什么,是否真的需要选择内容营销的形式? 第二步,企业需要结合营销诉求,选择最为契合的内容形式。第三步,企业需要同时考虑媒体和内容的双重选择,二者都直接决定了其主要的受众群体以及营销调性,可能因为某一具体内容而直接选择拥有该独家内容的媒体,也可能先确认了某一媒体再在其内容库里选择合适的内容。第四步,企业需要考虑以何种方式去呈现内容营销,在保证用户本身的内容体验下还能够接收到营销信息。

思考题

1. 内容营销的概念是什么?

2. 如何理解内容营销的价值?

3. 如何理解内容营销的策略?

4. 内容营销策划的要素有哪些?

5. 如何进行内容营销策划?

6. 内容营销策划中的注意事项有哪些?

第十章

新 媒 体 营 销

学习目标

- 掌握新媒体营销的概念及特征
- 掌握微信营销的主流模式
- 掌握微博营销的基本原则及策略
- 熟悉微信公众号营销的商业运营模式
- 熟悉微信小程序营销的特征
- 了解新媒体营销的发展趋势

第一节　新媒体营销概述

一、新媒体营销的概念

(一) 新媒体

新媒体是相对于传统媒体而言的。相对于报刊、广播、电视和户外这四大传统媒体,新媒体也被称为"第五媒体"。对于新媒体的具体概念,不同的人有不同的观点。

根据联合国教科文组织的定义,新媒体指的是以数字作为基础,将网络作为载体来对信息进行传播的媒介。当今主流的新媒体主要基于互联网和信息技术的发展,逐渐反映了从传统互联网向移动互联网的过渡趋势。

清华大学教授熊澄宇认为新媒体是一个不断变化的概念:"新媒体在今天网络的基础上又有延伸,无线移动的问题,以及其他新的媒体形态,跟计算机相关的,都可以说是新媒体。"

还有学者认为新媒体是使用最新的传播信息的技术、采取新的媒介进行经营的模式、对新的媒体内容和表现形式进行创新,并为客户体验创造新的媒体模型。

(二) 新媒体营销

新媒体营销是利用新媒体平台来进行营销的一种模式。新媒体营销通过在新媒体上发布影响广泛的信息,使人们参与到具体营销活动的互动中。在特定产品的概念诉求与问题分析上,它对消费者进行针对性引导。它借助媒体平台和舆论热点来向消费者传递某种概念、观点和思路,以达到企业的商业策略软性渗透,使企业更好地得到品牌的宣传和销售。不同于传统营销的思维方式,新媒体营销的思维方式更具有体验性、沟通性、差异性、创造性和关联性。

以产品驱动为出发点的新媒体营销定位于产品特色,通过对产品的清晰定位和有特色的运营策略,以合理的组合方式在较短的时间内得到极高的曝光率和消费者的认可。一般而言,新媒体营销是通过下述"三步走"来实现的。

1. 策划

根据产品的具体特征来提取核心诉求,采用合理的方式和表现形式进行事件营销。全面了解客户的不满之处,充分利用人们的从众心理,使客户在对事件的讨论中产生共鸣。

2. 舞台定位

选择合适的新媒体操作平台,来进行新媒体营销。企业可以在微博、微信等平台制造话题,引导人们参与其中;利用人群聚合效应,使产品的宣传得到更广泛的扩散。

3. 持续跟进

在完成前两步后,需要持续跟进,以企业的账号慢慢渗透,来使新媒体营销的效果得到更广阔的延伸。

二、新媒体营销的特征

(一)营销互动性强

在新媒体下的信息传播已经从原来的单向的传播变成互通传播,消费者不再是信息的被动接收者,同时也担任信息的生产者、传播者角色。由于新媒体具有互动性,新媒体环境下形成企业与消费者的直接"对话",企业可以运用新媒体平台与消费者进行一对一的互动交流,在更加充分分析用户反馈结果的基础上,结合自身优势和营销目标对营销的模式进行优化,并可进一步更新迭代产品结构。同时,企业可以对新媒体后台的数据进行大数据分析,发现消费者潜在的需求与当前的消费流行趋势;也可以利用分析结果对每位消费者进行精准细分,这样更易于满足消费者的个性化的需求。比如现在可以通过互联网获得对于传统营销模型中的市场研究必不可少的基本消费者信息,例如:点击量,访问时间、访问者的性别、爱好以及浏览习惯等等。

(二)新媒体传播速度快、范围广

与传统媒体相比,新媒体受外部影响干预程度较小并易于打破垄断,每个人都可能是新媒体信息的创造者,你发布的信息也可能引起广泛关注,所以新媒体内容丰富且空间开放,这些特点都使得人们的交流更加便捷不受时间地点的影响。通过图片、文字、视频等方式传播营销内容,更快捷、更直观、更高效,并且更容易被消费者快速接受和理解。在实际的营销实例中,新媒体营销的传播速度远远超出预期范围,可很快获取更多的用户和访问。新媒体依靠日益成熟的互联网技术和移动终端设备的普及使客户可以获得实时的营销信息,营销范围突破了地域限制,营销信息遍及全球。另外,与传统的地毯式营销模式相比,新媒体营销的目标更加精确,营销信息可以快速地匹配到最适合的消费者并加以推送,这样就为细分市场的营销提供了条件。

（三）新媒体营销具有多样化、个性化特点

新媒体营销具有形式多样化、渠道多元化的特点。从最初的单一个人PC电脑到现在微博、微信、App等新媒体移动信息终端，每种新媒体都有自己的特点，不同的营销方式，满足了不同企业的需求。利用一种或者多种新媒体方式，并将其充分结合扩展运用，成了在营销活动中的新方向。从游客的角度来看，人们愿意使用自己更信任和熟悉的新媒体。将富有个性的内容在新媒体中传播，既能够吸引游客关注又能够满足游客对信息量的需求，通过运用大数据技术准确定位这些游客，使游客接收到自己最需要的信息，更容易收到良好的效果。

（四）新媒体营销具有合作性

新媒体是以互联网为基础建设的，加之使用者是广大网民，特别是近年来互联网生态系统的建设，使新媒体对于相对独立传统媒体具有天然的优势。而不同的新媒体又各有优势，新媒体间的相互融合就使得信息传播渠道更宽，信息传播速度更快。所以新媒体较传统媒体的营销更有必要进行资源整合。新媒体很好地解决了传统媒体无法解决的问题。新媒体在探索营销新领域的同时也继承了传统媒体的一些优势。因此，新媒体营销的出现不只是因为信息技术的更新，还是消费者和企业营销模式不断创新的结果。

三、新媒体营销的主要类型

（一）社交网络营销

随着移动互联网的加速发展，信息技术的进步，人们的社交圈不断壮大。社交网络营销是一种通过社交平台，利用每个人在该平台的社交网来进行营销的方式。其核心就是关系营销，只不过利用社交平台使得这种关系营销较线下的口述更加隐蔽、便捷和低成本。通过共有的朋友让企业与潜在消费者之间间接建立了联系。

首先是微信营销。在功能方面，微信与微博的营销策略有些相似，但也存在不同之处。随着网络及微信小程序的发展，微信营销出现"face to face"（面对面）的创新营销方式，商家在安卓系统和iOS系统的智能手机或平板电脑等移动通信终端上进行营销，易于与消费者沟通，可以精准维护最有价值的目标消费者。商家也能根据消费者的需求，实时提供服务。因此，商家能够将潜在客户变成购买产品的消费者。目前，我国人民生活中较重要的交流工具就是微信，对受众来说，微信的出现频率较大，实用性更强，且微信具有支付功能，便于人们线上支付。商家在微信上进行营销活动，能收到丰富多彩的反馈，能在更大的覆盖范围提供营销信息。因此，微信和微博相比，存在独特的优势，使用微信平台进行营销，能够发挥更有效的积极作用。

其次是微博营销。微博营销是企业通过微博平台不断发布新内容，向用户宣传品牌或产品和企业的信息，树立良好的企业形象，并将潜在客户转化为消费者的营销方式。商家注册自己的微博公众账号后，发布自己的商品信息或活动促销内容，微博用户能随时随地接收企业或企业商品的最新信息。通过微博中的"转发""评论"和"赞"等功能，企业能与顾客沟通，实时双向交流。进行微博营销的企业能够在与消费者的沟通过程中，知道并满足消费者的需求，根据消费者的需求调整营销方式、产品与服务。微博功能的兼容性很强，企业发布的内容可在全网传播，帖子可以链接的形态分享到微信、QQ等其他平台。因此，除了在微博平台以外，在其他平台也可推广营销。

（二）搜索引擎营销

搜索引擎营销是利用各大搜索平台的大数据算法或付费广告的形式，将企业信息或宣

传推广更精确地推送给通过搜索引擎查找内容的用户的营销模式。企业通过付费的形式在搜索引擎中获得更多的关键字和更靠前的搜索排名,让用户在模糊搜索的情况下优先看到付费企业的推广信息,促进成交。企业依据推广链接的点击量进行付费。在用户进行信息搜索的过程中,搜索引擎通过搜索关键字的相关性和点击量通过大数据算法将搜索内容展现给用户,同时通过搜集用户的行为习惯和基础特征将付费广告精准推送给最有可能成交的潜在产品购买客户。目前主流的搜索引擎平台主要由百度、搜狗、360、谷歌等。搜索引擎营销已逐步成为大企业进行线上营销、品牌推广的主要推广方式。

(三) 移动 App 营销

随着移动互联网技术的不断进步和手机性能的提高,人们的上网习惯正从计算机向手机转移。当前,移动设备已经成为用户数量最多的互联网工具。实力稍强的企业已经开发了自己的企业应用 App 客户端。企业拥有自己的客户,一方面,他们可以根据自己的需求为用户量身定制产品的展示方式。另一方面,他们还可以使用 App 收集用户反馈和基本信息,以通过大数据建立自己的大型用户数据库。分析并建立客户画像,以便为用户提供更具针对性的产品和服务。同时,拥有自己的企业 App 也是企业实力的体现,可以更全面地展示企业文化,更有效地树立品牌形象。因此,移动 App 营销可以有效地提高公司知名度,扩大品牌影响力,收集第一手客户数据,并间接提高产品销售和客户忠诚度。

(四) 短视频营销

近几年抖音的快速崛起迅速地带火了整个短视频行业。短视频营销也从一开始单一地以娱乐、搞笑为主的内容来吸引流量转变成以直接的短视频直播购物以及短视频超链接购物为主。很多企业都在抖音注册了官方的宣传账号,就连新华社、外交部等国家机关和主要新闻媒体也在抖音拥有官方账号并吸引了大量粉丝的关注。如今的短视频营销呈现出制作越来越专业、内容越来越精细、用户关注起点越来越高、变现方式越来越多样等趋势。通过短视频营销可以使企业的品牌形象更生动,产品展示更充分,同时又兼具推广成本低、范围广、效率高等显著特点,短视频营销已经成为当下最流行的新媒体营销方式之一。

第二节 微 信 营 销

一、微信营销概述

(一) 微信营销的概念

微信由腾讯控股有限公司(Tencent Holdings Ltd.)于 2010 年 10 月筹划启动,由腾讯广州研发中心产品团队打造。微信一经问世,就受到移动网民的欢迎,用户人数急剧增长,已经成长为最重要的移动应用之一。微信平台具有多元化的功能,给网民带来很好的体验,同时也为企业的营销活动提供了丰富的渠道和工具。

微信营销主要体现在以安卓系统、苹果系统的手机或者平板电脑中的移动客户端进行的区域定位营销,商家通过微信公众平台,结合微信会员管理系统展示商家微官网、微会员、微推送、微支付、微活动,已经形成了一种主流的线上线下微信互动营销方式。

微信提供公众平台、朋友圈和消息推送等功能,用户可以通过摇一摇、搜索号码、查找

"附近的人"、扫二维码等方式添加好友和关注微信公众平台,同时微信可以将内容分享给好友,以及将用户看到的精彩内容分享到微信朋友圈。

微信支付是微信近年来推出的一项新功能,至此,微信开放体系初步形成。除此之外,微信作为时下最热门的社交信息平台,也是移动端的一大入口,正在演变成一个大型商业交易平台,其对营销行业带来的颠覆性变化开始显现。很快,微信商城的开发也随之兴起,微信商城是基于微信研发的一种社会化电子商务系统,消费者只要通过微信平台,就可以享受到商品查询、选购、体验、互动、订购与支付的线上线下一体化服务,我们可以看到,微信已经超出其最基本的通信功能,集社交、获取信息、购物、支付等多种功能于一体,功能越来越强大,设计也越来越人性化。

(二) 微信平台的营销功能

1. 即时通信

即时通信功能是微信作为移动通信平台的核心功能,也是微信最基本的功能。在这个功能基础上又衍生出了很多其他的功能。这个功能满足了人们随时与好友进行联系的需求,同时又不会耗费大量的通信费用,只需要足够的数据流量即可。微信的文字、图片、语音和视频交流,全方位地满足了人们交流沟通的心理需求,大大提高了人们进行情感交流的频率和便捷性,因此在即时通信领域,微信具有很强的黏性。基于即时通信技术,微信又开发出其他功能,这些功能都更加强调用户信息的共享,如图片分享、小视频分享、位置共享、发红包、转账、卡券和群聊天等,这些功能也丰富了人们进行交流沟通的趣味性和便捷性。在具有了群聊天功能之后,微信进一步提升了用户的活跃度,用户可以通过群聊功能形成一个个具有特定目的的群组,可以随时随地进行交流沟通,群组成员之间可以互相激发,进而维持群组的活跃度。

2. 微信公众号

微信公众号作为微信的一种独特功能,使微信成为网络信息的一个强大集散中心。微信将公众号划分为服务号、订阅号、企业号三个类别。

服务号为企业和组织提供了强大的业务服务与用户管理能力,主要偏向服务类交互,适用的客户是媒体、企业、政府或其他组织,对群发的限制次数是一个月(按自然月)内可发送四条群发消息。

订阅号为企业、组织和个人提供了一种新的信息传播方式,主要功能是在微信侧给用户传达资讯,适用的客户是个人、媒体、企业、政府或其他组织,对群发次数的限制是订阅号(认证用户、非认证用户)一天内可群发一条消息。

企业号定位为互联网化连接器,可以帮助实现业务及管理互联网化,可以高效地帮助政府、企业及组织构建自己独有的生态系统,随时随地地连接员工、上下游合作伙伴及内部系统和应用,实现业务及管理互联化。

3. 朋友圈

微信朋友圈作为微信的特色功能之一,在微信发展之初对增强用户黏性起到了非常重要的作用,它可以使用户的分享内容(包括自拍图片、图库图片和公众号图文、视频等)被通讯录里的授权好友看到,同时好友还能予以反馈——点赞或评论。由于微信的主要使用环境是移动终端,所以用户可以实时查看到朋友圈里其他好友的当前分享内容。它满足了用户进行信息分享,同时得到其他人关注的潜在心理需求。由于朋友圈强大的信息分享和传递能力,微信已经对朋友圈进行商业化——在朋友圈里插入广告。这种广告类似于在朋友圈展示朋友的原创内容,目的是将广告作为生活的一部分,对用户产生潜移默化的影响。

4. 漂流瓶

漂流瓶功能最早在 QQ 邮箱中诞生,微信一脉相承。漂流瓶是一种无目标的信息投递服务,类似于现实中的漂流瓶,可以将信息写好后装进一个"瓶子"里,然后抛出去,并不知道谁会"捡到"它并查看里面的内容。微信的漂流瓶和真实的漂流瓶有很多不同之处,如漂流的时间很短,不用等上几年才有人捞到;又如可以回复,真实的漂流瓶一般无法回复;再如可以定向抛掷,网络漂流瓶可以指定接收对象的地理位置是同一城市或者远距离等。

这个功能最大的特点是好玩,漂流瓶本身意味着一种机缘,抛出瓶子和捡到瓶子的用户之间有一种奇妙的缘分。企业可以利用这个特点来进行营销,前提是与微信官方进行合作。如招商银行曾经利用漂流瓶开展"爱心漂流瓶"活动,取得了很好的营销效果。

5. 摇一摇

摇一摇功能是移动端独有的,因为移动端硬件(传感器)的支持,这个功能最广为人知的是在移动应用"陌陌"中的运用,可以摇到周围的异性。微信是通过摇一摇搜寻同一时刻也在摇一摇的人,不过微信并没有定位于陌生人社交,所以没有将此功能作为主打功能。摇一摇有一个典型的应用场景,就是在人群聚集时(如开会),可以直接通过摇一摇添加大家为好友,非常便捷。但是摇一摇仍然是一个有想象力的功能,微信团队在此基础上进行了一些有意思的尝试,如听音辨歌,当开启摇一摇搜歌后,摇晃移动设备,就会自动识别歌曲,并且定位到正在唱的那一句。另外,摇一摇还可以用来传图片,在浏览器中安装一个插件,就可以将网页上正在浏览的图片"摇"到移动设备上。

6. 附近的人

附近的人是一个很实用的功能,用于搜索附近的人,它基于移动设备的定位功能。这个功能一开始被人广为诟病,但是仍然有精明的企业成功地利用其进行营销推广。很多中小企业属于地缘经营,如小饭馆、水果摊等,这些企业以个人名义注册微信,并且在个人简介中简单介绍企业的产品和服务,可以用这个功能吸引周边的消费者。

7. 扫一扫

扫一扫这个功能原本是扫描微信推出的专属二维码,因为顾客使用微信外的扫描工具可能会出现解码困难的情况。使用扫一扫功能可以识别二维码,这些二维码多数对应个人或者企业的微信账号,通过扫描可以直接添加为好友。微信 5.0 版本对扫一扫功能进行了重大升级,除了原来的扫二维码功能外,还可以扫描条形码识别商品;扫描书本或杂志封面识别书或杂志,同时提供几个电商网站的购买链接;扫描英文单词可以实时翻译;扫描街景可以获取附近的地图等。

【想一想】如何充分利用微信的以上功能开展营销活动?

扩展阅读

全家告诉你,地铁广告还能这么玩

2015 年,全家为改变路人对户外广告仅仅停留在"注意"阶段,同时配合新品黑标便当的上市,在地铁数字广告中利用微信"摇一摇"吸引路人参与营销活动。该活动主要利用图像识别技术,当人群路过播放"黑标便当"宣传片的 LED 大屏幕前,打开微信"摇一摇"进入活动参与入口,拍摄视频中的鸡腿或便当画面并上传,识别成功后就可以获得一份美味的鸡腿便当的兑换码。使得路过的人群对营销广告从"注意"上升到了"接受"程度,大大提升了广告效率。

（三）微信营销的主流模式

1. 内容类营销

内容类营销是指以图片、文字、声音、动画等介质传递与企业相关的内容，以促进销售或与客户建立良好关系的活动，其关键是向客户提供有价值的信息，并在其中融入与企业有关的内容。企业通过信息的传达表达对客户的关怀，与客户建立起稳定关系。微信内容营销是内容营销的一种，以微信为渠道，强调通过提供高价值的内容，与客户建立微信好友的强关系，达成信息沟通和交流，提高企业品牌影响力或促进销售。

微信内容营销相比一般的内容营销，具有精准度高的特点。企业发布的内容会立即显示在粉丝的微信号上，粉丝可以查看、回复和转发信息。微信客户端的移动性使内容推广不受地理位置的影响。粉丝在接到信息后或在需要时，可以随时随地与企业或个人进行沟通交流。企业或个人与粉丝之间的这种封闭或半封闭的互动方式，方便了企业为客户提供个性化的服务，提高了客户的信息安全。同时，客户可以根据自己的需要，便捷地订阅内容或享受个性化的服务，只需要搜索公众号，加关注成为其粉丝即可。微信的社交性使客户在接收到企业的信息后，可将内容便捷地分享给好友，与他们讨论并做最后的决策。一般的内容传播方式很难与客户的强关系网络建立联系。而微信弥补了这方面的空缺，微信的这种特性既满足了客户与好友讨论分享信息的需求，又满足了企业传播信息的诉求。

> **扩展阅读**
>
> **vivo智能手机微信广告：回归，是创造手机之美的起点**
>
> vivo智能手机多次选择微信广告形式推出新机上市活动，然而每次的展示主题却不同，如vivo X5 Max以"向音乐致敬"为主题，而vivo X5 Pro则非常直接地从时间、空间、热爱和灵感四个方面讲述了手机之美的故事，对应了其双面2.5D弧面玻璃、极光陶晶镀膜、极致Hi-Fi和极速闪拍系统等四个极致卖点。这让消费者对这款手机有了充分了解的同时，有利于从情感上打动消费者。

2. 工具类营销

微信工具类营销模式主要是指运用微信的一些小工具来开展营销的模式，如漂流瓶、摇一摇、扫一扫等。小工具的应用场景大多是个人客户，企业客户较少，不过如果能够充分利用这些小工具，也可以带来意想不到的营销效果。

微信工具类营销具有以下特点。

（1）工具使用频率较高，能够有效地接触目标客户。招商银行的爱心漂流瓶如果不是漂流瓶本身被客户使用的频率较高，可能就会"沉入海底"。

（2）要有效地利用这些工具进行营销，一般需要与微信官方合作。仍以爱心漂流瓶为例，如果招商银行没有和微信官方合作，则客户难以打捞到爱心漂流瓶。也有一些小企业利用个人账号进行工具类营销，这不需要和微信官方合作，但是无法进行大规模推广。

（3）工具类营销适合作为辅助手段，配合其他营销活动使用。工具类营销方式比较依赖于工具本身的属性及其应用，一般只能实现营销目标中的一个方面，无法通过工具的应用来达成全部的营销目标。

3. 会员制营销

微信会员制营销模式最早是腾讯为生活团队尝试做O2O闭环时推出的,类似于大众点评的电子会员卡模式,出示手机上的电子会员卡就可以享受会员价,客户不必带很多会员卡在身上。企业可以直接将会员后台管理系统以一个公众账号的形式搭建在微信上,可以群发优惠活动等信息。企业可在门店中放置二维码来吸引客户关注该公众账号,并获取电子会员卡。

二、微信公众号营销

(一) 微信公众号概念

微信公众平台又称微信公众号,简称为"公众号",其功能主要以收集、筛选、整理和推送信息为主;个人和企业均可注册微信公众号,并允许以文字、图片、视频、语音等多种形式向其用户推送消息;除此之外,用户还可以通过评论、点赞或是后台留言的方式和运营方实现交流互动。2020年6月29日,微信公众号在几番更新之后推出了"分享"和"点赞"两项新功能,通过用户分享或是增加点赞数的方式,体现对文章信息内容的支持。

微信公众号目前包括订阅号、服务号和小程序三种账号分类,开发者模式面向具有开发能力的用户,提供了近百个微信开发接口,提供给微信公众平台的用户,可以结合自身的需求开发各种不同功能的应用。截至2020年,微信公众号的数量就超过了2 000万个。超过70%的微信公众号运营者为机构或者企业,远远超过个人号的数量。在微信公众平台上进行营销的优势包括数量巨大的用户群体,而且微信公众平台的功能强大以及用户都是微信用户,在这些基础上进行营销活动,有助于实现企业的精准营销,这也是在众多移动营销方式中采用微信公众平台的原因之一。

(二) 微信公众号的分类

1. 从功能分类

从功能角度,微信公众号可以分为服务号、订阅号和企业微信。其中,企业微信是为企业、政府机关、学校、医院等事业单位和非政府组织提供联系的办公应用,以内部办公为主,不对外开放,其发送的消息数量不受限制,可以有效地简化管理流程、提高信息的沟通和协同效率;服务号的适用对象为媒体、企业、政府和其他组织,功能以服务为主。在服务号用户的通讯录中,有一个公众号文件夹,里面可以查看用户关注的所有服务号。服务号每个月可以发送四条群发消息,且信息会自动显示在其粉丝的聊天列表中,同时用户会收到消息提醒;订阅号的适用对象为个人、媒体、企业、政府或其他组织,功能以提供信息为主。订阅号每天可以向其粉丝群发一条信息,用户在关注订阅号后,其推送的信息会被折叠在订阅号文件夹中,用户个会在消息列表中收到信息提醒。本文研究的高校官方微信公众号就属于订阅号。

2. 从运营主体分类

从运营主体上,微信公众号可以分为政府、企业、媒体、事业单位和个人五种类型。不同类型的主体在推送信息时,有不同的目的并希望起到不同的作用。

政府公众号主要推送三种类型的信息:一是政务类,主要是将内部工作及相关业绩进行呈现,有利于人民群众和上级单位了解情况;二是服务类,这部分信息大部分是向普通民众提供帮助,以消除信息不对称;三是推广类,比如对社会热点进行评价解读等。综上,政府公众号所推送的信息有以下两个目的:第一是公开透明展示政务情况,接受监督;第二则是为人民服务,加强与人民的沟通程度,尊重人民群众知情权,保障其利益。

企业微信公众号的运营目的主要是盈利,因此,企业公众号推送的文章不免带有大量产品推广以及个人色彩强烈的游说话语,而现在的企业为了不引起用户反感,多采用软广告植入的方式,所以用户在浏览这类信息时要提高辨别能力,仔细甄别。

媒体公众号平台可以说是最为活跃的一类公众号,其发布的内容主要包含三类:新闻实事、社会热点和知识科普。但是,受到流量经济和互联网的影响,越来越多的媒体开始忽视信息的真实度,成了"标题党",为了吸引用户注意而夸大其词,信息内容既没营养又粗俗低下,违背了媒体工作的初心。

事业单位微信公众号推送信息的目的以为用户提供信息服务,满足用户信息需求为主,而其推送文章的特征也根据具体的主体有所不同。以高校图书馆微信公众号为例,其推送信息主要是服务类,如图书馆活动通知、书籍变更情况以及一些学术讲座等;而医院的微信公众号则是健康信息科普和医疗服务信息为主。

而个人微信公众号平台则主要由个人或团体进行运营,其主观色彩和个人风格较为浓郁,在一定程度上,自媒体属性明显。

通过对各类微信公众号运营主体和目的的分析,可以发现不同领域、不同类型的公众号推送信息有很大不同,所以在研究微信公众号信息质量时,应严格区分不同微信公众号的特征,不可一概而论。

扩展阅读

比亚迪汽车微信公众营销

2013 年 Q4 比亚迪汽车微信运营团队依据企业微信营销特点,将比亚迪汽车微信公众账号进行了第一次技术升级,架构了微信官网,并增设了预约试驾、互动活动发布体系、LBS 服务等多个微信模块,以提升比亚迪微信公众账号的互动性和客户服务体验。与此同时,比亚迪汽车迎来新款车型"秦"的上市,尝试一次以微信公众账号为核心的社交媒体整合营销,快速扩大比亚迪品牌以及新车"秦"的口碑传播。

将微信营销充分结合到传统的宣传推广体系中,吸引粉丝关注以便二次营销,让传统推广资源和活动营销得到更大的价值体现,这是比亚迪微信运营团队和互动派团队共同达成的推广策略。

尝试基于社交媒体特点,整合运用话题营销、互动活动营销、娱乐营销等营销手段,充分调动社交媒体平台每一个粉丝的"自媒体"属性,打造汽车行业互动营销。整个活动的营销时间安排为:2013 年 9 月 23 日开始执行,直到 2014 年 1 月 8 日才告一段落。

整个营销策略的执行由互动活动——寻"秦"记开始,拉开比亚迪"秦"社交媒体营销序幕,具体活动如下。

(1)线下活动直播:微信粉丝互动与传统媒体齐上阵,充分发挥粉丝的力量和传统媒体的权威形象,线上线下融合传播全面展开。

(2)微信、微博、官网同步报名,现场直播北京密云机场比亚迪"秦"大战保时捷911,上演速度与激情,推波助澜。

(3)"秦"你来定,系列微信活动,加深粉丝对新车上市的期待。

(4)2013年广州车展,土豪金,比亚迪"秦"到哪里都与众不同,将营销植入产品。

(5)比亚迪PK特斯拉抓住热点的话题创作,植入新品信息,借机造势。

(6)开发微信赛车游戏,将比亚迪"秦"的油电混合和超级加速度卖点完美植入,打造汽车行业娱乐营销的典范。

这场以微信为主要平台的营销活动,通过不同方式将创意执行逐步推进和实现,实现了宣传效果的最大化。

(1)微博话题打榜,带动比亚迪微博、微信备受关注,24小时热门排行榜第2名,日均话题关注度过100万人次。

(2)互动娱乐营销带来微信关注和粉丝活跃度大幅提升。

(3)比亚迪"秦"新车上线三周内,采集目标消费客户手机近2400名,达到较好的销售促进效果。

比亚迪汽车微信公众账号运营团队的不懈努力,让整个汽车行业在如何利用社交媒体微博、微信进行整合营销方面眼前一亮,不是单纯地追求粉丝数字,而是充分体现了比亚迪微信团队对社交媒体营销核心价值的追求——让企业的官方微博和微信真正"动"起来。

(三)微信公众号的营销模式

1. 广告

广告是最普遍的营销方式,具体可分为两种:第一种是开通流量主功能,粉丝量达到500人以上的公众号运营者可自愿将公众号内指定位置分享给广告主作广告展示,根据广告的点击次数按月获得广告收入。目前,公众号可开放的广告位包括:底部广告位、文中广告位、返佣商品CPS广告位和视频后贴广告。第二种是承接品牌商的投放广告,通过发表软文,达到推广品牌、宣传产品的效果。一般来说,开通流量主门槛较低,但收益较少,适合初级公众号;承接品牌商投放广告门槛高,但收益丰厚,往往集中于头部大号。

2. 电商

电商与微信公众号打通,可以直接带动产品销量。电商营销的形式一般是在软文中将产品植入,让受众了解产品的特性、用途、使用场景,在潜移默化中对产品产生兴趣,文末插入产品链接,促进交易转化。电商营销的形成过程有两种方式,一种是品牌公众号对自营产品的推广,如"海尔家电"公众号内的官方商城,还有一些公众号会在拥有一定粉丝量后并通电商窗口,售卖周边产品。如:时尚类公众号"黎贝卡"推出同名服装品牌,公众号"物道"成立"物道生活馆"小程序等。第二种是将电商与广告相结合,公众号将广告主的产品植入软文,向受众推荐,促成交易转化。

3. 知识付费

知识付费主要指知识的接收者为获取知识而支付一定金钱成本,可以看作内容付费的延伸。微信公众号的知识付费变现模式,可以把运营者的干货、经验、心得以有偿方式分享给用户,通过公众号推广卖课、最终在喜马拉雅FM、知乎、得到等平台上完成授课。微信公众号"新世相"的受众定位为具有一定文化水平的都市青年群体,他们渴望自我提升与实现人生价值,因此,知识付费是"新世相"的重要商业运营模式之一。

4. 内容打赏

2015 年,微信公众号赞赏功能上线,读者可以自愿为喜欢的文章打赏,这一功能极大激发了创作者的写作热情。据微信数据显示,这一年内测得赞赏账号总收入超过 2 000 万。2017 年 4 月,微信宣布,根据苹果 App Store 条例 3.1.1 条款,iOS 版微信公众平台赞赏功能将从 4 月 19 日下午 17:00 开始被关闭,安卓等其他版本微信赞赏功能不受影响。直到 2018 年 6 月与苹果公司协商完毕后,微信公众号才重新开放赞赏功能。与广告变现相比,大多数公众号打赏收益并不高,但却是读者对作品最直接的认可与鼓励,既能提升作者的创作热情,又增加了粉丝与作者的联系。内容打赏对文章质量要求极高,适合拥有一定粉丝基础、内容新鲜有趣的优质公众号。

以上四种是目前微信公众号的主流变现模式。在实际应用中,四种模式多为自由组合、综合应用,对于实力强劲的头部大号,四种模式往往共同使用,力求经济效益最大化。

(四) 微信公众号营销特征

1. 高效抵达

微信公众号的营销模式是指依靠多媒体向用户传递符合社群内价值观与兴趣习惯的信息,期望展示自我,获得社会认同感,以此递进式地实现自我价值乃至货币价值。微信公众号作为社群营销的"优秀代表",拥有优于传统营销与其他网络营销的到达率和精准率,便于展开精准化定位的营销模式,收集并分析用户的喜好、审美、习惯,有目的性地制定营销策略。在这一个小的社群环境中,先为受众提供其感兴趣的内容,最大限度地引起他们的共鸣与关注,从而利用自身的关注度和受众黏性的影响力获得利润。

2. 口碑效应

社群营销最重要的是形成扎实的口碑与好评,这些所带来的效益会大大超过一味地扩大销量。口碑传播是一种链式传播,对信任度的要求极高,为一种容易扩散的强关系,通过忠实用户逐渐延伸至陌生人中的链状扩散,表现为"我"吸引粉丝、粉丝吸引粉丝的滚雪球形式,这些自发涌过来的用户,都是先被信息"筛"了一道的,可以称为精准用户。而成功进行营销的基础是信任,好口碑源于信任感,如何增强用户的信任感,要看"个人品牌"的树立,"个人品牌"不只指专业知识的储备,更多的其实是乐观、积极的生活态度、做事风格,与用户相同的生活方式和兴趣习惯,以及较为丰富的生活经历和解决问题的能力。即采用与用户相近的标签强化自己的个人魅力,类似于意见领袖般的存在,时刻保持与用户的黏性,是加深信任感、获得好口碑的柔性力量。

3. 强交互氛围

如今微信公众号越来越普遍,用户类型也变得更丰富。微信公众号每日推送一次消息,亲民但不会扰民,且解禁了时空捆绑,实现了世界各地的同步传播。即使错过了实时更新,也可以通过查看历史消息,随时"补课"。多元化的营销模式,给了用户自主选择的权利,精准的定位、及时性的互动,更是拉近了与用户之间的距离,也使整个过程变得生动、有趣。"互动"二字本就透着人性化,在微信公众号这个社群中进行营销并取得成功的原因不外乎是社群内人们的文化符号认同以及情感归属,而这个过程的每个细节包括建构、聚集、经营、推广都无不弥漫着"人性化"的气息。通过相同利益标签的牵引,即便是很小众化的兴趣和爱好也都可以在此找到认同感,随之进行的日常沟通与交流也就自然而然了,这便是所谓的强交互效果。

三、微信小程序营销

(一) 微信小程序的概念

2017 年 1 月 9 日,小程序带着自身独特的优势正式上线。微信小程序简称小程序,是一种可以跳过下载安装步骤直接使用的小程序,实现了应用"唾手可得"的理想,使用者通过扫一扫或者搜索功能即可打开。微信小程序的推出并不意味着可以代替所需应用原有的 App,而是凭借微信本身的巨大流量,来"给一些优质服务提供一个更加开放的平台",从而做到微信小程序开发者、原 App 应用开发者和使用者三方共赢。

微信小程序是一种在微信平台上开发应用的新技术,优势在于基于微信开发能够拥有庞大的用户量,自身体积小,不需要下载、安装、反复登录,甚至不需要卸载,从而节省了时间,即开即用,没有烦琐的流程,节省流量简化了用户使用成本;体验上虽然没法完全媲美原生 App,但综合考虑还是更优,其 UI 和操作流程会更统一,大大降低了用户的使用难度。并且微信小程序开发难度和成本较低,腾讯专门提供了开发者工具,集开发调试、代码编辑和发布功能于一体,亦可直接使用第三方开发模板,开发者只需按自己需求进行平台搭建。

(二) 微信小程序的分类

对于微信小程序的类型划分,学术界与企业界目前没有统一明确的标准,微信小程序第三方统计平台阿拉丁研究院在《2018 小程序行业发展研究报告》将微信小程序划分为社交、图片摄影、网络购物、工具、教育、生活服务、育儿母婴、汽车、旅游、内容资讯、音乐音频、阅读、线下零售、餐饮等 14 个类型,涵盖 100 多万个小程序。参考阿拉丁研究院的报告,根据微信小程序的应用场景,本文将微信小程序大致分为以下几种类型:网购类、工具类、生活服务类、社交类、游戏类、内容资讯类、餐饮类和零售类。

1. 网购类小程序

网购类小程序是目前小程序数量最多的类型,以拼多多小程序、京东拼购小程序和每日优鲜小程序为代表。用户可以直接在网购类小程序中完成交易,无需跳转到第三方 App,打通了从公众号到交易和从朋友圈到交易的营销路径。

2. 工具类小程序

工具类小程序定位于提高用户效率,贴合微信小程序用完即走的特性,适用于刚需低频的日常生活场景,如墨迹天气小程序。这类小程序在用户临时需要的情况下可以替代工具类 App,节省下载时间,为用户的生活提供便利。

3. 生活服务类小程序

生活服务类小程序最早入驻微信小程序中,相比于其他类型的小程序使用频率较高,用户具有刚需,如快递、公交单车等交通出行以及买房租房类小程序,覆盖人们生活服务的核心场景,帮助线下服务更好地实现线上的闭环,给 O2O 创造了一种新的连接方式。

4. 社交类小程序

社交类小程序包括熟人社交与陌生人社交小程序,也包括群工具、祝福小程序等。基于微信群聊或朋友关系链强互动的部分缺失,社交类小程序可以延伸微信的社交功能,一方面提高微信生态下普通用户的交友体验和连接质量,另一方面满足人们个性化和丰富的交流方式,提高用户间的社交效率。

5. 游戏类小程序

游戏类小程序是最早引起用户广泛关注的类型,2017年底游戏类小程序"跳一跳"的上线,使得小程序的日活跃度超过1亿,吸引了大量开发者进入。小游戏的便利性使大量用户从App迁移至小程序,无需占用大量移动设备的内存,用户即可享受游戏带来的乐趣,同时与好友PK和好友竞争排行榜等功能使得游戏类小程序的吸引力持续增加。

6. 内容资讯类小程序

内容资讯类小程序继承了微信公众号内容生产、发布和阅读的能力,同时不受微信公众号文章数量的限制,小程序允许在内容呈现和组织方式上实现创新,可以基于用户的阅读兴趣和信息流完成内容推荐,并为用户与内容生产方提供更丰富的互动形式,让内容资讯类小程序发挥更大的使用价值。

7. 餐饮类小程序

餐饮类小程序借助小程序连接线上和线下场景的能力,通过线上自助服务,提高从到店点餐、外卖配送、订位、排号到支付等多个环节的灵活性,显著提升用户体验。同时餐饮类小程序重构消费与服务的关系,通过卡券、会员等营销方式将原本消费后离开的用户,依靠小程序建立新的连接,刺激用户再次进店消费。

8. 零售类小程序

零售类小程序以传统零售企业开发的永辉生活、京东到家、屈臣氏小程序为代表,通过搭建线上小程序商城吸引顾客线上下单、门店自提,并利用小程序提供的会员、积分能力以及沉淀的经营和营销活动数据,对用户进行管理和分析,引导用户再次进店消费。

(三) 微信小程序的营销模式

1. 短期线下活动

企业如果有条件的话,可以开启一些短期线下活动,比如线下见面会、品牌发布会、参加行业交流会等等。利用这些活动,打响品牌知名度,并引导用户关注自己的品牌小程序。

2. 关联公众号、视频号

由于小程序即用即走的特点,所以小程序无法维持与用户的高黏性,所以容易造成用户流失,不过可以将公众号、视频号与小程序进行结合。通过公众号绑定小程序,底部菜单设置小程序入口,文章插入小程序卡片等方式可以达到锁住用户的目的。此外近段时间视频号也很火,且视频的表现方式更加生动具体,因此商家也要紧跟潮流,利用视频号来营销自己,和公众号、小程序结合,打造一个良好的品牌微信生态,形成稳定的私域流量。

3. 利用会员系统

这是一种维持粉丝黏性的有效方法,在小程序内开通会员系统,设置会员积分、会员等级,购买越多可获得越多积分和越高等级,从而刺激客户消费和复购。

4. 社群运营

微信群是一个很好的私域流量池。商家建立多个粉丝微信群;或通过促销活动在短时间内,筛选用户群体,引流到不同的社群中。再根据社群成员的不同需求垂直化营销,满足不同的需求。同时,再利用消费者的从众心理,再借此进行多件产品的促销活动。

(四) 微信小程序营销的特征

不同的营销平台会根据各自平台特性运用不同的营销工具。营销工具使用的目的是希望通过使用适合的、简单的、轻量的营销工具根据不同阶段的活动策划来与用户进行互动交流,使用户与商户之间,用户与用户之间形成一个完善的社交及电商网络体系。而其中微信小程序营销平台依托于微信社交应用,相较于其他自有开发平台搭建的商家成本更低、管理效率更高;相较于淘宝、京东等线上平台,拥有更多的流量入口、更好的用户体验、更丰富的营销玩法;并且可以打通线上线下销售平台。

1. 商家成本更低

对于传统企业来说,开发一款自有的 App 成本较高,一方面难以推广下载,即便下载,用户使用频率也较低;另一方面商家后期运营及维护成本较高。而依托于微信,开发商家小程序营销平台则成本较低,建设周期较短;微信拥有 11 亿用户流量,利用其流量优势可以更广地覆盖到目标用户人群,降低商家的运营成本。

2. 流量入口更多

微信小程序目前拥有"二维码、公众号主页、朋友圈、置顶小程序、微信搜索、附近小程序、浏览过的小程序、客服咨询、消息通知、微信广告、微信对话分享、推送文章、信卡包"等众多流量入口,并且还在不断优化扩展中。

3. 营销玩法更丰富

微信小程序可以运用多种社交营销插件,如通过互动营销,可以帮助商家快速链接用户,实现快速拉新,提升品牌亲和力;通过店铺促销,可以刺激用户,实现用户快速转化,为商家带来丰厚利润;通过裂变营销,使用多种营销玩法,如拼团、砍价、周期购……快速裂变,实现销量倍增。

4. 用户体验更良好

相比于手机中低频使用的 App,微信小程序轻量、便捷。用户可以通过多路径搜索,多流量入口点击进入,页面响应时间较短,无须等待即可进入界面,操作使用十分便捷。

5. 管理效率更高

微信小程序营销平台拥有系统化的管理流程,能够更好地管理门店、货品及会员。通过微信后台统计数据分析研究,可以为用户提供更加专业的服务及针对性营销活动,提高用户转化率以及产品复购率。

6. 全方位打通线上线下销售平台

依托于微信流量资源,微信小程序营销平台可以更全方位地帮助企业精准分析定位客户。客户可以通过线上微信小程序页面领取品牌会员卡,并于线下实体门店进行消费,实现线上线下会员互通;通过线上领券,可以用于客户线上购买产品消费,也可于线下实体店进行核销,实现线上线下营销互通;客户可以在线上完成订单消费,自主选择线下到店自提或者线上邮寄的方式,实现线上线下服务互通;选择线下自提形式,还可以增强客户的线下体验,增强品牌的信服力,同时可于线下门店进一步引导客户浏览其他实体商品,从而实现线上线下商品互通。

第三节　微博营销

一、微博营销概述

随着国外 Twitter 的风靡,国内微博也迅速兴起。与 Youtube、Facebook 等互联网产品的命运类似,Twitter亦因监管等问题未能进入我国市场。作为Twitter的模仿者与替代品,我国本土微博产品开始在2007年出现,代表者为饭否、叽歪、嘀咕、做啥、腾讯滔滔。在两年左右的时间里,以饭否为首的独立微博产品游走在自由与管制之间,面临资源与时间等限制,经历种种困境,它们属于国内微博的拓荒者。2009年,以国内门户网站强力加入为标志,我国微博开始进入蓬勃发展时期,国内微博市场明显升温,发展速度惊人。2010年我国微博元年真正到来,无论从用户范围,还是影响力上,都达到前所未有的高度。此外2010年多起新闻标志性事件均在微博引爆,并逐渐扩展到传统媒体,微博开始作为一股重要媒体力量出现。目前最有影响力和最受关注的是新浪微博,作为重要的网络媒体,微博的影响依然深远。

(一) 微博的账号类别

1. 政务官方微博账号

政务微博是政府应对突发事件的舆论利器。大量事实证明,突发事件常常会伴随谣言产生,带来巨大的舆论压力。作为信息汇聚中心,政府微博能够利用微博传播速度快、范围广的优势,在第一时间发布权威信息,澄清事实真相,为解决问题创造良好的舆论环境。微博相比传统媒体还有一个优势就是它可以随时随地发布信息而不必受媒体出版时间约束,不必走媒体发布流程,更加快速、有效。政务微博开辟了群众监督的通道。微博的开放性和互动性使开通微博的政府机构和官员都要接受更广泛的关注和监督。

2. 企业官方微博账号

企业官方微博是企业重要的传播工具,也代表着企业的官方形象和官方话语权,甚至比官网更有黏性。微博的迅猛发展还带给企业海量的宝贵数据,只要用心挖掘,不仅可以清楚地了解消费者的性别、年龄、城市等社会属性,还可以了解消费者的兴趣爱好、社交活动,甚至以非结构化的形态散布在微博的各个角落的消费信息。

3. 个人微博账号

个人微博比企业官方微博更容易运营,因为人的属性是无须刻意制造的,人性化的交流是天然存在的。个人微博运营的优势主要有三点:第一,以现实人际关系为基础。人际网络有现实人际关系做依托更加牢固,传播效力更强。第二,个人微博的延伸性更强,无须专注于某领域。个人是具有真实情感的实体,从情感角度来看不容易产生距离感,粉丝会更加愿意倾听与交流。第三,个人微博的真实性更强。因为个人账号一般不存在团队运营的情况,比企业官方微博少了很多运营痕迹,让人觉得更加真实。

个人微博与企业官方微博完全可以相得益彰,很多粉丝是因为喜欢企业领导人而喜欢企业,所以,很多时候个人微博成功的同时也成就了企业的微博营销使命。

(二) 微博营销的价值

微博营销的价值体现在以下六个方面。

1. 品牌传播

移动互联网时代,消费者获取信息的渠道非常分散,企业要想树立品牌须通过多渠道的推广宣传,而微博是网民最为集中的平台之一,通过企业微博进行宣传是一个非常好的途径。

2. 客户服务

客户可以通过微博对企业产品或服务发出质疑、请求帮助等,企业可以通过微博对客户进行实时跟踪快速了解到相关信息,并通过微博回复,或利用邮件、电话等方法快速解决客户的问题,避免客户因为不满而大规模地在网上传播负面信息,能够较为有效地提高客户的满意度。

3. 产品调研

微博是企业聆听、学习以及了解客户的有效平台。客户在微博上记录了自己的真实想法、爱好、需求、计划、感想等,真实地表露了消费需求、偏好、生活形态、品牌态度等。因此企业能够在一定程度上了解消费者对产品的态度、需求和期望、购买渠道、购买考虑因素,有助于企业深度了解消费者,从而制订或者优化产品策略、营销策略。

4. 产品销售

利用微博可以直接销售产品,如企业"快书包"允许通过微博私信下单,企业40%的销售来源于微博。特别是阿里巴巴与新浪合作之后,新浪微博成为众多中小企业获取流量、实现产品销售的重要渠道。

5. 危机公关

对于企业的公关人员来说,网上的"公关危机"就如洪水猛兽,令人胆战心惊。互联网特有的病毒式传播,使企业的网络公关显得尤为重要。用户对于某些产品或服务的负面言论、负面评价,都有可能导致企业的公关危机。因而企业对微博用户的品牌口碑实时监控非常重要,而微博平台具有的搜索功能以及实时监控功能,可使企业方便地实时监测品牌口碑状况。

6. 广告宣传

很多企业将微博作为广告宣传的阵地,但是往往不太受顾客欢迎,因为没有人愿意关注一个只会一味发布广告的企业微博。企业可以通过将创意性的内容植入广告吸引微博用户。

【课堂讨论】举例讨论微博的营销价值。

(三) 微博营销 SICAS 模型

SICAS 模型是全景模型,即品牌与顾客互相感知(sense),引导顾客产生兴趣并形成互动(interest & interactive),商家与顾客建立连接并交互沟通(connect & communication),顾客行动进而产生购买(action),顾客体验并分享(share)。顾客行为、轨迹分析在这样一个生态里是多维互动过程,而非单向递进过程。

SICAS 模型的核心驱动是基于连接对话,非广播式的广告营销,微博等社会化媒体是对话的核心。对话、微众、利基市场、耦合、应需、关系、感知网络是营销的关键词。在快速移动的碎片化环境中如何动态实时感知、发现、跟随、响应一个个"人",能够理解他们,并且与他们对话,成为提高企业营销效率的关键。因此,进行微博营销的企业应具备基于 LBS 位置服务随时随地的感知响应能力、基于社会化网络的沟通能力、基于实时数据流的需求实时响应能力等方面的核心能力。

扩展阅读

微博营销:一支祛痘膏卖出上亿元!

在微博上,有一家化妆品品牌让人印象深刻,它就是 WIS,明明没有关注它,但微博里总有它的广告。借助微博平台营销,这个新晋品牌目前已有 350 万粉丝,两年内杀入淘宝化妆品行业前 20,年销售额突破亿元。

二、微博营销的基本原则

微博营销应遵循趣味原则、利益原则、互动原则和个性原则。

(一) 趣味原则

当越来越多的信息都带上"泛娱乐化的假面"时，娱乐成为社会生活的重要元素之一，广告、营销也越来越倾向于娱乐化、趣味性。对于微博这个自媒体，粉丝意味着价值，自说自话将变成孤家寡人。制造一些趣味、娱乐的诱因，将营销信息巧妙地包裹在趣味的情节当中，是吸引粉丝的有效方式。

(二) 利益原则

营销活动不能为目标受众提供利益，必然寸步难行。企业开展营销活动必须设身处地站在消费者角度思考能给消费者带来什么利益，微博营销中提供给消费者的"利益"外延更加广泛，具体应包括信息、资讯；功能或服务；心理满足或者荣誉；实际物质或金钱利益。关于信息和资讯利益，广告的最高境界是没有广告，只有资讯；消费者抗拒广告，但消费者需要其需求产品的相关信息与资讯；直接推销类的广告化身成为消费者提供资讯，消费者接受度自然会大增。

(三) 互动原则

互动性是微博的重要特征，充分挖掘微博的互动性，充分利用互动特性与消费者交流，才能让微博营销的功能发挥至极致。应鼓励消费者参与到微博营销的互动与创造中来，消费者亲自参与互动与创造的营销过程，会在大脑中留下更深的品牌印记。把消费者作为一个主体，发起其与品牌之间的平等互动交流，可以为营销带来独特的竞争优势。未来的品牌将是半成品，其中一半需要消费者体验、参与来确定。营销人员的一项关键工作是找到能够引领和主导消费者和品牌之间互动的方法。

(四) 个性原则

个性在网络营销中的地位凸显，专属、个性显然更容易俘获消费者的心。因为个性，所以精准；因为个性，所以诱人。个性化营销让消费者心理产生"焦点关注"的满足感，个性化营销更能投消费者所好，更容易引发互动与购买行动。在传统营销环境中，做到"个性化营销"成本非常之高，很难推而广之，仅仅有极少数品牌尝试它。但在网络媒体中，数字流的特征让这一切变得简单、低成本，细分出一小类人，甚至一个人，做到一对一营销都成为可能，这一点在微博营销和移动营销中尤为突出。

三、微博营销策略

(一) 粉丝头条

2012年，新浪微博开始测试信息流广告，企业的广告会显示在粉丝主页的顶端，展示率为100%，所以也叫粉丝头条。这条企业广告微博和普通微博一样刷新后便会下沉，并且在24小时之内不会再出现。为了区分该条微博是广告，其左下方还会显示来自微博推广，类似Google的推广链接标识。

目前微博信息流广告采取竞价模式，分为CPE和CPM两种计费方式。CPE即Cost Per Engagement，按照微博有效互动计费，互动方式包括转发、单击链接、加关注、收藏；而CPM即Cost Per Mille，按照微博在信息流中的曝光次数计费。此外，广告主可以选择只面向自己的粉丝推送广告，也可以根据微博客户的社交兴趣图谱，选择与自己品牌和产品相关的微博客户进行投放。与品牌广告和大框架协议相比，信息流广告更多地面向中小企业市场，市场潜力非常巨大。

（二）粉丝通

2013 年 4 月，新浪微博推出粉丝通广告产品，类似于推出的 Promoted Tweets 产品，这种广告形式按粉丝参与度收费，广告将出现在广告主账户粉丝及潜在粉丝的信息流中，一般位于第三条。"粉丝通"可通过自助渠道办理申请，企业"蓝 V"认证客户可以通过企业微博管理后台进行申请。

粉丝通广告一般是先制作一条需要推广的微博，然后筛选目标人群进行推广，对目标客户可以从以下维度进行推广：年龄、性别、地域、兴趣爱好、平台（PC、手机和平板等）。通过筛选，系统会显示通过筛选可供推广的客户数，广告主可以对目标人群做到心中有数。投放广告的第二天，广告主可以看到广告投放的效果报告，了解推广效果。

（三）微博电商化

新浪与阿里巴巴合作之后，新浪微博与淘宝网联手打造了微博淘宝版，联手发力社会化电商市场。对客户来说，感受最大的是微博对淘宝商品链接进行了全新的诠释，与之前单纯的图片和链接相比，淘宝商品信息在微博中解析为 CARD 形式，聚合包括价格、店铺信誉以及受欢迎程度等在内的多种信息，给客户提供了全面的参考。如果客户对商品感兴趣，则直接单击图片或者单击"去购买"按钮，均可跳转到淘宝商品页面直接进行购买。部分商家还推出了专门针对新浪微博客户的"粉丝价"，以激励客户购买。

（四）微任务平台

微任务是新浪微博官方推出的付费转发平台。企业可以授权"微任务"应用，并通过发布任务的形式，选择微博账号进行商业有偿信息的微博发布或转发。任何微博客户均可以授权"我的微任务"应用，并在通过审核后成为微任务平台中的一员。成为微任务平台的成员后会接到有偿信息发布任务，微博账号可以自由选择执行或拒绝任务。接受任务后，微任务平台将以授权微博账号的身份在任务指定时间发布任务微博，微博客户成功执行任务后可以获得相应的任务报酬。

（五）话题推广

话题一直是微博的核心功能之一，话题推广是新浪微博学习 Twitter 推出的，这个功能是在页面右侧的热门话题榜中添加一条商业话题，并且标明"推广"。这种做法对客户体验的影响较小，容易得到客户和企业的支持。话题的个性化和商业化是两个主要方向。如当客户登录新浪微博时会显示 10 个热门话题，一般其中最多有一个商业推广话题，或许还会有一个本地话题，这样就兼顾了商业性和服务性。

（六）增值服务

增值服务一定要体现其价值，将这种价值在付费客户上进行充分体现，并且将这种价值展现给未付费客户，激励其付费行为。新浪微博推出会员系统、微号系统等增值业务，这一类业务的特点是少量多次，积少成多。会员的昵称之后加一个小皇冠标记，当会员出现在其他人的信息流中时，就可以看到这个小皇冠标记，非会员如果看到了也希望有一个，那么就要付费。非会员会在多处被提示加入会员，消除因为会员身份带来的差异化。

（七）展示广告

新浪微博最初没有任何展示广告，最大限度地保证了客户体验，但是随着客户增加，其平台的广告价值也逐步体现出来，于是，它也出现了展示广告。网页版微博比较明显的展示广告有两处，最明显的是第一屏微博发布框下方的轮播广告，处于视线焦点处，非常显眼；另一处是页面底部的广告，这个广告位无法固定显示，因为当页面拉到底部时会自动加载微博，加载之后，该广告位就会被"挤"下去，底部自动加载三次后就不会再自动加载，这时如果把滚动条拉到底部，该广告就会固定显示。

【想一想】思考上述微博营销策略的不同使用场景。

四、微博营销实用工具

微博平台为企业提供了很多实用的营销工具，本节以新浪微博为例介绍这些工具。

（一）微数据

微数据是微博提供的一种免费的个人数据分析服务，主要涵盖了账户的"粉丝""关注""帖子"和"影响力"的数据分析，能够全面解析账号的粉丝性质，关注人数性质，以及原创帖子的热门程度，综合反映出该账号的影响力情况。

1. 影响力分析

影响力分析衡量一个账号在微博中的影响力大小。新浪微博计算的影响力由活跃度、传播力和覆盖度三项指标构成，这三项指标各自有复杂算法。活跃度与每天主动发微博、转发、评论的有效条数相关；传播力与微博被转发、被评论的有效条数和有效人数相关；覆盖度的高低则取决于微博的活跃粉丝数量。影响力分析是综合评分，比单纯看粉丝数量更科学。

2. 博文分析

博文分析从"全站热帖""关注热帖"和"我的热帖"三个角度对微博内容进行分类排序，可用于搜寻最热的博文。"全站热帖"将全站博文按内容分为汽车、财经、娱乐、体育、科技、时尚等15个类别，而后根据博文转发的数量从大到小排列，每类博文推送500条，每10分钟刷新一次。此外，还有同城热帖、关注热帖、我的热帖和我要推荐等栏目可以查看。

"关注热帖"是根据转发评论数量，对博主所关注客户的博文进行分析，并提供"认证客户""互相关注"和"其他关注"三个维度的分类排重筛选。

在"我的热帖"界面中，客户可以清晰地看到近一周内自己原创博文的排名情况，以及粉丝对该条博文的转发及评论情况。对企业而言，通过对原创热帖的分析，可以了解目标客户的关注点，作为优化博文质量的参考，有利于与粉丝形成互动，提高企业微营销的效果。

3. 我的粉丝

对于企业来说，"我的粉丝"是"微数据"中最重要的功能。"我的粉丝"包含"粉丝分析""铁杆粉丝"以及"粉丝趋势"三部分，可以从粉丝数量、属性、兴趣、人气等多个角度进行分析。

（二）微活动

微活动有同城活动、有奖活动、线上活动等类型。同城活动面向特定的地区，可以是省份、城市，也可以是校区；内容包括聚会、促销打折、作品征集等。有奖活动需要设置奖品，包括奖品数量、中奖概率等；活动的发起者必须是新浪认证用户，发起时间最长为5天；一旦发起，则不可更改奖品名称和发起时间；即将结束时，可以追加奖品的数量，但是不可以更改奖品的名称。线上活动只在线上进行,形式包括晒照片、送祝福、测试等。

(三)微群

微群是微博群的简称,是新浪微博推出的社交类群组产品。微群能够聚合有相同爱好或者相同标签的朋友们,将所有与之相应的话题全部聚拢在微群中,让志趣相投的朋友以微博的形式更加方便地参与和交流。

由于微群具有兴趣相近、活跃度高等特点,非常适合企业进行品牌推广、活动策划、个人形象包装、产品宣传等一系列的营销活动。微群营销主要有两种形式:一是创建企业自己的微群,二是借助热门微群开展营销活动。

(四)微访谈

微访谈是建立在新浪微博基础上的访谈类产品,其广告语为"无微不至,有问必答"。微访谈的所有问题都来自普通朋友,并由访谈嘉宾直接进行回答,真正做到嘉宾与用户之间的零距离交流。

目前,新浪微访谈提供两种合作方式:第一种是申请单场微访谈,第二种是申请栏目合作。在新产品上市初期,企业官方微博或管理者申请开展一场微访谈是很好的宣传手段。除了主动开展微访谈,也可以通过参与知名博主的访谈来吸引客户的眼球。做客微访谈的嘉宾不乏粉丝上百万的焦点人物,应精心准备与嘉宾息息相关的问题,并选择好提问的时机,提问及得到的解答很容易获得其他粉丝的转发,甚至引起热烈的讨论,这对企业将是一次零成本的优质宣传。

(五)风云榜

新浪微博风云榜是新浪微博数据分析产品之一,分为风云排行榜、风云影响力榜、风云人气榜以及风云微群榜四大版块。

1. 风云排行榜

风云排行榜是对微博热议内容进行排行,包含热门话题榜和热门关键词榜。一个微话题参与热议的朋友多,大家讨论得很激烈,热议次数很多,就会登上热门话题榜。热门话题榜选取一小时内热议次数最多的话题上榜,而一周话题榜则是 7 天内热议次数最多的话题。热门关键词榜是针对关键词的排行榜,一个关键词在一定时间内被提及的次数越多,它在热门关键词榜上排的位置就越靠前。热门关键词榜还提供娱乐、体育、财经、游戏、旅游、歌曲等 12 个细分领域的关键词排行。

2. 风云影响力榜

风云影响力榜是针对微博账号活动影响力指数的排行榜,包含名人影响力榜、媒体影响力榜、政府影响力榜、网站影响力榜、校园影响力榜。影响力榜单按刷新频率又可以分为日榜单、周榜单和月榜单三种,如果需要查看不同行业在过去几周或几个月的榜单,可以单击页面右上方的"更多"按钮来进行选择。

3. 风云人气榜

风云人气榜仅根据粉丝数的多少进行排序,通常粉丝数量越多,排名越靠前。风云人气榜分为名人人气榜、草根人气榜、媒体人气榜、政府人气榜、网站人气榜、校园人气榜六大榜单,每种人气榜都包含该领域的人气总榜以及分类人气排行榜。

4. 风云微群榜

风云微群榜与风云人气榜的原理相近,是根据粉丝数对微群进行排行,同时显示上榜微群的热度对比。风云微群榜分为娱乐微群榜、兴趣微群榜、同城微群榜、行业微群榜、校园微群榜五大版块,每种榜单都包含该微群总榜以及分类微群榜。

(六) 微指数

微指数是新浪微博的数据分析工具,通过关键词的热议度以及行业/类别的平均影响力,来反映微博舆情或账号的发展趋势。微指数分为热词指数和影响力指数两大模块,还可以查看热议人群及各类账号的地域分布情况。

1. 影响力指数

影响力指数是反映不同账号群体微博影响力长期发展走势的指标,主要基于 V 用户的微博影响力数据,结合行业市场规模、用户影响力排名、业内平均发展水平等因素,综合加权计算得出。影响力评价与微数据的影响力分析一样由活跃度、传播力及覆盖度三方面组成。目前行业影响力指数的覆盖领域包括品牌媒体用户、网站用户、政府用户及名人用户四大版块。

2. 热词指数

热词指数可以反映关键词在微博的热议度,了解热议人群的地区分布情况。热词推荐是近期微博热议度较高的关键词,企业可以通过这些热词了解最新的趋势,成为微博的弄潮儿。热词指数以关键词为统计对象,基于每日的微博热议度科学分析并计算出长期热议趋势,并以曲线图的形式展现。热议度是基于关键词的提及频率,考虑到反垃圾机制及舆情口碑后综合得出的指数指标。客户可通过搜索查看关键词近期的微博热议情况。

(七) 微公益

新浪微公益平台专门面向微博客户,无论是求助者、救助者还是公益机构,均可通过微公益平台进行简易、便捷的操作。通过对公益资源和微博互动优势的有机整合,新浪微公益平台提供"一站式"服务,大幅降低了公益门槛。

该平台上的求助内容分为支教助学、儿童成长、医疗救助、动物保护、环境保护五个重点方向,每个项目都简要清晰地描述了项目介绍、发起人、捐助对象、目标金额、救助时间等信息,用户可以根据自身情况随时奉献爱心。此外,用户还可以按照地域进行筛选,也可以按照捐款、捐物、募集志愿者等类型进行筛选,或者按照项目进行的状态(待核实、进行中、已结束)等选择感兴趣的公益项目。

通过资源整合,微公益平台将微博上碎片化的求助信息汇聚到一起,能使求助者受到更大范围且更有影响力的关注。微公益平台也与权威公益组织、支付机构有深度合作,让公益变得更加简洁、透明和快捷。

【课堂讨论】如何才能充分利用上述各种微博营销工具使营销效果更显著?

任务实训

实训十　新媒体营销实践

以小组为单位,任意选取一个主题,策划一次网络推广活动,充分利用微博和微信两个平台的功能进行传播扩散,具体操作方式、步骤及内容自行选择,以三天为期限,记录下本次活动中浏览者的评论量、转发量和点赞数,作为本次训练的最终评价指标。

本章小结

本章主要讲述了三种应用范围最广的新媒体营销方式,包括微信营销、微博营销与短视频营销。微信营销的概念,微信平台的营销功能主要包括即时通信、朋友圈、微信公众号、摇一摇、扫一扫、附近的人、漂流瓶等;微信营销的主流模式包括内容类营销、工具类营销及会员制营销,内容类营销是目前较容易为客户所接受的方式。随着国外 Twitter 的风靡,国内微博也迅速兴起,应用最广泛的是新浪微博,微博的种类主要有政务官方微博账号、企业官方微博账号和个人微博账号。微博营销的基本原则包括趣味原则、利益原则、互动原则与个性原则;微博营销的策略主要有粉丝通、粉丝头条、微博电商化、微任务平台、话题推广、增值服务、展示广告等;微信营销与微博营销相比较,既有相同之处也有不同之处,企业在利用两种典型的微营销方式时,应根据企业及产品的实际情况,结合两种营销方式的特点,有选择地进行营销推广。

思考题

1. 新媒体营销的主要类型有哪些?
2. 微博营销的原则有哪些?
3. 如何进行企业微博营销的内容策划?
4. 微博营销、微信营销、博客营销的区别有哪些?
5. 分析微博营销与微信营销的异同点及其在营销活动中的作用。
6. 运用微博、微信应如何进行整合营销?

第十一章

精 准 营 销

学习目标

- 了解精准营销的内涵
- 了解 LBS 营销的产生与特征
- 了解数据库营销的概念作用
- 了解事件营销的概念、类型
- 了解 LBS 营销的产生与特征
- 理解事件营销的传播流程
- 掌握数据库营销的应用和实施步骤
- 掌握事件营销的实施策略和注意事项

第一节　精准营销概述

随着消费者思维方式、表达方式和行为方式的变化,以及市场需求的更加个性化、多元化、复杂化和动态化,企业如果继续采用传统营销手段必然会影响其营销效果。在此背景下,精准营销应运而生。

精准营销是在 2005 年由营销大师菲利普·科特勒所提出的,认为精准营销是指公司需要更精确、可衡量和高投资回报的营销沟通,需更注重结果和行动。也可以理解为,精准营销是以客户为中心,运用各种可利用的方式,在恰当的时间,以恰当的价格,通过恰当的渠道,向恰当的客户提供恰当的产品。抑或理解为,精准营销是在基于精准定位,依托现代信息技术手段建立个性化的客户沟通服务体系,以达至企业可度量的低成本扩张之路。

概言之,精准营销的内涵可以概括为以下几个方面:

(1) 基础:精准的市场定位。市场定位除了要在市场细分的基础上实现产品的差异化,更需要体现产品本身的与众不同并塑造出独特的市场形象。在精准营销中,市场定位是前提也是目的。只有在目标市场上进行精准的市场定位,后续精准的产品设计、投放才能成为可能,实现在合适的时间和地点,把合适的信息传递给合适的人。此外,在激烈的市场竞争中,每个目标市场都存在大量的竞争者,在精准市场定位的前提下,更有助于产品独特、清晰、富有创意的定位,进而在产品功能、形象、营销等多角度进行针对性设计,实现在市场上更好地脱颖而出。

（2）策略:一对一的个性化营销。相较于传统营销,精准营销更注重服务价值的创造,强调以客户需求为出发点和终点,将消费者现实和潜在消费需求和产品本身巧妙结合起来。而这与"一对一"营销的理念是不谋而合的。

（3）依托:个性化的客户沟通服务体系。精准营销的一个基础点就是尽可能准确地选择好目标消费者,尽量地排除非目标受众,以便进行后续针对性的沟通。在针对性沟通中也着重强调了沟通策略的有效性、沟通行为的经济性、沟通结果的可衡量性和沟通精准程度的动态性。毫无疑问,这些都需要建立个性化的客户沟通服务体系作为有效保障。

（4）根本:个性化产品的提供。只有针对不同的消费者和不同的消费需求,来设计、制造和提供个性化的产品和服务,才能更好满足市场需求,实施精准营销。与此同时,忠诚客户带来的利润远远高于新客户。只有构建与之相适应的精准客户服务体系,才能既留住老客户又吸引新客户,实现客户反应的链式效果。

扩展阅读

精准营销在跨境旅游中的应用

如今的跨境旅游必备品,除了必要证件,可能就数手机、随身 WIFI 和相应的流量套餐了。对于一些曾经在旅行网站上下单的客户,系统可以结合客户的购买情况,构成一个近乎完备的客户画像。例如,某客户购买了一张短期旅行的往返机票,基于客户的出行目的地、出行人数和出行时间等情况,系统可以推荐给客户随身 WIFI 和相关流量套餐,这就为客户提供了一站式的便捷服务。相比地推式、"广撒网"式的推销,很好地缩小了目标人群,这也会极大增加客户购买的可能性,促成营销的可能性,也极大提高了利润。

（资料来源:《大数据挖掘技术与应用》,延边大学出版社）

第二节　LBS 营销

马云曾说过:"这是一个变化的年代,在大家还没有搞清楚 PC 时代的时候,移动互联网来了;还没搞清楚移动互联网的时候,大数据时代来了。"在移动互联网和大数据时代,位置和地理信息已经成为备受瞩目的一个入口,为企业带来了一种全新的 LBS 商业模式。基于位置的服务（LBS,Location Based Service）是通过无线电通信网络（如 GSM 网、CDMA 网）或外部定位方式（如 GPS）获取移动终端用户的位置信息（地理坐标,或大坐标）,在 GIS（Geographic Information System,地理信息系统）平台的支持下,为用户提供针对性服务的一种增值业务。LBS 的概念起源于美国以军事应用为目的所部署的全球定位系统（GPS,Global Positioning System）,随后在测绘和车辆跟踪定位等领域开始应用。但 GPS 民用化以后,逐渐衍生了以定位为核心功能的大量应用。

我们现在所说的 LBS 应用实际是 LBS 与 Web 应用(如 SNS 社区网络服务)及相应商业、娱乐元素(如导航 App、订餐 App、订票 App)的结合。具体而言,LBS 涉及两个方面的含义。第一层次是确定移动设备或用户所在的地理位置;第二层次则是提供与位置相关的各类信息服务,即与定位相关的各类服务系统,简称"定位服务",也有另一种叫法——移动定位服务(MPS,Mobile Position Services)。例如,找到手机用户的当前地理位置,然后在一定范围内寻找手机用户当前所处位置周边的宾馆、电影院、图书馆、银行、餐饮、加油站等的名称和地址。那么,LBS 营销就是借助互联网,在固定用户或移动用户之间完成相关的定位和服务功能。LBS 的移动终端包括了移动电话、笔记本电脑和个人数字助理等。

一、LBS 营销的产生背景

LBS 营销指在移动互联网环境中,企业利用位置信息,针对目标受众所进行的精准营销活动,如商铺企业可以借助后台静态数据和动态数据的整合,记忆并分析消费者个人的信息、购买行为、购买习惯等,建立用户的多维、深度标签,更好地了解客户的需求。LBS 营销的产生一方面源于移动互联网以及移动电子商务的快速发展,另一方面有赖于精准营销思想在商业实践中的有效融入。

(一)移动互联网的发展

近年来,随着互联网技术的发展、网络及网络终端的快速变化,使得移动互联网不仅成为一项社会基础设施,而且改变了人们的基本生活方式。移动互联网使用户可以通过手机、PDA 或其他移动终端通过各种无线网络进行数据交换。移动互联网主要涉及三个层面:①移动终端,如手机、专用移动互联网终端和数据卡方式的便携电脑;②移动通信网络接入,如 3G、4G、5G 等通信技术;③公众互联网服务,如 Web、Wap、GPS、LBS 等。移动终端是移动互联网的前提,应用服务则是移动互联网的核心。

移动互联网的最大特点是移动,不仅是人和设备的移动,更要求移动中也能够与网络相连接。融合移动互联网的特点和用户的需求,产生了大量新型的应用,这些应用与终端的可移动、可定位和随身携带等特性相结合,为用户提供了更加个性化、位置相关的服务。而要更好地实现移动位置中的感知并提供有效的服务,LBS 技术是不可或缺的。移动互联网的快速发展极大地推动了 LBS 技术的研发和应用的推广。截至 2019 年 6 月,我国网民规模达到 7.54 亿。较 2018 年底,增长 2598 万,互联网普及率达到 61.2%。其中,手机网民规模达 7.47 亿,较 2018 年底增长 2984 万。技术的进步、完善的网络环境和普及全民的智能终端设备为 LBS 的位置服务及数据搜集提供了健全的基础硬件环境。

(二)精准营销思想在商业实践中的融入

继人类文明史上蒸汽技术革命和电力技术革命之后,20 世纪初,随着电子计算机、空间技术等的发明和应用,人类逐渐跨入信息技术时代。在 21 世纪,信息技术快速发展、生活方式和生活观念的进一步改变,越来越强调自我、追求个性,这些也为企业过渡到精准营销奠定了良好的基础。

现代营销学之父菲利普·科特于 2005 年系统地提出了精准营销的概念,即企业需要更精准、可衡量和高投资回报的营销沟通,需要制订更注重结果和行动的营销传播计划,注重对直接销售沟通的投资,精确地锁定自己的客户,才能使营销效果好、成本更低。2008 年学者 Jeff Zabin 在其《精准营销》中提及,精准营销是在正确的时间点通过正确的渠道向正确的客户发送正确的信息,以此真正对目标客户的购买决策产生影响,并促进营销目标的有效达成。尽管国内外学者们对精准营销的描述不尽相同,但其核心特征还是基本趋于一致的,主要可以归纳为如下几个方面。

(1)目标人群的针对性。精准营销需要针对目标人群开展营销活动,科学而精确的定量分析是精准营销的重要基础。在精准营销的实施过程中,我们需要对目标客户、产品、市场的一手资料进行客观量化的分析,以此减少对非目标人群的营销支出。

(2)客户让渡价值的提升性。精准营销可以提供给客户更加个性化、多样化的产品和服务,有效减少客户在购买过程中的时间、精力和体力,提高客户满意度,进而提升客户的让渡价值。

(3)营销活动的经济高效性。精准营销是分众营销而非大众营销,需要精准地将产品、市场、客户等进行细致地区分,明确不同子产品、子市场、子客户群的特征与差异性,有效识别并找到最有价值的营销群体,降低企业营销成本,并提升营销效果。

(4)营销效果的可衡量性。精准营销需要有效运用信息技术手段对营销活动的效果与成本进行跟踪监控,减少营销活动中的不合理性。

(5)营销过程的动态性。精准营销是一个逐步优化与精准的过程,会根据客户需求变化进行动态调整。

(6)提升营销的精度。从营销策略角度而言,精准营销更重视营销的精度而非广度。换句话说,精准营销强调的不是让尽可能多的人了解产品而是要最可能地找到能购买产品的客户,然后对其进行重点营销,避免无效的宣传和接触。

从精准营销的内涵特征方面不难看出,LBS(基于位置的服务)是精准营销的基础与支持,而精准营销也是 LBS 实践的指南。LBS 所提供的位置信息为精准营销准确高效地选择目标受众提供了技术支持。LBS 所依托的移动互联网环境可实现随时的互动,也让整个营销过程更加可控。另外,LBS 技术的发展和进步,为客户提供了签到、分享位置、周边服务、优惠推送等个性化服务,逐渐改变了我们的生活和工作方式,也让精准营销的应用范围和应用深度逐步加深。当精准营销的思想融入 LBS 应用中,LBS 营销也就随之应运而生了。

LBS 营销就是企业借助互联网或无线网络,在固定用户或移动用户之间,实现定位和服务销售的一种营销模式。运用签到这种方式,目标客户可以更加深刻地了解企业的产品和服务,最终达到品牌宣传、提升市场认知度的作用。

二、LBS 营销的特点

LBS 经过多年发展,已经涉及众多领域,例如娱乐、餐饮、出行和旅游、社交等。对于客户而言,需求得到满足的同时,也得到了方便快捷且个性化的服务;对于商家而言,提供服务满足需求的同时,也很好地为自身品牌打造出了营销广告。一般而言,LBS 营销具有如下特征。

(一)LBS 营销是一种精准营销

LBS 营销具备了很好的精确营销条件。在 LBS 应用过程中,用户行为、时间与地理信息"三位一体"。当用户通过 LBS 运营商进行签到和点评时,用户的行为轨迹、地理位置等基本信息就会被获取。LBS营销把虚拟的社会化网络和实际的地理位置相结合,不仅改变了人与人之间关系链的形成与获取信息的方式,更可以使生活更加便利与个性化。与此同时,LBS营销也帮助商家实现了精准营销,根据用户的位置轨迹对用户进行数据挖掘和行为分析,进而有针对性地推送相关销售信息,制定有针对性的市场细分策略。然后按照用户们不同的消费特质,实现精耕细作的高效营销。

(二) LBS营销侧重培养用户习惯

LBS营销需要通过定位,建立关系,来实现精准营销。在LBS营销中用户主动提供和分享自己的位置信息,并允许接收企业的信息就显得尤为重要。由此,积极培养用户习惯对于LBS营销的成功有很大影响。以"大众点评"为例,"大众点评"就是借助这种商业模式,开创了消费者互相关注的方式,使得用户在使用时,仅通过定位,就能够迅速得到围绕定位周边的各种行程、路径、旅游、美食等内容,且对于用户而言,无需耗费时间。总而言之,企业要培养用户每到一个地方就会签到的习惯,企业也要说服用户乐于接受基于位置的营销信息,并获得用户的授权与许可。

(三) LBS营销需要保护用户隐私

LBS的核心价值就是定位,其在广泛应用的同时也引发了位置隐私问题。位置隐私问题是指用户的过去、现在的位置信息遭到泄露。这些泄露的信息既包括定位过程中的位置信息泄露,也包括边信息泄露。基于历史位置的收集,用户的日常活动、健康状况、社会地位等敏感信息均会被挖掘出来。

随着人们隐私意识的不断增强,人们越发惧怕自己的位置信息会被误用、滥用,因此有时会对LBS持保留态度甚至拒绝使用个人位置数据,这些都会严重制约LBS的发展。因此,如何保护用户的隐私也一直是LBS营销的一个关注热点。

(四) LBS营销直接推动用户进行消费

就移动广告而言,传统的移动广告是通过提升品牌形象实现间接影响和推动消费。然而LBS定位式的App广告会通过找准推广渠道,实现直接推动用户进行消费。从LBS基于位置的本质而言,在地理范畴上LBS营销更趋向于帮助企业和社区商家在当地进行营销推广,从而可以更好地直接推动用户进行消费。

LBS营销的价值主要体现在产品促销和口碑传播两方面。无论LBS营销的价值以哪种方式体现,都需要利用用户的位置进行推荐。所以,几乎所有的App都会在用户安装后的第一时间内询问用户是否允许获得地理位置,其最大的目的就是进行用户地理位置信息的收集,进而为精准推荐做准备。

三、LBS营销的模式

在几年的时间里,移动互联网已经与传统行业进行了很好地碰撞、融合,各种新型的电商模式几乎充斥了整个网络市场。手机App的应用也慢慢成了多数消费者生活方式的主要变革。目前,几乎没有哪一款App能够离开LBS的应用,尤其是一些营销类的购物和团购等软件。如:2017年的春节,阿里巴巴为了活跃自己的用户数量,就在支付宝里推出了AR红包,腾讯也推出了位置红包。这些都是LBS在营销领域的创新应用。如今,随着全民互联网时代的来临,LBS的营销模式也在不断创新出奇,主要的模式如下。

（一）基于 LBS 的签到营销模式

签到模式是指用户到达某地点后，通过移动终端设备进行地理定位，在企业的应用软件中留下该位置信息来实现签到，从而获得某种服务或利益。这种签到一方面可以和其他用户形成即时的互动；另一方面也能对商家或活动本身起到一定的推广宣传作用。

基于 LBS 的签到营销模式源自美国的 Foursquare 网站，该模式被引入中国后成为国内 LBS 商业模式的雏形。例如，2010 年国内出现的街旁、网易八方、开开、玩转四方等平台。用户在 LBS 服务平台上签到，分享个人位置、相片和个人状态实现社交互动，并获得积分、勋章和优惠券等奖励。但是国内用户对这种签到模式的认可度并没有预想得那么高，企业在如何吸引新用户并保证原有用户黏性方面也存在较大困难，加之商家没有找到切实可行的盈利模式，这种位置签到模式并没有形成较大的市场规模。

用户签到率低的主要原因是缺少签到动力、签到模式单一生硬以及对个人隐私等问题的考虑。一般而言，经常使用签到服务的用户动机都源于折扣，尤其是针对餐饮、服务等行业的优惠活动。但是签到若没有给用户心理上的满足感或是实质的好处，就很难促使用户的长期或可持续的必然使用。因此，在运用签到的营销模式时，LBS 签到服务平台应该注意以下事项。

（1）需要用户主动签到来记录自己的所在位置。

（2）应通过积分、勋章、奖励等荣誉来激励用户签到，满足用户的荣誉感。

（3）应通过与商家合作，对获得一定积分或勋章的用户提供实质性的优惠或折扣奖励。

（4）可以通过绑定用户的其他社会化工具，同步分享用户的地理位置信息，与此同时侧重于用户隐私信息的保护。

（5）积极鼓励用户对地点（商店、餐厅等）进行评价并产生优质内容。

（6）利用用户的地理位置信息，推荐给用户一些高质量的针对性营销服务。

（二）基于 LBS 的生活服务模式

LBS 的生活服务就是利用地理位置信息为用户解决生活上遇到的问题，即帮助他们完成各种消费搜索等。以"周边搜索"这一工具为代表，例如大众点评、百度糯米等网站，通过定位为其合作的商家推荐和导入客流，而消费者也可以得到不同的优惠。基于 LBS 的生活服务类应用更注重商业与生活的结合，具备很好的消费导向作用。目前，主要有 LBS＋手机地图模式、LBS＋O2O 模式两种类型。

1. LBS＋手机地图模式

地图应用可以说是 LBS 营销的基础，LBS＋地图模式几乎可以应用于所有的电子商务领域，基于 LBS 的手机地图应用也是目前最具有代表性的一类生活服务模式。手机地图的常用功能有导航服务、生活服务、持续定位服务、团购服务、社交服务、穿戴服务、LBS 游戏服务、定点查找服务等。随着人们对交通出行和本地生活服务需求的不断增加，手机地图在地图服务的基础上也积极提供了各类生活服务信息，如附近银行、ATM 位置分布、商店、餐饮、各种娱乐休闲场所的查询等，各类生活服务功能都在逐步丰富完善。随着大数据、区块链等技术的发展，人们越来越多地使用地理地图和基于地理位置相关的服务，2018 年我国手机地图用户规模达到 7.2 亿人，同比增长 5.9％。2018 年我国手机地图应用市场中，高德地图以 33％的占比位居市场份额第一，其次为百度地图（32.7％）、腾讯地图（15％）、和地图（7.6％）、搜狗地图（3.5％）、老虎地图（2.6％）、图吧地图（1.7％）和其他地图（4％）。基本上形成了以高德地图与百度地图割据一方的"双寡头"格局,腾讯地图已退居二线。地图是入口的平台,也是战略的制高点。伴随用户对手机地图导航与定位精确性的要求不断提升,以高德地图、百度地图、腾讯地图为代表的手机地图第一梯队将会纷纷运用大数据、云智能等技术打造更高精度的地图,在交通位置、信号灯、行人等环境信息的全方位采集和数据及时更新方面做得更出色。这也预示着以消费者对位置信息的依赖为依托的 LBS＋手机地图这一类生活服务模式具备着良好的发展前景。

2. LBS＋O2O 模式

这是一种支持行业转型的 LBS 营销模式。O2O(Online To Offline)是指线上与线下结合的商业模式,O2O 将线上的互联网营销与线下的商务机会结合在一起,让互联网转变为线下交易的平台。随着移动支付的不断成熟,O2O 的产业链也变得更加完善,线上线下资源也得到了有效的整合。LBS＋O2O 模式将位置服务与生活服务紧密结合,在生活服务方面得到了广泛的应用。2014 年是 O2O 大发展的一年,无论是互联网企业还是传统行业都纷纷加入其中。以大众点评网为代表的餐饮行业、以去哪儿网为代表的旅游行业以及以滴滴打车、快的打车为代表的打车软件形成了拉动 LBS＋O2O 商业模式发展的主要动力集群。自 2012 年出现至今,手机打车应用已经发展到一定的市场规模。据调查,截至 2018 年 6 月,我国网友出租车用户规模达到 3.46 亿,与 2017 年相比增长了 5 970 万人,增长率为 20.8％。网约专车或快车用户规模为 2.99 亿人,增长率为 26.5％。LBS＋O2O 不仅仅是传统团购模式的延伸,更是一种支持行业转型的 LBS 营销模式。根据不同行业的特性,其拓展的方向和应用场景也各不相同。目前 LBS＋O2O 的营销模式主要有:LBS＋O2O 与餐饮行业的结合、LBS＋O2O 与社区店的结合、LBS＋O2O 与交通服务的结合、LBS＋O2O 与服装零售的结合,但打车业务与时间、空间紧密相关,仍然是目前一种使用频率较高的 LBS 和 O2O 结合形式。

（三）基于 LBS 的社交营销模式

LBS＋SNS 是 LBS 和 SNS 的结合,LBS 负责提供信息,SNS 负责满足用户需求,两者的结合有效实现了技术服务与社交功能的有机组合,兼顾线上即时交友和即时通信的功能,这也是当前一种较为热门的 LBS 营销模式。国外的 Foursquare 公司就是典型的 LBSNS 模式,Foursquare 公司借助该商业模式用户保有量大、盈利模式清晰的特点创造了巨大的商业价值。目前国内外均已在此基础上出现 LBS＋O2O＋SNS 模式,以此实现移动社交与线下消费的完美组合。国内的互联网企业如腾讯、人人网、新浪微博等均纷纷推出基于 LBS 功能的手机客户端,其中最为典型的应用则是腾讯公司推出的微信。微信作为一款 IM 服务软件,集成了文字、图片、视频、语音短信、查找附近好友、二维码扫描等多重功能。通过 QQ 好友、手机通讯录建立基于熟人的好友圈,实现了相对稳固的点对点的信息传递。另外,微信基于强大的用户群体及较高的用户忠诚度展开了扫一扫、摇一摇、附近的人、游戏等多种形式的营销活动,成功的拓宽了微信的社交外延。微信营销、微信公众平台、微信支付、微信会员卡、小程序、购物等都是微信进军电子商务领域的主要手段。引入位置服务后的社交类应用打破了时间和空间的限制,基于朋友圈的口碑传播也极大地增添了营销活动的外部驱动力。基于 LBS 的社交营销模式很有可能成为未来移动电子商务营销发展的一股主流力量。

扩展阅读

开开点评——基于位置的真实点评社交

"开开点评"是新一代的地理位置服务,可以帮助与朋友们分享位置、交流心得,并用一种全新的方法探索身边城市。通过签到,你可以与朋友们分享当前的位置,让他们知道在哪里可以找到你,还可以给你各种各样的建议。通过点评,可以获得周边店铺的各种信息,建议,而你自己也可以对周边的店铺发表点评,为其他朋友提供参考,帮助等。通过分享,吼吼,可以发表你此时此地的心得感触。各式各样的勋章是给你游历城市的小小惊喜。还有机会用部分勋章领取礼物,参与活动。如果你成了某地点的掌门,掌柜很可能会送你一份神秘礼物。"开开点评"的常用功能如下:

① 发现周边推荐和热门地点。当你不知道去哪里吃、去哪里玩的时候,可以在"开开点评"中看看附近哪些地方是好友曾经去过、评价过的。"开开点评"也会根据你的社交图谱,积极推荐朋友们写过的点评和他们喜爱的地点。你也可以设定距离,通过探索功能来搜索当前城市,了解更为丰富的周边信息。

② 签到记录生活足迹。用手机签到 Check-in,你可以告诉朋友们"我在这里",并可发布带有地点信息的文字和图片。不管是你频繁光顾的餐厅、商场、公园、博物馆、剧院,还是偶尔到此一游的天涯海角、雪山戈壁,你可以在你去的任何地方签到。

③ 与朋友们分享点评。如果对你停留的地点有心得体会,想分享给朋友们,或者告诉同来此地的其他人,你可以用手机留下一句小点评。这些小点评可以是小经验(例如餐厅最好吃的甜点)或者是小秘诀(例如弄堂深处的特色店铺),甚至是些小心情和小感受(例如公园里最美的视角)。

基于"开开点评"App 的定位技术,商家可以更加精准、有效地将广告信息传递到需要的人群中,节省了大量的推广费用。用户也可以根据自身需要,自主选择并查看周边商家正在举行的优惠活动,避免了无效信息的侵扰。

(资料来源:《移动互联网时代》,中国铁道出版社)

(四) 基于 LBS 的商业营销模式

基于 LBS 的商业营销模式主要以商业信息和广告推送为主。目前较为常见的是基于 LBS 的定位功能,根据用户的喜好实现精准投递,为用户推送所在位置周边的购物、餐饮、休闲娱乐活动等信息和资讯。例如,给机场附近的用户推送休闲娱乐方面的内容,给商场附近的用户推送各种折扣信息,给电影院附近的用户推送影讯等。这种模式的独特性在于给各方均带来了实际的利益,实现了一举三赢。对用户而言,可以及时了解商家的各种折扣优惠信息,实现省事省力省钱的购物;对商家而言,不仅是一次良好的宣传机会,还可以吸引更多潜在的客户;对 LBS 的运营商而言,不仅获得了更多的用户群体,更加深了与商家之间的友好合作关系,并可以在商家返利中获得一定的系统运营经济回报。但这种信息推送营销模式目前也存在一定的困难,主要是用户对广告推送的满意度不高。如何解决消费者对广告接受程度较低的问题,以及如何通过对用户属性和行为特征进行针对性的数据分析,提高商业信息和广告推送的精准度仍然是该模式未来发展的主要研究方向。

其实,团购就是 LBS 与商业模式的一个最早结合。不同于传统的团购,与 LBS 结合的团购会提供给用户所在位置周边的团购信息,这样你就可以不用付邮费而能够享受到团购的优惠。另一个结合则与"签到"有关,这类应用比较适合于餐饮类的场所。当有更多人在同一家酒店或者餐饮店签到时,大家就可以享受到团购的优惠价格。

(五) 基于 LBS 的二手交易模式

二手交易其实也是 LBS 可以深度结合的一个应用。假设当我们需要卖出或者买入一件商品时,在相应的应用上搜索到商品信息后,具有定位功能的 LBS 应用会根据地理位置筛选出我们周边关于此类商品的二手交易应用,这样可以减少许多非必要中间过程投入的时间与金钱。"淘身边"就是这样一款基于淘宝 API 开放的专门用于交易二手物品的平台软件。用户可以通过该平台随时随地地进行二手商品交易,还可以方便地找到更为合适的房子、工作以及各种优质的生活服务。该平台打通了线上与线下之间的通道,买方和卖方均可自由选择支付宝在线支付或者当面交易,并且 LBS 的移动端应用也方便用户进行线下交易活动。

二手交易市场几乎完全是由 C2C 覆盖的,但它有一个很大的弊端在于交易双方信息的不对称性,很容易造成交易之间的信任缺失。不过通过 LBS 为用户提供的线下面交却可以很好地解决或弥补这个缺陷。此外,基于 LBS 的周边二手物品推荐也便于用户遴选出更为便利的交易行为和交付方式。

四、LBS 营销的发展趋势

大数据的不断发展,提高了企业满足消费者个性化需求的程度,同时也带动了电子商务行业新的运营模式。集用户行为、时间与地理信息"三位一体"的 LBS 营销应用也越来越呈现出多元化和多样化的趋势。一方面,未来的 LBS 营销将会更加专注于对用户需求的发掘和服务,关注对用户的教育和培育;另一方面,5G 技术、移动互联网热门技术的发展也为未来 LBS 营销提供了新思路。

(一) LBS 应用和传统服务业深度融合

基于 LBS 应用的本地生活化服务,其本质就是通过 LBS 联系 O2O 两端的商家和消费者。二者的融合将会成为 O2O 业务推广的很重要手段,让 O2O 成为服务商家和消费者之间的桥梁。未来的 LBS 营销将会以打造 LBS 服务产业集群的方式,最终形成完整的 O2O 应用平台。尤其是在移动互联网、大数据、物联网等新应用领域浪潮的推动下,LBS 和传统服务业的融合也会得到前所未有的重视,餐饮、娱乐、旅游、金融等传统服务业的 LBS 应用也正在越来越多地涌现。如腾讯的 O2O 平台以"微信"为核心,结合 SOSO 地图和 QQ 美食,并整合了微信支付的相关功能。微信的核心功能在于社交通信,结合 LBS,微信具备了 LBS 交友和实时位置分享聊天功能,并在不断加入基于 LBS 的生活服务,如生活缴费、滴滴出行、美团外卖、吃喝玩乐等。

(二) LBS 与移动支付相结合

LBS 与移动支付业务二者本身就是密不可分的,具有天然融合的业务基础。通过 LBS 应用,商家可以对本地的用户进行产品和服务推送,再通过移动支付完成付款业务,这样可以形成一个完整的 O2O 业务闭环。而这种基于 LBS 的 O2O 业务闭环,既可以通过 LBS 线上线下业务来培养用户对于移动支付的使用习惯,又可以通过移动支付来很好地提高 LBS

线上线下 O2O 业务的结算效率,而融合了 NFC 和 LBS 等多种技术的移动支付,更可以极大地提升用户的支付效率。

(三) LBS 和大数据结合

随着移动互联网的发展,伴随 LBS 而生的海量数据也越来越受到各大移动服务运营商的重视。LBS 与大数据挖掘相结合,在面向商业营销服务、物流管理和智慧城市建设等方面都有着比较广泛的应用前景。

例如,在商业营销服务方面,LBS 大数据应用可以通过对个体用户需求进行定位和搜集,及时针对运营商的营销能力和营销方向做出有效的评估和建议,既可以提升针对个体用户商业营销的精确度,也可提高运营商的营销效果,为用户提供更加个性化、精细化的营销服务。此外,基于对用户端到端的业务需求进行挖掘,实现根据用户当前的地理位置智能化判断用户需求,将一些被动的服务转变为主动化服务推送,极大地改善用户体验,做到更加人性化。在物流管理方面,基于 LBS 的数据应用可以提升企业对物流、仓储和供应商的供应能力。企业也可以利用 LBS 应用对商品在物流配送过程中提供全程的实时定位,直观地了解商品的配送情况。还可以通过对物流大量 LBS 痕迹数据的挖掘和分析,对物流运输能力进行合理分配,对配送路线进行智能规划,避免道路拥堵,提高配送和运输的效率。

(四) LBS 和新型的智能终端相结合

随着 LBS 营销优势的越发明显,更多的企业青睐于开发和生产基于位置服务的智能终端产品。它们在外观上,越发趋于轻、薄、大;在使用上,趋于智能化、简易化,人机交互能力不断增强;在功能上,可以面向不同需求的人群提供更加精细化服务,并且服务类型多样、关联度增加。目前,以直接面向消费者的终端设备为基础,通过服务平台建设,向用户提供后向增值服务,已经成为位置服务产业较为可取的一种盈利模式。

例如,GPS 与 LBS 结合定位的儿童安全卫士手表。这是一款与通常见到的搭载各类手机功能智能手表不同的,专注于监管儿童安全的可穿戴手表。家长在自己的手机上安装儿童安全手表 App 后,只需通过手机向手表发送一个指令,就能获取到孩子目前所处的位置及周边的环境信息,从而判断孩子所处环境的安全性。家长也可设定孩子的安全活动范围,一旦孩子超出该范围,设备就会向家长的手机发送报警信息。

其实,LBS 的价值就是把消费者和商家连接在一起。消费者出现在哪里,商家的渠道就延伸到哪里,不管这个渠道是线上还是线下,是 PC 端还是移动端。基于全球化市场与格局,以大数据和云计算为链接,以 SNS 社会化营销为传播核心,以 LBS 定位与跟踪技术为基础,以移动互联网为场景,以 PC 技术系统为依托,以线上线下融合为商业模式,精准化、个性化地满足用户体验,终究是未来商业的战略格局。对于 LBS 应用而言,其最大的发展空间不是创造新的需求,而是通过技术的分析对用户需求进行深度剖析,并通过商业要素的重组和技术手段更好地满足用户的需求。

第三节　数据库营销

根据二八定律,企业 80％的利润来自 20％的客户。如何从庞大的消费者群体中准确识别对于企业具有重要价值的目标客户,并建立以客户为主导的营销体系,是企业当前激烈的市场竞争中面临的一个重要问题。数据库营销作为企业发现销售机会、制定销售策略的一种新兴手段和很重要的方式，可以很好地解决这一问题。数据的最大的价值不在于事后分析，而是事前的预测和推荐，"精准推荐"也将成为数据改变零售商业的一个核心功能。

一、数据库营销的概念

数据库营销（Database Marketing Service，DMS）是在 IT、Internet 与 Database 技术发展上逐渐兴起和成熟起来的一种市场营销推广手段，即企业搜集和积累大量的市场数据并对数据进行分析，以识别对某类营销活动或产品感兴趣的目标客户，再对他们进行关系维护与深度挖掘，并进一步根据挖掘得到的信息来制定和实施营销策略。或者数据库营销就是以与客户建立一对一的互动沟通关系为目标，并依赖庞大的客户信息库进行长期促销活动的一种全新的销售手段。它是一套内容涵盖现有客户和潜在客户，可以随时更新的动态数据库管理系统。数据库营销的核心是数据挖掘，目标客户定位的精度也是提升企业营销业绩的一种重要指标。Knott 等学者就曾指出，假若一个零售业务银行的目标客户定位精度提高 0.7%，客户的收益则能提高 20%。由此，数据库营销不仅仅是一种营销方法、工具、技术和工具平台，更是一种企业经营理念，能够对企业的市场营销模式、服务模式，乃至营销的基本价值观均能产生一定的影响。

数据库营销的核心是数据挖掘。在数据库营销中需要结合营销数据进行有效的数据推广。具体而言，需要企业或组织通过收集和积累会员信息创建数据库，然后对数据库内的客户的电子邮件、短信、电话等数据进行分析、筛选和深度挖掘。

与一般的营销方式相比，数据库营销进一步体现了如下特征。

（1）精准化。基于数据库营销，商家可以更快速地找到最终目标用户，并有针对性地与用户进行一对一的互动交流。

（2）性价比高。基于数据库营销，商家可以最大化地将新用户转化为老用户，并对老用户群体的价值进行深入开发和挖掘。

（3）竞争的隐蔽性。网络广告、软文营销、新闻营销、视频营销等网络营销方法多是对外可见的。一旦竞争对手花些心思，很容易知道我们具体是如何实施营销活动的。但是数据库营销的过程是隐藏而不透明的，具有很好的隐蔽性。

（4）反馈率比较高。用户反馈是掌握用户需求和心理的一个重要手段，在营销过程中，提升用户反馈率，搜集用户反馈信息，也是一项非常重要的工作。在数据库营销中，用户的反馈率是相对比较高的，使得我们可以很容易地掌握用户的相关需求和行为特征。

（5）个性化。在大数据时代，越来越多的企业会借助大数据来分析客户偏好、营销现状和问题等，并借助更好的分析工具从多种维度对消费者进行细分，进而改变以往简单的群体营销，提高营销的针对性，实现细分群体的个性化营销。

二、数据库营销的作用

在营销体系中，数据究竟发挥了多大的作用呢？在十年前人们或许根本就不会去思考这一问题。但随着大数据时代的到来，人们开始重视并倾力探讨这一问题。数据库营销不仅仅是一种营销方法、工具、技术和平台，更重要的是一种企业经营理念，也改变了企业的市场营销模式与服务模式。数据库营销的作用可以归纳为以下几个方面。

（1）维护客户关系。在营销中，想让客户持续消费，需要维护好客户的关系。然而当面对如此庞大的客户群时，具体如何有效维护呢？数据库可以轻松解决这一问题。譬如，当我们需要给老客户赠送一批优惠券维护关系时，传统的做法可能是统一制作一批优惠券然后统一发放，但这样明显缺乏人性化。现在我们可以通过数据库，了解到客户以往的消费记录和消费习惯，然后赠送不同的优惠券。

（2）以最小的成本获取、处理并应用数据信息。信息资源就是财富，数据库营销的作用之一就是从海量信息中挑选出有用的信息，帮助企业做出及时而准确的经营决策分析。譬如，以往营销人员把握消费者需求时，可能会通过传统的方法市场调查问卷进行，但是这种方式方法的成本是高昂的，结果也未必都准确。随着商业自动化市场的逐渐成熟，营销人员可以直接通过对商业自动化留下来的数据进行统计分析，然后挖掘和提炼出有价值的信息，帮助制定有效的营销策略。

（3）实施精准营销。精准营销需要在精准定位的基础上建立个性化的客户服务体系。但没有数据库做支撑，是很难做到真正的精准的。譬如，一家经营服装鞋帽、数码家电、儿童玩具、美味零食的网络商城，新进了一款帽子，那如何针对老客户进行促销呢？有人可能会选择直接给老客户群发邮件或短信。但问题是，这是一家综合型的网络商城，来这儿购物的客户并非全部对帽子感兴趣。这种群发方式不仅不能准确定位到目标消费者，还很容易引起客户的反感。其实，我们可以通过数据库营销解决。首先对商城的所有客户进行建档归类，了解哪些客户对服装感兴趣，哪些客户对帽子感兴趣，哪些客户对家电感兴趣。然后对帽子感兴趣的客户进一步记录分析，了解这些客户的自然特征和消费习惯。如喜欢帽子的客户，他们经常购买的款式、商品价格、颜色等进行分析。对于这批新款的帽子进行促销时，我们就可以重点从对帽子感兴趣的客户中进行筛选。这样不仅可以做到精准营销，更能避免对那些不感兴趣客户的骚扰。

（4）开发老客户。美国贝恩公司曾做过一个调查显示，把产品卖给老客户的概率是卖给新客户的 3 倍。可见，老客户对于企业来说具有重要的价值。那如何实现老客户的重复购买呢？第一步就需要建立数据库，记录下老客户的喜好和消费习惯，然后经常推荐一些符合客户喜好的产品，这样不仅能大大提升营销效果，也能增加老客户的黏度。

三、数据库营销的实施步骤

数据库营销中的一个关键问题就是准确识别目标客户，但目标客户一般在客户总体中所占的比例是比较小的。为了有效实施数据库营销，也需要经过系列的流程，具体如下。

（一）建立数据库

对一些要求不高的中小企业，这一步较为简单。诸如开网店的朋友，有可能只需建立一个 Excel 的数据表，然后设置好要记录的项目（如：性别、年龄、职业、地址、工作、历次消费习惯等）即可。但对于大型公司而言，其数据库营销会相对较复杂一些，可能会需要选用专业的 CRM 系统。

其实，建立数据库旨在进行个性化的客户画像，即我们需要针对每一类数据实体，将其进一步分解为具体的数据维度，刻画出每个客户的特征，再聚集起来目标人群的画像。客户的画像是根据客户的社会属性、生活习惯和消费行为等信息资料而抽象出的一个标签化客户模型，一般会涉及以下五个层次。

（1）用户的固定特征，如：性别、年龄、教育水平、职业、星座等。

（2）用户的兴趣特征，如：兴趣爱好、常用的网站/App、关注的品牌和产品偏好等。

（3）用户的社会特征，如：生活习惯、婚恋情况、人际交往、社交情况等。

（4）用户的消费特征，如：收入、消费水平、产品购买渠道、产品购买频次等。

（5）用户的动态特征，如：用户当下需求、周边的商户、周边的人群信息等。

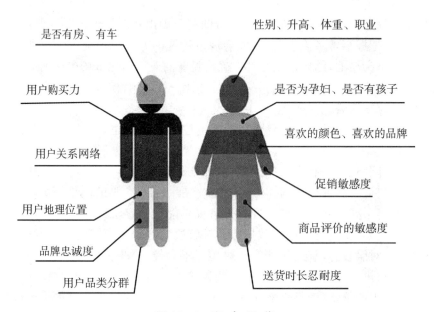

图 11-1 客户画像

（二）采集数据

数据库建立起来后，就需要采集数据，对数据库进行完善。例如，当用户登录电商平台后，其Cookie就一直停留在该浏览器中。通过用户点击的链接、点赞、浏览的帖子等，可以记录用户的所有浏览行为，然后持续分析其浏览过的关键词和页面，可以分析出客户的长短期需求与兴趣。

数据采集的方法主要有：①自有用户。在自己的商城平台上以往服务过的客户，以及在网络论坛、社区等平台上已经注册过的用户都是很好的原始的数据。②网络调查。这是一种在互联网日益普及背景下经常采用的方法，可以很好地扩大调查范围，实现受众之间的互动交流，也是一种性价比较高的搜集数据方法。③举办活动。通过各种活动获取用户数据也是一个很好的途径，像有奖问答、有奖征文、有奖投票、评选等都能取得较好的效果。④网络搜集法。在互联网上也有很多公开的用户数据，网络搜集法也是一种经常会用到的方法。⑤商业购买。这是一种很直接的方法，当然也具有很强的针对性。多渠道的数据统一收集和管理可以让企业基于已知的数据寻找到更多线索。所以，企业在进行数据收集时可以综合运用多种不同的方式或平台。

（三）数据管理与数据挖掘

数据管理是利用计算机硬件和软件技术对数据进行有效的收集、存储、处理和应用的过程。其目的在于充分有效地发挥数据的作用。尤其在一些大公司，都需要使用专门的软件对数据进行统一管理,实现同步化。实现数据有效管理的重要一环就是数据挖掘。数据挖掘一般涵盖了三个层次:其一,挖掘用户。根据用户的不同属性,对用户进行深入挖掘,勾勒出某产品的消费者模型。通过这种深入挖掘,可以实现用户的细分。那么当需要进行产品推广时,就可以马上从细分的数据中提取最精准的用户。其二,挖掘需求。基于用户的年龄、职业、收入、文化层次、喜好、消费习惯等数据,运用数据分析技术找出潜在的需求;其三,挖掘产品,基于对数据库中的数据分析,阐述开发什么样的产品会有市场、用户喜欢什么样的产品、用户又会为哪些产品买单。假如,我们是一家集制药与销售为一体的企业。数年的销售使我们拥有了近 30 万的客户,并且其中大部分属于我们的忠实客户。这时我们开始对数据库进行分析与挖掘,发现这些客户中有 60% 患有咽喉炎,那么公司下一步就可以考虑开发这方面的产品。

(四) 客户数据库的完善

仅仅建立了数据库,得到了初步的数据是远远不够的,还需要不断对数据进行更新和完善,不断地搜集和完善客户更加详细的信息,如喜好、行为习惯等。通常可以采用引导、反馈、调查、行为、活动、沟通等方式获得更为准确的信息,并利用这些信息进行数据库营销。例如,一个"90 后"客户喜欢上午 10 点时在生鲜网站下单买菜,晚上 6 点回家做饭,周末喜欢去附近吃韩国烧烤。经过数据的管理与挖掘后,系统会产生一些标签,如"90 后""生鲜""烧烤"。如果有生鲜打折券、烧烤券的最新推荐,营销人员可以将产品的相关信息精准地推送给该客户。

扩展阅读

沃尔玛的顾问式营销

大数据时代之前,企业一般会从 CRM 或 BI 系统中的顾客信息、市场促销、广告活动、展览等结构化数据,以及企业官方网站的相关数据中提取一些信息,但他们只能达到企业正常营销管理需求的 15% 的量能,并不足以给出一个重要洞察和规律。

而其他 85% 的数据,诸如社交媒体数据、邮件数据、地理位置、音视频等这类不断增加的信息数据等等,更多以图片、视频等方式存在,几年前可能被置之度外,不会被运用。而今大数据却能进一步提高算法和机器分析的作用,并在竞争激烈的市场日显宝贵、作用突出。

例如,在美国的沃尔玛大卖场中,当收银员扫描完顾客选择的商品后,POS 机上会显示出一些附加信息。然后售货员会友好地提醒顾客:"我们商场刚进了两三种配酒佳料,并正在促销,位于 D5 货架上,您要购买吗?"这时,顾客也许会惊讶地说:"啊,谢谢你,我正想要,刚才一直没找到,那我现在再去买。"

这其实就是沃尔玛在大数据系统支持下实现的"顾问式营销"的一个实例。为什么售货员会在第一时间向顾客推荐"配酒佳料",而不是其他的商品呢? 因为计算机系统早就计算好了,如果顾客的购物车中有不少啤酒、红酒和沙拉,则有 80% 的可能需要买配酒小菜、作料了。而提供这一决策分析支持的就是其位于美国一个庞大的、通过卫星与全球所有卖场实时连通的企业级数据仓库。"

(资料来源:《网络营销与策划:理论、案例与实训》,人民邮电出版社)

四、数据库营销的应用

数据库营销是随着时代的进步、科学技术的发展、数据库技术与市场营销的有机结合而形成的,是营销领域的一次重要变革,也是一个全新的营销概念。

(一)在线旅游网站数据库营销

在大数据的时代背景下,在线旅游网站市场的格局已经发生了一定的改变,市场的竞争也越发激烈。例如,去哪儿网等旅游网站在垂直比价中有着较为显著的优势,而阿里巴巴等大型商务平台也在不断向在线旅游业发展,腾讯、百度等企业也在扶持中小型企业的崛起。此时,利用数据库、大数据营销有效提升自身竞争力就显得尤为重要。学者张馨(2019)认为大数据营销模式在在线旅游网站中的应用价值重要体现在如下几点:一是,基于大量的数据信息可以有效分析用户的行为,挖掘用户的潜在需求;二是,基于数据中的信息资料,可以将用户的各项浏览痕迹转变为网站的预测方向,便于从用户角度了解网站自身的优劣势;三是,能够精准定位用户,推送个性化的信息,提升营销效率的同时降低营销成本,促使营销的方向更具有针对性;四是,基于对竞争对手数据信息的收集和分析,可以很好地监测竞争对手,传播品牌文化。去哪儿网就曾在2015年通过大数据定位,开展了一场以"洗肺之旅"为主题的海岛游主题营销活动。基于大数据分析,定位了所有雾霾较重的城市,并筛选出了海岛城市旅游产品搜索行为的用户,对其进行针对性推广,进而取得了良好的营销效果。

(二)电信数据库营销

电信运营商往往都希望通过客户回访等方式,向数据库内的用户挽留流失客户,或者介绍最新的相关资讯。大数据可以有效帮助企业识别各类客户,进而对用户特征进行分析,实现目标市场的细化。数据对于电信运营商的商机应用是有很大的可为与提升空间的。具体体现在如下方面。其一,网络配置更加科学。老用户是企业运营和发展的基础,也是很有价值的一部分用户。基于对这些老用户的数据分析可以很清晰地了解到用户通话和上网高峰期发生的时间、地点,甚至是运动轨迹,这些都能给网络配置、资源投放、基站的优化等工作带来实际的指导;其二,增强客户的良好感知。基于大量的事实数据,可以按照年龄、职业、学历、收入等维度分析用户的喜好和习惯,为每个客户打上人口统计学特征、消费行为、上网行为和兴趣爱好标签,并借助数据挖掘技术进行客户分群,做到比用户更了解"自己"。以此来提供给客户所需要的消费信息和特定的产品推荐,做到体验更流畅、办理更便捷、消费更透明、售后评价更高。其三,营销活动等精准。随着数据搜集、存储、管理、分析、挖掘、应用等技术体系的发展,一些复杂、无序的数据可以很好地转变为直观的图形,简单易懂,并能实时洞察消费者的行为,使整个营销活动更加明确、可追踪、可衡量、可优化,实现以数据为核心的营销分析闭环管理模式。

(三)工商企业数据库营销

在大数据时代,企业不能再凭感觉或直觉来进行战略决策,必须紧跟市场,紧跟客户需求,基于对客户的相关数据分析,来留住现有客户,并吸引更多的新客户。互联网时代也为工商企业展开实时化的营销提供了多种可能。目前,工商企业主要在如下方面运营数据库营销。其一,客户特征分析。基于大数据,企业可以对每个消费者进行全面精准的描述,并结合消费者的个性化特点,给出有针对性的建议和显示广告。企业能够深入了解每个客户的兴趣爱好,根据用户需求和兴趣,在正确时间给正确客户投放正确的内容信息;其二,客户消费倾向分析。在数据库营销中,用户在社交媒体上的所有行为,如浏览足迹、搜索结果均可以被完整记录下来。通过数据分析,可以实现有效的营销信息推送、创造定制产品和个性化的服务。并在海量数据基础上,为客户的消费决策提供更加个性化的决策支持和信息服务。其三,实现企业内部运营的决策和优化。利用大数据对消费者的需求、市场风险等进行分析,了解现状,进行预测、改进和创新产品、找到商机、实现渠道优化,提高决策的准确性。其四,实现需求和生产智能的一体化,减少库存。消费需求的个性化,需要传统企业不断改变现有的生产方式与制造模式,通过对消费需求产生的海量数据与信息进行大数据的处理与挖掘,反向来指导生产和营销。

扩展阅读

为什么数字如此迷人?

　　无论浏览哪个网站,买家都会被广告团团包围;精准而实时地展开新的营销攻势;在众多客户之中能找准必定可以带来最大利润的客户。这都要归功于分析学,这一学科研究的是人们迅速概括分析所有数据时展现的科学与艺术。你也许会认为,不起眼的小数字只是突然之间变得魅力十足,其实绝不是这么简单。

　　这些迷人的小数字很有可能是从直接反应营销兴起后开始释放魅力的。克劳德·霍普金斯(Claude Hopkins)早在1923年出版的《科学的广告》一书中就以先驱者的口吻这样表示:"一些人将广告提升到了科学的层面,这样的时代已经到来。这种科学依据一些固定的原则,结果非常精确,没有差错。人们分析广告的起因和产生的结果,直到彻底理解因果关系为止。整个过程已经形成了一套正确的方法,并且得到了证实。我们知道什么是最有效的,于是根据基本的法则采取行动。"

　　借由互联网实现的数字化沟通,我们可以测定一切。一切都能产生数据,而且数据的规模庞大。如此巨大规模的数据使企业得以史无前例地透彻了解客户,深入了解客户有多么喜爱品牌,以及这种对品牌的投入最终会给企业带来怎样的收入。此外,电子商务环境向我们提供了一个密闭的循环系统。在这个循环系统中,我们会知道具体的客户深受哪种媒体营销的影响,他们怎样进入特定的网站,浏览某网站时他们会做什么。我们还可以观察这些客户购物的全过程,从开始直至购物的行为真正转变为商家的成功销售。

　　此外,我们还可以得到更加实时的数字化数据,而不必等到几周甚至几个月后才能了解营销活动有怎样的影响,几乎在活动进行的同时我们就能得到数据,由此能够立即优化营销效果。数字技术在营销领域掀起了一场轰轰烈烈的数学革命。

　　(资料来源:《大数据营销:定位客户》,机械工业出版社)

第四节　事件营销

　　随着互联网信息技术的不断发展,网络已经发展为汇集民意的新渠道。与此同时,在网络传播媒介的协助下,网络事件营销也成为企业及时、有效、全面地向大众宣传产品、服务或企业形象的一种新型模式。

一、事件营销的概念

事件营销(Event Marketing)是指企业通过策划、组织和利用具有名人效应、新闻价值以及社会影响的人物或事件,引起媒体、社会团体和消费者的兴趣与关注,以求提高企业或产品的知名度、美誉度,树立良好的品牌形象,并最终促成产品或服务销售目的的一种手段或形式。企业利用好网络事件营销方式,往往可以快速、有效地宣传其产品和服务。比如在2018年2月1日北京时间20:00,苹果公司联手陈可辛导演,发布的一部中国春节营销微电影《三分钟》。在正式发布前,这部微电影就已经在微博、微信等各大社交平台发酵,赚足了噱头。这部以中国春节为主题,以春运列车员的视角,展现她和孩子在站台相聚的"三分钟"情节,本身就具备情感共鸣,掳获了大量关注的同时也极大地深化了拍摄工具iPhone X的产品特性和苹果品牌的形象。2008年著名的"封杀王老吉"事件也是一个非常典型的事件营销案例。王老吉利用广大网民的爱国之心、好奇之心,向汶川捐款一亿元后,采用正话反说的网络事件营销方式,激发了公众的舆论热情,使王老吉一夜成名,迅速提升了其产品的知名度与产品的销售量。

事件营销具有受众面广、突发性强,在短时间内能使信息达到最大、最优传播的效果,能为企业节约大量的宣传成本,这逐渐成为一种国内外较流行的公共传播与市场推广手段。

概括而言,事件营销就是先创造一个事件,然后借助互联网络进行传播,通过网络爆炸式传播速度让该事件被大众所熟悉和讨论,从而达到打广告的效果。这种营销方式一般具有如下几个特征。

(1)小投入,大产出。事件营销可以快速引导产品目标群体的关注和讨论,从而引爆市场,这也是传统的营销方式难以媲美的。如果策划得当,事件营销产生的效应可以在几个小时内迅速通过互联网的传播为大众所熟知。2009年7月百度"魔兽世界"贴吧里一个名为"贾君鹏你妈妈喊你回家吃饭"的帖子在短短五六个小时被390 617名网友浏览。这条经典的网络流行语就是北京口味文化传媒有限公司人为制造出来的。据悉,该炒作的实际投入为5万元左右。但为公司共赚到了"6位数"的酬劳。美国方面都对该事件进行了报道和评论。

(2)强渗透性。事件营销可以通过整合各项社会媒体和公众资源,创造出家喻户晓的新闻,借助人与人的沟通或者互联网的快速助力,引发公众讨论,成为大家茶余饭后的主要聊天内容,达到很好的广告和营销传播的效应。

(3)不可控性。事件营销意味着你的线上品牌在诞生之初可能就已经具有争议性,而一个具有争议性的品牌网民或许会去关注,但可能不会去信赖。所以在事件营销之初就需要营销人员进行认真的策划布局。

(4)隐蔽目的性。企业策划的网络营销事件都具有商业宣传目的,但一般情况下该目的都应该是较隐蔽的,会很好地隐藏其真正的推广目的,甚至根本不让消费者感觉到该事件是在进行产品推广。

二、事件营销的类型

事件营销的起点与出发点是事件。根据《现代汉语词典》的解释,事件是指历史上或社会上发生的不平常的大事情。"不平常"决定了事件的轰动性,"大事情"决定了事件的影响力。这两点也是评价事件容易获得新闻媒体争相报道的重要评价标准。根据事件性质的不同,事件营销可分为以下几个类别。

(一) 借用重大突发事件型

重大突发事件是指突然发生的、不在公众预料之中和没有心理准备的事件。由于重大突发事件多以灾难为主,且影响较为深远,那么在利用此类重大突发事件进行营销时,务必要注意把握好尺度。

(二) 借用公众高关注事件型

公众高关注事件是指公众都了解、重视的,但尚不知道其具体结果的重大事件。如北京市申报 2008 年奥运会主办权、中国首次载人航天飞行等。这类事件会对社会发展、公众的某种心理感受产生巨大的、积极的影响。在 2008 年北京市成功申报奥运会主办权后,农夫山泉及时策划并大量发布了"这一刻,中国人心理有点甜"的广告。该广告既说明了农夫山泉的产品特点,又很好地暗合了中国人的自豪感,最终为农夫山泉赢得了很好的消费者好感。

(三) 借用公益活动型

文艺演出,体育比赛等活动都是公众经常关注的焦点。所以,借助文艺明星和体育明星的号召力,吸引消费者的眼球和大众媒介的关注,也是事件营销中经常采用的策略。2019年,女排不仅赢得了 11 连冠,更成了一种国家精神。海尔空调、太平洋保险、联想等大型企业均成了女排的赞助商。随着女排成绩的不断刷新,这些企业的品牌也会随之得到广泛的传播。

(四) 借用社会问题型

社会发展的过程就是一个利益重新分配的过程。在这一过程中会产生许多新的矛盾,与这些矛盾相关的话题也正是公众所关注的中心。一个时长为 5 分 40 秒,以解析现代人在"城市化进程中"中的矛盾与冲突为主线,通过表现爷孙之间哭笑不得的亲情故事,表达城市进步与落后的农村之间的矛盾,其实年老的亲人才是这场矛盾与冲突之下最大的牺牲者的《啥是佩奇》短视频,犹如"社交病毒"一样短时间内就占据了各大社交媒体,创造了 2.3 亿播放量、16 亿微博转发量,成功的演变为 2019 年开年以来的第一个爆款。

(五) 营造事件型

营造事件指企业通过精心策划的人为事件来吸引消费者的目光,从而实现传播目的的策略。2019 年 2 月 26 日,星巴克推出春季版"2019 星巴克樱花杯",火了"樱花杯"系列里的"猫爪杯",有关星巴克猫爪杯的百度指数和微信指数直线上升。连夜排队购买"猫爪杯"的奇景使星巴克"猫爪杯"的热度更加上涨,一时间,社交网络上的"猫爪杯"成为"众矢之的"。星巴克通过成功的操作向公众营造了猫爪杯求过于供的感觉,使猫爪杯狠狠地火了一把,将一个普普通通的玻璃杯从原价 199 元炒到了 600 多元。

三、事件营销的传播

事件营销活动做得再热闹,要想达到目的,其传播至关重要。对于事件营销的传播,一分做事,九分宣传。企业要想达到事件营销的目的,就必须重视传播。通过传播,可以让目标群体了解到品牌,了解到企业所运作的事件,避免让事件营销成为企业自己的独角戏。如

"统一"方便面由于缺少有效的传播,在 2008 年完成了与北京奥组委的赞助签约之后,便在声势浩大的奥运营销战中销声匿迹了。而在 2008 年 5 月 8 日,北京奥运圣火成功登上珠峰之巅,白象方便面却借机启动事件营销,赞助登山运动员,成为补充能量的基本食品之一,白象方便面为此还起了一个特别的名字——"白象 8848 大骨皇"方便面。事件营销的传播一般包括以下四个方面。

(一) 确定传播目标

事件营销的有效实施必须先确定其传播目标,包括传播对象、传播范围、传播效果等。例如,餐饮、服务行业具有较明显的区域性,则可以选择当地的论坛、期刊、主要网站等作为网络事件营销传播的工具;如果传播对象为一些年轻女性,可以尽量选择女性用户这类群体经常使用的淘宝、微信、唯品会等网络平台,在话题的选择方面也尽量选择年轻女性所感兴趣的话题。

(二) 分析当下的网络舆论环境

舆论的本质是公众对某一事务一致意见的表达。网络舆论也具有舆论的本质,是指公众以网络为平台,通过网络语言或其他方式对某些公共事务发表意见的一种特殊舆论形式。受网络空间的自由和开放性、公众自我表达意见等多因素的影响,网络舆论逐渐向显在舆论发展。在网络事件营销的传播中,企业应当时刻关注网民关注的方向,并有效控制好舆论传播的尺度,为更好地进行企业品牌推广奠定基础。

(三) 制订网络事件传播方案

在制订事件传播方案之前,企业要理解媒体的关注点,熟悉新闻事件的特征,并善于制造新闻事件。对于事件营销,公众会首先关注这个事件本身。所以该事件一定要具有新闻价值。一般而言,新闻价值有两个要素,第一个要素是和公众利益具有较高的关联度,这种关联度包括经济、公众、安全、道德、荣誉等价值。第二个要素就是感官的满足度,如好奇心、趣味性等。事件满足了公众的窥视欲和猎奇心后,就需要根据该事件的宣传特点,提前策划并制定详细的网络事件传播方案。2008 年北京奥运会的品牌争夺也是异常激烈。当阿迪达斯以 8 000 万美元把本土品牌李宁挤出门外之时,李宁剑走偏锋,杀进了中央电视台体育频道的直播间。即使进不了"鸟巢",李宁品牌的创始人李宁也有意选择在"鸟巢"附近传递奥运圣火。通过在主持人身上植入品牌标识,再加上赞助众多热门夺冠球队,李宁品牌也给人们留下了深刻的印象。

(四) 组织事件的实施流程

在事件策划好后,就可以将内容帖发布到论坛。内容需要图文并茂,也可以带有一定的争议性。在此期间,若想进一步提高关注度,可以联系付费网站管理员,特此照顾(推荐或置顶)。也可以用事先准备好的"马甲"将帖子炒热。还可以利用争议性撰写一些新闻评论进行谴责性或质疑性报道,吸引其他的媒体进行跟进报道或论坛进行转载,在此期间也一定需要注意维护形象。在事件的实施流程中,我们一般要做到以下六个方面的工作。

第一,根据被炒作对象特点做出策划方案;

第二,准备事件营销推广平台的账号体系,选择合适的网络推广平台;

第三,掌握相应营销平台的营销规划和技巧,并尽量将营销信息置顶或者推荐;

第四,策划易于传播的营销文案;

第五,通过事件营销推广平台账号体系,制造舆论氛围;

第六,引入媒体等报道事件,引导用户关注。

(五) 效果评估

企业最初的目的是否达到? 公众对此的看法如何? 对品牌的评价产生了怎样的变化? 类似的这些问题都可以通过对事件营销的效果评估来回答。事件营销效果的评估主要分为两个阶段。第一个阶段是从事件的熟知率、认知渠道和对具体内容的评价等方面对事件进行评估。第二阶段是通过客户对品牌的认知、情感和意愿等方面对品牌影响进行评估。

四、事件营销的策略

在如今的企业营销实践中,事件营销得到越来越广泛应用,已有数据显示超过96%的美国公司将事件营销纳入公司营销沟通组合中,并且越来越多的营销预算也从广告和其他传统营销方式向事件营销转移。然而,水可载舟,亦可覆舟。事件营销可以让企业"一夜成名",也可能使企业"一夜败北"。换句话说,事件营销也是一把双刃剑,运用不当很可能会适得其反,引起消费者对产品和企业品牌的反感。对事件营销而言,创意是关键。常见的事件营销的创意策略如下。

(一) 美女牌

美女是永恒的话题和热点,也是最容易策划和实施的营销元素。在策划事件营销时,若缺少好的创意点,可以采用美女牌创意元素。淘宝第一美女——"水煮鱼皇后"就是一个很典型的案例。水煮鱼皇后原名李叶,在2007年年底淘宝网举行的一次创意活动中,其自创短剧《水煮鱼的淘气生活——带你走进一个淘宝女生的真实生活!》以其清纯的外形,风趣幽默的故事,一夜之间迅速在各大网络上蹿红,被网友标榜为淘宝第一美女店主。与此同时,水煮鱼的店铺也一跃成为皇冠店铺,有着火爆的销售额。

(二) 情感牌

在现实中,大多数营销方式都还是专注于企业和消费者之间的产品或者服务的交换关系。企业的营销绩效也往往跟消费者获得的使用价值和企业获得的利润联系在一起。"花多少钱买什么样的产品或者服务""到底值不值""有没有更便宜的",基于这样的一种逻辑思考,消费者在掏钱的时候就会很理性,成交则会存在一定的困难。那有没有一种情况让消费者失去或变得不理性呢? 有,那就是情感。亚里士多德就曾说过:"情感改变人们,影响着人们的判断,并且还伴随着愉快和痛苦的感觉。"在营销中,打情感牌有三个作用:其一,可以让消费行为从理性走向感性,营造适合成交的营销方式;其二,情感以攻心为上,玩情感能够有效提高消费者的品牌忠诚度;其三,在这个竞争激烈的商业社会中,情感也是战胜竞争对手的强有力武器。京东商城在2015年迎来12岁生日之时,CEO刘强东与网球名将李娜、流行偶像谢霆锋共同录制了《我变了? 我没变》广告MV,三人分别根据自己的人生轨迹录制了一段短片来折射京东12年的变与不变,诠释了在电商前沿,京东不变的初心——和谐共赢,互联惠众。

(三) 跨界牌

跨界是一种新锐的生活态度与审美方式的融合,通过不同品牌或者不同品类产品的互相渗透与联合,形成更有立体感与纵深感的品牌形象,提升消费者对品牌的认知和忠诚度。为什么要运用跨界呢? 第一点,跨界的信息基础已经具备了,并且随着移动互联网与5G通信网络的迅速普及,信息的需求与供应还在不断地被丰富和完善。第二点,跨界可以放大资源价值,甚至可以融合成为完整的个体。第三点,跨界已经成为趋势。目前很多产业的边界变得越来越模糊。整体而言,玩跨界就是要打破传统的思维模式,避免单兵作战,发挥不同品牌的协同效应,实现 1+1>2 或者 1+1=11 的结果。2018 年抓住了主流消费人群"怀旧"情绪的美加净与大白兔进行了跨界合作,推出时刻润唇系列的限量款——大白兔奶糖味润唇膏。产品还没有上架就成了社交平台上的网红爆款,官方的饥饿营销策略让 920 支唇膏在短短的 30 秒内就被一抢而空。再配合社交平台上多位 KOL 和媒体的合作,从初期的激发观众的好奇心,到后期传播国民级的文化符号,此次跨界合作成功地为美加净这个传统的国产品牌打上了"既经典,又年轻"的烙印。

(四) 公益牌

公益即公共利益,有关社会公众的福祉和利益,是"为人民服务"的通俗说法。公益营销与纯粹的公益行为不同,公益营销在进行公益的同时旨在宣传自身品牌。最好的公益营销模式是与公益组织合作,充分利用其权威性、公益性资源,搭建一个能让消费者认同的营销平台,进而促进市场销售。公益营销的功效可以归纳为四个关键词:品牌形象、经济效益、公关关系、社会效益。进行公益营销时也有几点需要注意。其一,公益的主题需与企业产品相结合。其二,要掌握好尺度。公益营销不宜营销过度,不能锋芒毕露。进行公益营销时往往可以从关爱儿童、关爱老人、关爱女性、尊重生命、尊重良俗、尊重文化、倡导健康、倡导美德、倡导和平、致力环保、致力教育、致力卫生等十二个主题思考。当忙碌的都市人在"眼前的苟且和诗和远方中"摇摆不定时,2019 年银联手机闪付借助特殊的 POS 机通过一次公益活动,让大家了解到了贫困山区中孩子们的"诗和远方"。这些特殊的 POS 机被称为"诗歌 POS 机",与平常的 POS 机不同,只要通过银联闪付一元钱,这些 POS 机就会刷出一张印有诗歌的票据。当看到这些特殊的 POS 机时,不少人难免会产生这样的疑问:"这些诗是谁写的?POS 机为何打印出了诗歌?"其实这是银联手机闪付联合各基金会推出的公益活动——"让山里的才华被看见",POS 机中所打印出的诗歌票据也正是由山区孩子所写。在特殊 POS 机上闪付的一元钱,则是你所献出的一份爱心,意为进行远程支教使用,帮助大山中的孩子拥有更丰富的知识。这次公益活动不仅很好地打动了消费者,让每个人都能通过低门槛、多元化的方式参与到公益事业中,从而产生自主的社交传播,也很好地扩大了营销活动中品牌的影响力,这也正是公益营销的力量。

(五) 热点牌

每每出现社会热点时,各大新闻媒体都会闻风而动,到处搜集相关新闻素材。这些社会热点一般也是大众所关注的焦点。所以,如果能巧妙地围绕这些社会热点来策划营销事件,则会收到事半功倍的效果。甚至有时即使策划得不够完美,也一样会很好地被大众关注。俄罗斯世界杯无疑不是 2018 年的一大热点,5 月 31 日"法国队夺冠,华帝退全款",短短十个字出现在《南方都市报》上,从话题声量上来看,品牌得到迅速曝光。从媒介传播上看,由传统纸媒率先报道,增加其公信力与权威性,然后辐射到各大网媒、头条,成为热点新闻。此次华帝结合世界杯冠军预测,很好地增加消费者的代入感,消费者自然倾向去关注法国队,这样法国队的赞助商——华帝也会被看到,间接增加品牌曝光率。人们喜欢与胜者为伍,如果法国队走得越远,华帝的形象也无疑会越来越好。事实也确实如此,在世界杯期间,法国队每淘汰掉一支球队,就掀起一次华帝热度。

此外,随着硬广告宣传推广效果的不断减弱,企业也越来越偏向于比较受大众关注的新闻或信息推广方式,并以此热点事件为基础推出了形式多样化的软性化宣传推广手段。如,在 2014 年"科比超过乔丹"这一新闻成为热门话题时,京东就推出了这样一则文案:"之所以会超越传奇,是因为成功者都在他人看不见的地方流下过无数辛劳的汗水。我知道洛杉矶每一天凌晨四点的样子——科比·布莱恩特;我知道北京每一天凌晨四点的样子——配送小哥"。京东非常贴切地借助热点,塑造了一个像科比一样勤奋的"京东配送小哥"角色,给人们留下了非常深刻的印象。

(六) 概念牌

在营销的过程中,企业为自己产品或者服务创造一种"新理念""新潮流"是十分重要的。曾有企业家指出"理论市场和产品市场同时启动,先推广一种观念,有了观念,市场就会慢慢做好"。如农夫山泉宣布停止生产纯净水,只出品天然水,大玩"水营养"概念,从而引发了一场天然水与纯净水在全国范围之内的"口水战",招致同行们的同仇敌忾。但也正是在此刻,农夫山泉借机树立了自己倡导健康的专业品牌形象。

另外,争议也是一个永恒的热点,也是最容易引发大众关注和传播的手段。在策划事件营销中也是如此。有时争议越大,事件营销也越成功。当然在事件营销中我们也可以采用名人牌、新奇牌来提高和保持大众对事件的关注。

五、事件营销的注意点

相对于广告等传统手段,事件营销虽然往往能取得四两拨千斤的传播效果,但如果对事件的性质把握不准,其结果往往可能会适得其反。由此,在事件营销中需要把握好以下关键点。

(一) 不能盲目跟风

成功的事件营销有赖于深厚的企业文化底蕴,不是盲目跟风就能学来的。不能看到某个方法火,就盲目去用,关键要看适不适合,能否与企业或产品的实际情况进行有效结合。2019 年草莓音乐节的宣传图和文案是农村大字报"让全村都怀上二胎是草莓不可推卸的责任。摩登天空生育办公室。"配图风格和元素与文案倒是非常匹配,但其传达的意义却让人感到不适。众所周知,草莓音乐节是摩登天空针对年轻的音乐爱好者所举办的一场音乐盛会,春天、草莓、音乐,都是非常青春浪漫的元素,"怀二胎"和这些因素却格格不入,不仅带来了浓浓的违和感,还将草莓音乐节的形象蒙上了一层恶俗的阴影。不久之后,这张海报就被撤下,摩登天空也发布了道歉声明,称是由于 P 图不当,造成了错误的创意导向,引发了误解。

(二) 符合新闻法规

事件营销不论如何策划,需要符合新闻法规,不能越位。2003 年,金龙鱼在全国电视媒体上大肆宣传人体膳食脂肪酸均衡比例为 1:1:1 的概念,但却把自有品牌食用油三种脂肪酸的真实比例 0.27:1:1 放在了画面不显眼的位置。这一行为被竞争对手抓住把柄,让金龙鱼陷入了口水战之中。最终的结果是金龙鱼广告修改后重新播出,但无论如何,之前的负面新闻都已经在消费市场里造成了影响。

(三) 事件与品牌关联

事件营销无论怎么策划,都需要与品牌有关联,并能在一定程度上对品牌起到宣传作用。例如,1985 年的海尔"砸冰箱"、2000 年的老板喝富亚涂料、2015 年的汪峰求婚事件等案例,均与企业的品牌诉求有较好的关系。"砸冰箱"突出了企业重视产品质量,喝涂料表明了企业产品的安全环保,求婚事件吸引了很多"技客网友"对求婚工具——大疆无人机的关注。

（四）控制好风险

所有的推广应该都是为企业品牌做加法而非减法。在策划营销方案之前，需要充分考虑到可能的风险因素，并进行有效的控制，不能对企业造成负面的影响。明智的做法是牢牢把握好网民关注的动向。

（五）抓住时机

在事件营销的运作过程中，企业如果可以充分调动公众的好奇心，其成功的概念则会大大提升。但如果企业自身不具备引起互联网和社会关注的新闻价值，则需要采取"借势"手段，利用已有的有关注度的事件，巧妙地将网民及新闻媒体的视线引到本企业品牌上来。2017年一组六格咆哮式"我们是谁"的漫画走红，从媒体界迅速蔓延至各行各业。简单的台词，直白的吐槽，被不少人称之为"解压神器"。于是各行各业的人们脑洞大开，各种类型的"我们是谁"强势霸屏。然而，当其他品牌还在依葫芦画瓢蹭热点的时候，闪送竟然玩起了Cosplay。闪送的真人版的"我们是谁"，不仅从创意和形式上与各品牌拉开了差距，更值得赞扬的是高效率的执行力。5分钟头脑风暴，创意闪现，1小时制作完毕，24小时"光速"传播，真人版的"我们是谁"迅速且强势地占领了电梯和影院电子屏广告。这也与闪送的品牌理念"快"不谋而合。

（六）诚信为本

正如俗话所说，"巧妇难为无米之炊"。企业行为的好坏直接决定企业信誉的好坏。然而企业只有首先立足于实际行动，用事实说话，为公众做实事，网络事件的传播才会"有米下锅"。在进行网络事件策划时，必须做到实事求是，不弄虚作假，这样才能真正做到让公众信服。反之，一些恶意的炒作不仅会严重影响网络事件营销的传播效果和影响力，还会对企业的形象造成损害。

任务实训

实训十一　体验数据库营销

一、实训目的

通过本实验的学习与训练，使学生理解数据库营销的概念与特征，掌握数据库营销的策略流程，具备初级或简单数据库营销策划和实施的能力，并能够撰写一份较为完整的数据库营销策划方案。

二、实训内容

任选一家网络商城或App应用等进行分析，并为其做一份较详细完整的数据库营销方案。具体应该包括如下内容。

（1）需要收集哪些具体的数据，并将这些需要收集的数据项列出来。

（2）可以通过哪些方法来完善这些数据，比如：用户调查、记录用户购买行为，或是引导用户自行提交等。每一种方法应该较为详细具体，切实可行。

（3）如果这些用户数据全部搜集完成后，可以通过哪些策略和方法来配合该商城或App应用的产品销售。譬如：如何让未成交的用户产生购买行为、如何增加用户的复购率、增加用户的复购频次、如何进行新品促销等。

三、实训思考题

(1) 在实施过程中,如何用更便捷的方式获取用户数据?

(2) 当用户数据发生变化时,如何能够及时更新这些数据?

(3) 数据库营销和大数据营销有哪些联系?

📝 本章小结

适用于传统营销模式的价值链在当下的"大数据时代"已经不再适合了,精准营销在企业的营销活动中发挥了重要作用。不同于传统的营销渠道,精准营销是以客户为中心,借助电子媒介、电话访问、互联网等方式建立客户资料库,并通过科学分析的方法,确定潜在的目标客户,进而引导生产者改变推广策略,提供尽可能详细的客户和销售商追踪资料,采用新型的可操作性较强的营销传播方案来进行产品的宣传推广。精准营销的常见应用有 LBS 营销、数据库营销和事件营销。LBS 营销是指在移动互联网环境中,企业利用位置信息,针对目标受众所进行的精准营销活动。随着全民互联网时代的来临,LBS 的营销模式也在不断创新出奇,主要模式有基于 LBS 的签到营销模式、基于 LBS 的生活服务模式和基于 LBS 的社交营销模式。数据库营销是以与客户建立一对一的互动沟通关系为目标,并依赖庞大的客户信息库进行长期促销活动的一种全新的销售手段。为了有效实施数据库营销,其也需要经过系列的流程。事件营销是指企业通过策划、组织和利用具有名人效应、新闻价值以及社会影响的人物或事件,引起媒体、社会团体和消费者的兴趣与关注,以求提高企业或产品的知名度、美誉度,树立良好的品牌形象,并最终促成产品或服务销售目的的一种手段或形式。事件营销的起点与出发点是事件。根据事件性质的不同,事件营销可分为借用重大突发事件型、借用公众高关注事件型、借用公益活动型、借用社会问题型、营造事件型五个类别。无论是哪一类的事件营销都需要企业掌握基于事件营销的传播流程,选择有效的事件营销策略进行推广实施。

❓ 思考题

1. 简述精准营销的内涵。

2. 精准营销与传统营销有哪些区别?

3. LBS 营销的特点有哪些?

4. LBS 营销的模式有哪些,针对每一种模式你可以找出一些典型实例吗?

5. 请画出数据库营销的流程图。

6. 数据库营销在实施过程中有哪些注意事项?

7. 事件营销成功的关键点有哪些?

8. 如果想让事件营销长时间持续产生影响力,可以采取哪些策略?

9. 请任选一个精准营销的实例,分析在精准营销的实施中企业应注意哪些事项?

第十二章

网络营销策划书的撰写

- 了解网络营销策划的概念
- 理解网络营销策划的要素和要点
- 掌握网络营销策划的过程
- 掌握网络营销策划书的撰写与展示

第一节 网络营销策划概述

一、网络营销策划的概念

网络营销企业若想要赢得商战胜利,就要讲究战略战术,讲究策划与谋略。网络营销策划是企业在特定的网络营销环境和条件下,为达到一定的营销目标而制订的综合性、具体性的网络营销策略与活动计划。总而言之,就是企业通过策划、有计划地组织以及利用名人效应、新闻价值以及具有影响力的社会人物或者事件,从而达到吸引媒体或者是消费者的兴趣与关注,再围绕着消费者行为变化的新特点,再整合企业的策划,使其策划更具有网络营销特点,以求提高企业的产品的知名度、美誉度,树立良好的品牌形象,并最终促成企业对网络营销活动的顺利开展。

网络营销策划并不单指网站推广,也并不单是一个网上销售,所以,网络营销工作所带来的效果也有多种表现,比如网络营销对客户服务的支持、对线下产品销售的促进、对公司品牌拓展的帮助等等。网络营销策划就是为了达成特定的网络营销目标而进行的策略思考和方案规划的过程。网络营销策划目的主要为以下几个方面。

(1)根据市场特点策划出一套网络营销计划。

(2)推出新产品时,针对该产品设计专属的网络营销策划方案。

(3)企业改革经营方向,需要相应地调整网络营销策略。

(4)企业原网络营销方案严重失误,不能再作为企业的网络营销计划。

（5）市场行情发生变化，原网络营销方案已不适应变化后的市场。

（6）在总的网络营销方案下，企业需在不同的时段，根据市场的特征和行情变化，设计新的阶段性方案。

只有网络营销策划好了，按实际情况去实施才能把网络营销做好。

二、网络营销策划的原则

（一）系统性原则

网络营销是以网络为工具的系统性的企业经营活动，它是在网络环境下对市场营销的信息流、商流、制造流、物流、资金流和服务流进行管理的。因此，网络营销方案的策划，是一项复杂的系统工程。策划人员必须以系统论为指导，对企业网络营销活动的各种要素进行整合和优化，使"六流"皆备，相得益彰。

（二）创新性原则

网络为客户对不同企业的产品和服务所带来的效用和价值进行比较带来了极大的便利。在个性化消费需求日益明显的网络营销环境中，通过创新，创造和客户的个性化需求相适应的产品特色和服务特色，是提高效用和价值的关键。特别的奉献才能换来特别的回报。创新带来特色，特色不仅意味着与众不同，而且意味着额外的价值。在网络营销方案的策划过程中，必须在深入了解网络营销环境尤其是客户需求和竞争者动向的基础上，努力营造旨在增加客户价值和效用、为客户所欢迎的产品特色和服务特色。

（三）操作性原则

网络营销策划的第一个结果是形成网络营销方案。网络营销方案必须具有可操作性，否则毫无价值可言。这种可操作性，表现为：在网络营销方案中，策划者根据企业网络营销的目标和环境条件，就企业在未来的网络营销活动中做什么、何时做、何地做、何人做、如何做的问题进行了周密的部署、详细的阐述和具体的安排。也就是说，网络营销方案是一系列具体的、明确的、直接的、相互联系的行动计划的指令，一旦付诸实施，企业的每一个部门、每一个员工都能明确自己的目标、任务、责任以及完成任务的途径和方法，并懂得如何与其他部门或员工相互协作。

（四）经济性原则

网络营销策划必须以经济效益为核心。网络营销策划不仅本身消耗一定的资源，而且通过网络营销方案的实施，改变企业经营资源的配置状态和利用效率。网络营销策划的经济效益，是策划所带来的经济收益与策划和方案实施成本之间的比率。成功的网络营销策划，应当是在策划和方案实施成本既定的情况下取得最大的经济收益，或花费最小的策划和方案实施成本取得目标经济收益。

（五）协同性原则

网络营销策划应该是各种营销手段的应用，而不是某个方法的孤立使用。诸如论坛、博客、社区、网络媒体等资源要协同应用才能真正达到网络营销的效果。

三、网络营销策划的要素

在我们的日常生活中，经常会碰见商家企业策划一些很有意思的商业活动来吸引消费者，为商家带来巨大的经济效益。互联网的主要特征之一就是即时、互动，强调的是用户的参与,因此赋予了网站活动营销更深更广阔的营销空间。网站的营销活动不仅仅局限于线下的传统活动模式,而通过互联网它就有了一个更加无限的营销空间。活动营销是一个典型的整合营销,一个具有轰动性的活动要求非常高,因此精心策划和彻底执行是一个活动营销成败的关键。策划一个成功的网络营销活动,有五大关键要素需要把握好。

(一)吸引力

能不能吸引到用户的关注是活动营销策划成功与否的基础。在一个活动营销策划中,要充分吸引用户的注意和参与,就要抓住所在用户群体非常关注的热点,对用户效之以情,效之以利,激发用户的热情,促使用户非常积极的参与进来。

提高活动的吸引力,就要有创意,策划的主题要能够体现用户的好奇心、荣誉感、自我价值体现、责任感、主人翁、利益等各方面的需求,同时给予适当的精神或者物质激励,这将会大大提高用户的关注度以及参与意识。

(二)可信度

活动策划好,还需要有一定的可信度,让用户信任。特别是创业型的网站,基本就没有什么知名度,活动策划得再好,但用户都没听说过这个网站,用户的认同感不强,参与活动的人就不会很多,营销效果也就不会很大。而如何增强活动营销的可信度呢?

对于创业型的网站,活动营销整合有利资源,寻求有一定品牌知名度的合作伙伴,通过合作伙伴借势起家,这样才会更有权威性。例如一个地方旅游网站,没有多少人气,于是借用政府的名义,和当地最出名的一个自助游论坛合作,利用政府的资源策划了一次非常庞大的旅游活动,从而引起当地甚至周边城市旅游爱好者的关注,从而把这些核心用户引进网站。最后加快速度又举办了几次活动,这样,网站人气和知名度迅速扩大,起到了非常好的营销效果。

(三)关联度

活动营销要和网站的产品、品牌文化关联好,不能偏移主要的用户群体,要善于整合关联性的事件以及相关的资源。活动营销如果没有关联性将是非常幼稚和糟糕的策划。

比如,B2B行业网站的营销活动必须和其产品服务相关联,能够体现其电子商务领域专业权威的品牌形象,和企业产品、企业家、行业专家、市场事件等相关的领域都是营销活动策划的方向。活动营销的关联度越高,其营销效果也就越集中,也就更能体现网站宣传的性价比。

(四)执行力

活动营销的效果主要来源于前期精心的策划工作,而营销策划的方案能不能最大化的体现营销目的,营销活动的执行力在整个营销活动中就显得非常重要。执行力主要体现在详细的工作描述、工作流程步骤、执行人员、执行时间、突发事件的处理方案等。在活动执行的过程中如果出现问题,引起用户的不满情绪,活动的营销效果就会打折扣,甚至对网站起到恶劣的反作用。

因此活动营销的谨慎有序的执行力,是整个活动营销中非常重要的因素。因此,在活动前,对于整个活动的活动方案要进行反复推敲,检查是否有漏洞。对于大型的线下营销活动,为保证执行的畅通,最好有一个比较好的培训和演习。在活动中要统一指挥,严格有序地执行,保证网站活动营销的顺利开展。

（五）传播力

网站做活动营销的目的就是把网站的品牌文化传播给更多的用户群体，实现最大化的品牌宣传效益，这也是整个活动营销过程的关键部分，也是集中体现活动营销目的所在。

活动营销的传播力体现在活动前、活动中、活动后的各个阶段。活动前，勾起用户的兴趣和关注，为活动产生预热功效。活动中，做好活动组织工作，把活动的内容与主题集中体现出来，通过用户的参与，获取用户对网站产品或网站文化良好的印象；活动结束后，把宣传效应进一步扩散和延伸。通过其他的信息传播媒介，把活动的影响力进一步扩大，获取更大的商业价值。

四、网络营销策划的要点

（一）网络消费者的注意力

在信息爆炸和产品丰富的信息社会中，"酒香也怕巷子深"，如何抓住网络消费者的注意力这种稀缺的商业资源，便成为企业网络营销成败的关键。在目标市场确定之后，网络营销管理者首当其冲的应当是考虑以何种方式和手段尽快抓住目标客户的注意力。

网络经济是一种典型的注意力经济。注意力经济这一概念是迈克尔·戈德海伯在2019年发表的一篇题为《注意力购买者》的文章中提出来的。戈德海伯指出，在以计算机网络为基础的信息社会中，各种信息浩如烟海，对人来说，信息已经不再是一种稀缺的资源，而是相对过剩，稀缺的资源是人的注意力。

因此，目前以网络为基础的新经济，其实质就是注意力经济。在这种社会形态中，最重要的资源不是传统意义上的货币资本，也不是信息本身，而是注意力，注意力是虚拟经济的硬通货。

（二）信息

要管理好一个企业，必须管理好它的未来；而管理未来就是管理信息。在网络化信息时代，消费者需求的多样化、个性化趋势有增无减，卖者之间的竞争将空前激烈，只有那些以闪电般的速度掌握营销环境信息，了解消费者需求和竞争发展趋势，找出对手弱点，并以最快的速度投入或占领市场的企业，才能实现网络营销的竞争优势。

因此，网络营销策划要以进一步完善并充分利用企业营销信息系统为基础，利用快速高效的电子信息处理技术，对客户、竞争者以及其他环境因素进行快速、准确、全面地分析，为网络营销方案的制定提供科学的依据。

（三）软营销

由于互联网具有信息共享、交流成本低廉、传递速度快等特点，因此网络是一把双刃剑：一方面形成了网上信息自由，另一方面又为信息的泛滥提供了便利。这就决定了企业在网络上向客户提供信息时，必须遵循一定规则的网络礼仪，即决不向客户进行强制性的信息灌输，决不在未经客户允许的情况下让企业的任何信息闯进客户的私人生活，或将消费者的个人资讯向第三方透露。所以，真正的网络营销是一种软营销。软营销是相对于工业化大规模生产时代的强势营销而言的。强势营销往往用不断的广告轰炸和死磨硬缠的推销人员向顾客强行灌输信息。因此，软营销与强势营销的一个根本区别就在于：软营销的主动方是消费者，而强势营销的主动方是企业。网络时代个性化消费需求的回归，使消费者在心理上成为主动方，而网络的互动性又为他们成为主动方提供了条件。他们不欢迎不请自到的广告，但他们会在某种个性化需求的驱动下，主动到网上寻找相关的信息、广告。网络营销策划应考虑如何适应这种新的环境和要求,使企业的网络营销成为真正的软营销。

(四)客户让渡价值

企业要在竞争中战胜对手,吸引更多潜在客户,就必须向客户提供比竞争对手具有更多客户让渡价值的产品。网络信息化时代为客户比较和评估不同企业的产品(或服务)的价值或效用提供了十分便利的条件。1994年,菲利普·科特勒提出了客户让渡价值的概念。客户让渡价值是指客户总价值与客户总成本之间的差额。客户总价值是指客户购买某一产品与服务所期望获得的一组利益,它包括产品价值、服务价值、人员价值和形象价值等。客户总成本是指客户购买某一产品所耗费的各种成本的总和,包括货币成本、时间成本、精神成本和体力成本等。客户在选购产品时,往往从价值与成本两个方面进行比较分析,从中选择出价值最高、成本最低,即客户让渡价值最大化的产品作为优先选购的对象。

因此,网络营销策划必须贯彻客户价值:一是考虑如何通过改进产品、服务、人员与形象,提高产品的总价值;二是考虑如何通过降低生产与销售成本,减少客户购买产品的时间、精神与体力的耗费,从而降低货币成本与非货币成本。

(五)快速反应

速度是网络营销竞争的利器之一。网络的神奇在于迅速和互动,由于网络虚拟世界与现实世界在速度上存在着巨大反差,速度对网上客户满意度和忠诚度的影响十分明显,因此,网络营销企业的商业模式不再是传统营销环境下的推测性商业模式,而是一种高度回应需求的商业模式,即企业应站在客户的角度及时地倾听客户的希望、渴望和需求,并及时答复和迅速做出反应,满足客户的需求。

在策划网络营销方案时,必须把网络作为快速反应的重要工具和手段,并在协调质量与服务的基础上建立快速反应机制,提高服务水平,能够对问题做出快速反应并迅速解决,以达到企业与客户双赢的结局。

(六)创新

网络为客户对不同企业的产品和服务所能带来的效用和价值进行比较带来了极大的便利。在个性化消费需求日益彰显的网络营销环境中,创造与客户的个性化需求相适应的产品特色和服务特色,是提高效用和价值的关键。

在网络营销方案的策划过程中,必须在深入了解网络营销环境尤其是客户需求和竞争者动向的基础上,努力营造旨在增加客户价值和效用,为客户所欢迎的产品特色和服务特色。

(七)关系营销

在网络化信息时代,新的市场环境导致企业与客户的关系发生本质性的变化,抢占市场的关键已从管理营销组合变成管理企业与客户的互动关系。现代市场营销的发展趋势表现为从交易营销转向关系营销:不仅强调赢得客户,而且强调长期地拥有客户;从着眼于短期利益转向重视长期利益;从单一销售转向建立友好合作关系;从以产品性能为核心转向以产品或服务给客户带来的利益为核心;从不重视客户服务转向高度承诺。

这就要求网络营销方案的策划,必须围绕处理好与客户的关系这个核心来展开,把服务、质量和营销有机结合起来,通过与客户建立长期稳定的关系,实现长期拥有客户的目标。

(八)品牌营销

现代市场营销竞争,不仅是质量、价格和服务的竞争,更是品牌的竞争。品牌不仅是企业、产品和服务的标识,而且是一种反映企业综合实力和经营水平的无形资产,在企业商战中具有举足轻重的地位和作用。网络品牌不仅为网上客户辨识企业产品和服务提供了便利,而且为网上客户购买和消费企业产品提供了信誉保证。网络品牌的营销,既有利于扩大新客户,又有利于留住老客户。虽然品牌形象的传播要借助传媒来进行,但品牌形象不是炒作出来的,而是在不断提高产品和服务的质量的同时辅以恰当的形象推广而形成的。

因此,网络营销方案的策划,不仅要注重提高品牌的知名度,更要注重通过提高产品和服务的质量来提高品牌的美誉度,通过整合和优化品牌形象的构成要素,最终树立起值得大众信赖的网络品牌。

(九) 回报

网络营销的真正价值,在于其为企业带来短期或长期的收入和利润的能力。追求回报既是网络营销发展的动力,又是维持网上市场关系的必要条件。在网络营销中,企业要满足网上客户的需求,为客户提供价值,但不能做他们的仆人。

因此,网络营销方案的策划,必须重视企业在网络营销中的回报,使网络营销活动达到为客户及股东创造价值的目的。在管理客户关系的过程中,企业必须优先与创造企业的 $75\%\sim80\%$ 利润的 $20\%\sim30\%$ 的那部分重要客户建立牢固的关系。否则,大部分的网络营销预算花在那些只创造 20% 利润的 80% 的客户身上,不但效率低,而且是一种浪费。

(十) 资源整合

网络营销是以网络为工具的系统性的企业经营活动,它是在网络环境下对市场营销的信息流、商流、制造流、物流、资金流和服务流进行管理的。虽然因特网可使企业克服进入全球市场的信息障碍,但在经济结构加速调整、全球化市场竞争日趋激烈的环境下,企业的竞争已不再局限于研究和开发某一产品、某一技术或某一特定资本运营的价值,而是要善于研究和比较某一资源的机会成本和边际收益,从而使企业资本增值最大化。而要实现这种目标,企业必须以网络的商业化应用为契机,在全球范围内寻找商业合作伙伴,建立营销战略联盟,从商品经营和自身资产的经营转向对社会资源的经营。

据专家统计,同样的项目,美国的企业平均用 28% 的资本运作 160% 的生意,东南亚国家的企业平均用 50% 的资本运作 100% 的生意。导致这种差距的原因在于,一方面我国企业管理内部资源的水平和效率还有待于进一步提高,另一方面我国企业不十分善于吸纳整合外部资源。

所以在网络时代的营销竞争中,只有那些善于对资源进行有效配置和重组,即靠知识、智慧和少量资本进行经营的资源整合市场组装的企业,才能笑在最后,笑得最美。当然,用知识与智慧整合社会资源,必须具备两个基本前提:其一,必须根据市场需求进行资源整合;其二,必须具有广泛真诚的合作精神。因为,市场需求是利润之源,而合作则是对付激烈竞争的最佳手段。

第二节　网络营销策划的过程

网络营销策划是一项逻辑性很强的工作,不是网络营销员工或是企业老板拍拍脑袋就能想出来的。有很多环环相扣的工作要做。网络营销策划应该从全局着眼,统筹安排。

1. 确立网络营销策划的目的

目的是对网络营销策划目标的一个总体描述。目标都表述不清楚,整个策划也就无从谈起。这里可以是解决企业某一方面的问题,例如:通过网络渠道来拓展公司的渠道增加销售额。通过网络建立品牌或是提升品牌知名度。企业发展壮大,原有网络营销方案需要重新做出调整。

2. 拟定网络营销计划书

这是对网络营销策划的过程进行计划,把网络营销策划的过程进行细分。这个过程分为四个阶段,它们分别是:预备阶段、调查阶段、方案设计阶段和方案实施阶段。

在拟定网络营销策划书时,必须对网络营销策划方案实施后的可能效果进行猜测。效果可分为:直接经济效果和间接经济效果。

3. 市场调查和猜测

当网络营销策划计划书被公司认可或是领导审批后。就可以根据计划书着手进行市场调查了。具体的可从以下几个方面入手:对网络市场本身的调研、新产品调研、定价调研、广告调研、分销渠道调研、促销策略与方法的调研等。当然市场调查和猜测还要根据企业网络营销策划的目的而确定。可以针对企业亟待解决的问题,通过周密的调查、收集、整理、分析,做出相关的报告和猜测。市场调查的目的也就在于在调查的基础上,依据策划的目的,分析市场环境,找到市场机会。

4. 撰写网络营销策划方案

撰写网络营销策划方案是贯串整个过程当中的。当公司提出策划的目的和企业存在的问题,往往策划者心中就开始有种种的方法和策略。这时就应该把想到的方法和策略写出来,通过网络市场调查不断地对策划方案进行修正和补充。

5. 网络营销策划方案的实施

经过企业相关员工的论证和审批后,终极定稿后的策划方案即成为网络营销活动的指导纲领,经过细化后成为公司不同阶段的努力目标和行动计划,指导企业的整个网络营销活动。

6. 效果评估

方案实施后,就应该对其效果进行跟踪评估。网络营销活动较传统的活动更易跟踪评估,详尽地记录各种评估数据,以此作为效果评估的依据,更为下次网络营销策划提供有效数据。

扩展阅读

网络营销策划存在的问题

目前,网络营销策划也确实存在着一些问题,这些问题使得网络营销策划陷入了困境之中,具体表现为。

1. 缺乏科学的营销策划与决策

一是,往往在一些网络营销企业的重大经营项目上,很多企业既不进行市场调查与预测,也不做科学的可行性分析与研究,匆忙决定,这就带有比较大的盲目性、随意性,结果造成企业不必要的资金浪费或者是产品积压。二是,不少的网络营销策划人员,时刻想着制造"轰动效应",以吸引大量的媒体与消费者的眼球。这样很容易为了一时的新闻价值,往往不能将正确的产品信息有效地传递给购买者,最终导致企业的营销策划工作只能停留在追求热闹的表面上。

2. 缺乏持续改进的管理方法

可行的网络营销策划流程是先确定问题,然后应用标准约束下的各种方法做出创意,再进行评价,最后确认。但目前仍有一些企业的营销策划方案天花乱坠,而企业相关营销内部创意又过于平庸,甚至与实际需求之间脱节。这些最终导致了企业无法抓准市场的脉象,使网络营销策划的质量较低。

3. 缺乏优秀的专业策划人才

一个优秀的策划者,除了要有网络营销策划的实践经验,还要具备丰富的专业知识。

4. 模仿大于创新

策划的核心始终是创意。每一个策划方案都是一种新思维的表现,也是赢得竞争的先决条件。在面对形势复杂的市场竞争时,企业需要进行竞争手段的创新,这样才能战胜对手。很多企业以为简单模仿竞争对手的策划方案,就能胜于竞争对手。其实,这样模仿的策划案,不仅没有达到战胜对手的效果,反而还会被竞争对手先发制人,导致企业贻误战机,给企业带来了不必要的损失。

(资料来源:《网络营销》,北京交通大学出版社)

第三节　网络营销策划书的内容

网络营销策划书是指具有电子商务网络营销的专业知识,可以为传统企业或网络企业提供网络营销项目策划咨询、网络营销策略方法、电子商务实施步骤等服务建议和方案,或施行以求达到预期目的而进行的一种网络商务活动的计划书。一般来说,网络营销策划书的格式应包含以下几项内容。

一、封面

封面的构成要素应该包括呈报对象、文件种类、网络营销策划名称、副标题、策划者姓名、简介、所属部门、呈报日期、编号及总页数。其中,网络营销策划名称要尽量简洁明了,但必须具体全面。如果标题不足以说明问题,还可以加上副标题。

二、目录

除非策划书的页数很多,否则千万不要省略目录。因为目录可以让读者对策划书有一个概括的了解。在目录中具体应该有主标题、副标题、附件或资料及以上内容的页码。

三、前言及策划摘要

在前言中应清楚地表述所阐述的重点问题,具体内容包括策划的目的及意义、策划书所展现的内容、希望达到的效果及相关内容、致谢等。摘要一般要阐明策划书内容的重点及核心思想或策划的独到之处,用词应简练,篇幅要短,让人容易把握策划书的整体内容。

四、正文

正文即策划内容的详细说明。正文的表现方式要简单明了,要充分考虑委托人的理解力和习惯。在这部分文字中,不仅仅局限于文字表述,也可以适当地加入照片、图片、统计图表等。策划书的正文要包括策划方案、谁执行策划方案、为什么执行策划方案、在何处执行策划方案、何时执行策划方案、如何执行策划方案以及要有看得见的结论和效果,这是策划书最主要的部分,包括以下几个方面。

(1) 企业现状及网络营销环境状况分析。包括企业现状分析、消费者分析、网上竞争者分析及宏观环境分析。

(2) 网络营销市场机会与问题分析。对企业当前网络营销状况进行具体分析,找出企业网络营销中存在的具体问题,并分析其原因。针对企业产品的特点分析其网上营销的优劣势,从问题中找到劣势予以克服,从优势中找机会,发掘其市场潜力。

(3) 网络营销目标。指企业网络营销所要实现的具体目标,即在网络营销策划方案执行期间,经济效益目标达到"总销售量为×××,预计毛利为×××"。

(4) 网络营销策略。包括网站策略、产品策略、价格策略、渠道策略、促销策略、客户关系管理策略等。

(5) 具体实施方案。根据策划期内时间段的特点,推出各项具体行动方案。行动方案要细致、周密,操作性要强且具有灵活性,还要考虑费用支出。

(6) 策划方案各项费用预算。这部分记载的是整个网络营销方案在推进过程中的费用投入,包括网络营销过程的总费用、阶段费用、项目费用等,其原则是以较少投入获得最优效果。费用预算直接涉及企业资金支出情况,对网络营销方案的实施有很大影响,所以费用预算部分应当列得很详细,以便决策层对此有充分了解和准备。

(7) 方案调整。在方案执行中可能出现与现实情况不相适应的地方,因此,必须随时根据市场的反馈及时对方案进行调整。

(8) 预期收益及风险评估。要对方案何时产生收益、产生多少收益及方案有效收益期的长短等进行评估。另外,内外部环境的变化,不可避免地会给方案的执行带来一些风险。因此,应说明失败的概率有多少,造成的损失是否会危及企业的生存、是否有应变措施等。

五、参考资料

列出完成本策划方案的主要参考文献,以增强可信度。

六、注意事项

列出为保证策划方案顺利推行应注意的事项。

任务实训

实训十二 网络营销策划书的撰写与展示

一、实训目的

通过本实训的学习,使学生掌握网络营销策划书的撰写与展示,将本单元所学习的网络营销策划书相关知识运用于实际的场景中,评价学生对网络营销策划书的掌握情况。

二、实训内容

小米即将发布最新款运动手环,请为小米运动手环撰写一份网络营销策划书。

三、实训主要步骤

(1)确定分组和分工。

(2)以小组为单位撰写网络营销策划书。

(3)以小组为单位展示网络营销策划书。

(4)交流总结。

四、实训注意事项

(1)小组人数不宜超过 6 人,应做好分工,并在实训报告中标明每位成员所负责的工作。

(2)每个小组撰写一份实训报告,具体格式可参考如下的"实训报告格式"。

五、实训报告格式

(1)封面。

(2)目录。

(3)前言及策划摘要。

(4)正文。

① 企业现状及网络营销环境状况分析。

② 网络营销市场机会与问题分析。

③ 网络营销目标。

④ 网络营销策略。

⑤ 具体实施方案。

⑥ 策划方案各项费用预算。

⑦ 方案调整。

⑧ 预期收益及风险评估。

(5)参考资料。

(6)注意事项。

本章小结

网络营销策划是企业在特定的网络营销环境和条件下,为达到一定的营销目标而制定的综合性、具体性的网络营销策略与活动计划。换言之,网络营销策划是为了达成特定的网络营销目标而进行的策略思考和方案规划的过程,是一项逻辑性很强的工作。策划一个成功的网络营销活动,需要把握吸引力、可信度、关联度、执行力、传播力五大关键要素。此外,网络营销策划应该从全局着眼,统筹安排,具体包括确立网络营销策划的目的、拟定网络营销计划书、市场调查和猜测、撰写网络营销策划方案、网络营销策划方案的实施和效果评估等。网络营销策划书的结构包括封面、目录、前言及策划摘要、正文、参考资料和注意事项,正文包括企业现状及网络营销环境状况分析、网络营销市场机会与问题分析、网络营销目标、网络营销策略、具体实施方案、策划方案各项费用预算、方案调整和预期收益及风险评估等。

？ 思 考 题

1. 网络营销策划的要素有哪些?
2. 网络营销策划的过程包括哪些?
3. 网络营销策划书包括哪些内容?
4. 网络营销策划书中的注意事项有哪些?
5. 在网络营销策划中如何体现创意?
6. 请任选一份网络营销策划书,分析该策划书的亮点和特色。

参 考 文 献

［1］杨立钒,杨坚争.网络营销教程(第二版)[M].北京:中国人民大学出版社,2019.

［2］刘盈丰,王金良,张卫林.网络营销[M].广州:华南理工大学出版社,2018.

［3］胡宏力.网络营销[M].北京:中国人民大学出版社,2014.

［4］单勤琴,陈明发.网络营销实务[M].长沙:湖南师范大学出版社,2016.

［5］王玮.网络营销[M].北京:中国人民大学出版社,2018.

［6］王玮,梁新弘.网络营销[M].北京:中国人民大学出版社,2016.

［7］余存龙.网络环境下精准营销的内涵与实施策略[J].中国商贸,2011,(27):22 -
23,58.

［8］姜海洋,曾剑秋.基于 LBS 的移动电子商务营销模式及趋势[J].北京邮电大学学报(社
会科学版),2015,17(02):34 - 39.

［9］陈娜,姜梅.微博营销与运营[M].北京:人民邮电出版社,2021.

［10］麦德奇,保罗 B. 布朗.大数据营销:定位客户[M].王维丹,译.北京:机械工业出版
社,2014.

［11］秦良娟.网络营销与策划[M].北京:中国人民大学出版社,2018.

［12］喻晓蕾,苑春林.网络营销[M].北京:中国经济出版社,2018.

［13］官税冬.品牌营销:新零售时代品牌运营[M].北京:化学工业出版社,2019.

［14］江礼坤.网络营销推广实战宝典[M].北京:电子工业出版社,2016.

［15］张馨.在线旅游网站大数据营销探究[J].中国市场,2019(22):130 - 131.

［16］王乐鹏,李春丽,王颖.互联网时代工商企业开展大数据营销的策略[J].科技广场,
2015(08):148 - 151.

［17］李琳.网络营销与案例分析[M].西安:西安电子科技大学出版社,2019.

［18］彭雷清.内容营销[M].北京:中国经济出版社,2018.

［19］郭洪.品牌营销学[M].成都:西南财经大学出版社,2011.

［20］吴晓萍.网络营销[M].北京:北京交通大学出版社,2009.

［21］李剑波,李小华.大数据挖掘技术与应用[M].延吉:延边大学出版社,2011.

［22］豆均林.事件营销的类型及运作策略[J].经济与社会发展,2004(10):42 - 45.

［23］勾俊伟,刘勇.新媒体营销概论[M].北京:人民邮电出版社,2019.

［24］娄宇,周立.新媒体营销101招[M].北京:化学工业出版社,2021.

［25］ 李奇,毕传福. 大数据时代的精准营销［M］. 北京:人民邮电出版社,2015.

［26］ 滕大鹏. 移动互联网营销策略、方法与案例［M］. 北京:人民邮电出版社,2017.

［27］ 张艳. 新媒体语境下国内企业微博公关营销新模式探索［J］. 新闻研究导刊,2017,8(18):78,157.

［28］ 陈德人. 网络营销与策划:理论、案例与实训［M］. 北京:人民邮电出版社,2019.

［29］ 易北辰. 移动互联网时代［M］. 北京:企业管理出版社,2014.

［30］ 秦勇,陈爽. 网络营销:理论、工具与方法［M］. 北京:人民邮电出版社,2017.

［31］ 尚德峰,王世胜. 网络营销［M］. 北京:中国人民大学出版社,2015.

［32］ 林丽清. 网络营销［M］. 广州:暨南大学出版社,2015.

［33］ 陶建,孙一凡. 直播带货老品牌拥抱营销新模式［EB/OL］. ［2020 - 12 - 26］ http://tj. people. com. cn/n2/2020/1226/c375366-34496319. html.

［34］ 刘征宇. 精准营销方法研究［J］. 上海交通大学学报,2007,(S1):143 - 146,151.

［35］ 庄贵军. 营销渠道管理(第三版)［M］. 北京:北京大学出版社,2020.

［36］ 百度营销研究院. 点金时刻搜索营销实战思维解读［M］. 北京:电子工业出版社,2014.

［37］ 李凯,邓智文,严建援. 搜索引擎营销研究综述及展望［J］. 外国经济与管理,2014,36(10):13 - 21.

［38］ 朱中平. 搜索引擎营销的原理与模式分析［J］. 中国市场,2009(45):93 - 94.

［39］ 姜旭平,王鑫. 影响搜索引擎营销效果的关键因素分析［J］. 管理科学学报,2011,14(9):38 - 45.

［40］ 玄文启. 大数据背景下的网络营销模式［J］. 中国科技信息,2015(17):105 - 106,97.

［41］ 周懿瑾,陈嘉卉. 社会化媒体时代的内容营销:概念初探与研究展望［J］. 外国经济与管理,2013,35(6):61 - 72.

［42］ 孔清溪. 隐性与显性的优势互补——内容营销与传统广告的全方位解析［J］. 广告大观:理论版,2009(2):17 - 20.

［43］ 于伯然. 新十年的品牌传播:内容营销最热门［J］. 广告主市场观察,2011(5):38 - 39.

［44］ 高志坚. 移动互联网背景下基于消费者洞察的精准营销［J］. 商业经济研究,2020,798(11):86 - 89.

［45］ 李梦洁. 内容营销组合及策略分析［J］. 经济研究导刊,2021(02):108 - 111.